ECUPL 1952-2022

医药专利热点问题研究

肇旭 著

法律出版社
LAW PRESS·CHINA
北京

图书在版编目(CIP)数据

医药专利热点问题研究 / 肇旭著. -- 北京 : 法律出版社, 2024

(华东政法大学70周年校庆文丛)

ISBN 978-7-5197-7641-1

Ⅰ. ①医… Ⅱ. ①肇… Ⅲ. ①医药学-专利权法-研究-中国 Ⅳ. ①D923.424

中国国家版本馆CIP数据核字(2023)第036750号

医药专利热点问题研究
YIYAO ZHUANLI REDIAN WENTI YANJIU

肇 旭 著

责任编辑 孙东育 曲 杰
装帧设计 贾丹丹

出版发行 法律出版社
编辑统筹 学术·对外出版分社
责任校对 王语童
责任印制 胡晓雅
经 销 新华书店
开本 A5
印张 8.75 **字数** 204千
版本 2024年3月第1版
印次 2024年3月第1次印刷
印刷 北京虎彩文化传播有限公司

地址:北京市丰台区莲花池西里7号(100073)
网址:www.lawpress.com.cn
投稿邮箱:info@lawpress.com.cn
举报盗版邮箱:jbwq@lawpress.com.cn
销售电话:010-83938349
客服电话:010-83938350
咨询电话:010-63939796

书号:ISBN 978-7-5197-7641-1
定价:49.00元
凡购买本社图书,如有印装错误,我社负责退换。电话:010-83938349

以心血和智慧服务法治中国建设

——华东政法大学70周年校庆文丛总序

华东政法大学成立70周年了！70年来，我国社会主义法治建设取得一系列伟大成就；华政70年，缘法而行、尚法而为，秉承着“笃行致知，明德崇法”的校训精神，与共和国法治同频共振、与改革开放辉煌同行，用心血和智慧服务共和国法治建设。

执政兴国，离不开法治支撑；社会发展，离不开法治护航。习近平总书记强调，没有正确的法治理论引领，就不可能有正确的法治实践。高校作为法治人才培养的第一阵地，要充分利用学科齐全、人才密集的优势，加强法治及其相关领域基础性问题的研究，对复杂现实进行深入分析、作出科学总结，提炼规律性认识，为完善中国特色社会主义法治体系、建设社会主义法治国家提供理论支撑。

厚积薄发七十载，华政坚定承担起培养法治人才、创新学术价值、服务经济社会发展的重要职责,为构建具有中国特色的法学学科体系、学术体系、话语体系,推进国家治理体系和治理能力现代化提供学理支撑、智力支持和人才保障。砥砺前行新时代,华政坚定扎根中国大地,发挥学科专业独特优势,向世界讲好"中国之治"背后的法治故事,推进中国特色法治文明与世界优秀法治文明成果交流互鉴。

"宛如初升的太阳,闪耀着绮丽的光芒"——1952 年 11 月 15 日,华东政法学院成立之日,魏文伯院长深情赋诗,"在这美好的园地上,让我们做一个善良的园工,勤劳地耕作培养,用美满的收获来酬答人民的期望"。1956 年 6 月,以"创造性地提出我们的政治和法律科学上的成就"为创刊词,第一本法学专业理论性刊物——《华东政法学报》创刊,并以独到的思想观点和理论功力,成为当时中国法学研究领域最重要的刊物之一。1957 年 2 月,更名为《法学》,坚持"解放思想、不断进步"的治学宗旨,紧贴时代发展脉搏、跟踪社会发展前沿、及时回应热点难点问题,不断提升法学研究在我国政治体制改革中的贡献度,发表了一大批高水平的作品,对我国立法、执法和司法实践形成了重要理论支持,在学术界乃至全社会产生了巨大影响。

1978 年 12 月,党的十一届三中全会确定了社会主义法制建设基本方针,法学教育、法学研究重新启航。1979 年 3 月,华东政法学院复校。华政人勇立改革开放的潮头,积极投身到社会主义法制建设的伟大实践中。围绕"八二"宪法制定修订、土地出租问题等积极建言献策;为确立社会主义市场经济体制、加入世界贸易组织(WTO)等提供重要理论支撑;第一位走入中南海讲课的法学家,第一位 WTO 争端解决机构专家组中国成员,联合国预防犯罪和控制犯罪委员会委员等,都闪耀着华政人的身影。

进入新世纪,在老一辈华政学人奠定的深厚基础上,新一代华政人砥砺深耕，传承中华优秀传统法律文化，积极借鉴国外法治有益成果，为中国特色社会主义法治建设贡献智慧。16 卷本《法律文明史》陆续问世，推动了中华优秀传统法律文化在新时代的创造性转化和创新性发展，在中国人民代表大会制度、互联网法治理论、社会治理法治化、自贸区法治建设，以及公共管理、新闻传播学等领域持续发力，华政的学术影响力、社会影响力持续提升。

党的十八大以来，学校坚持以习近平新时代中国特色社会主义思想为指导，全面贯彻党的教育方针，落实立德树人根本任务，推进习近平法治思想的学习研究宣传阐释，抓住上海市高水平地方高校建设契机，强化"法科一流、多科融合"办学格局，提升对国家和上海发展战略的服务能级和贡献水平。在理论法学和实践法学等方面形成了一批"立足中国经验，构建中国理论，形成中国学派"的原创性、引领性成果，为全面推进依法治国，建设社会主义法治国家贡献华政智慧。

建校 70 周年，是华政在"十四五"时期全面推进一流政法大学建设，对接国家重大战略，助力经济社会高质量发展的历史新起点。今年，学校将以"勇担时代使命、繁荣法治文化"为主题举办"学术校庆"系列活动，出版"校庆文丛"即是其重要组成部分。学校将携手商务印书馆、法律出版社、上海人民出版社、北京大学出版社等，出版 70 余部著作。这些著作包括法学、政治学、经济学、新闻学、管理学、文学等多学科的高质量科研成果，有的深入发掘中国传统法治文化、当代法学基础理论，有的创新开拓国家安全法学、人工智能法学、教育法治等前沿交叉领域，有的全面关注"人类命运共同体"，有的重点聚焦青少年、老年人、城市外来人口等特殊群体。

这些著作记录了几代华政人的心路历程，既是总结华政 70 年来的学术成就、展示华政“创新、务实、开放”的学术文化;也是激励更多后学以更高政治站位、更强政治自觉、更大实务作为,服务国家发展大局;更是展现华政这所大学应有的胸怀、气度、眼界和格局。我们串珠成链,把一颗颗学术成果,汇编成一部华政70年的学术鸿篇巨作,讲述华政自己的“一千零一夜学术故事”,更富特色地打造社会主义法治文化引领、传承、发展的思想智库、育人平台和传播高地,更高水准地持续服务国家治理体系和治理能力现代化进程,更加鲜明地展现一流政法大学在服务国际一流大都市发展、服务长三角一体化、服务法治中国建设过程中的新作为、新担当、新气象,向学校70年筚路蓝缕的风雨征程献礼,向所有关心支持华政发展的广大师生、校友和关心学校发展的社会贤达致敬!

七秩薪传,续谱新篇。70年来,华政人矢志不渝地捍卫法治精神,无怨无悔地厚植家国情怀,在共和国法治历史长卷中留下了浓墨重彩。值此校庆之际,诚祝华政在建设一流政法大学的进程中,在建设法治中国、实现中华民族伟大复兴中国梦的征途中,乘风而上,再谱新章!

郭为禄　叶　青

2022年5月4日

摘　要

创新是引领发展的第一动力，保护知识产权就是保护创新。医药创新具有投入多、时间长、风险大、易反向等特点，是对知识产权，尤其是专利保护依赖度最高的技术领域。医药专利保护不仅应平衡创新与仿制，也应平衡医药产业利益与公众健康利益，因此极具复杂性。

本书聚焦医药专利热点问题，首先通过数据呈现医药专利概况，进一步针对补充实验数据制度、药物晶型专利的创造性、药品专利链接中的遏制期损害赔偿、人类胚胎干细胞专利、医药专利中的优先权、医药专利创造性判断中的“商业成功”、遗传资源来源披露义务，共七部分内容展开分析。

本书对以上问题的理解和认识也许有诸多谬误之处，期待各位读者的批评和指正。

目　录

第一章　从数据看医药专利

一、全球医药专利申请概况

截至专利检索日2021年12月13日，全球专利申请（不限年份与技术领域，未进行申请号与同族专利合并）共159,241,526件；全球医药专利申请（不限年份，未进行申请号与同族专利合并）[①]共4,594,419件，即医药专利申请占比2.885%。2001～2021年全球医药专利申请量见表1-1。

---

① 需要说明的是，本书进行的专利检索、案件检索以及相应的筛选、分析等不可避免具有主观性。本书试图反映客观事实，但无法保证其精确性。

表1-1 全球医药专利申请量(2001~2021年)

单位:件

年份	2001	2002	2003	2004	2005	2006	2007	2008	2009	2010	2011
申请量	159,222	161,490	160,543	145,936	151,763	157,974	155,530	154,567	149,072	144,705	147,308
年份	2012	2013	2014	2015	2016	2017	2018	2019	2020	2021	
申请量	153,771	162,889	170,724	173,711	169,617	157,948	147,250	129,212	83,914	39,601	

从表1-1可以看出,2001~2021年,全球医药专利申请量在15万件左右。因专利申请与公开之间的时间间隔(例如,我国发明专利申请自申请日起满18个月公开),2019年、2020年、2021年数据可能存在偏差,尤其是2020年、2021年。表1-2是2001年至2021年全球医药专利申请国际专利分类(International Patent Classification,IPC)的分布。

表1-2 全球医药专利申请IPC分布(2001~2021年)

单位:件

排名	IPC分类号	申请量	排名	IPC分类号	申请量
1	A61K31	2,856,086	11	A61K47	493,414
2	A61P35	877,288	12	A61P29	493,183
3	A61K9	784,287	13	C07K14	491,208
4	A61K38	771,223	14	A61P3	477,983
5	A61P25	765,971	15	A61P37	452,512
6	A61P31	669,634	16	A61P1	448,475
7	A61P43	647,570	17	A61K36	426,316
8	A61P9	624,580	18	A61K35	416,220
9	A61K39	558,059	19	A61K45	399,510
10	C12N15	520,854	20	C07K16	388,309

注:A61K31:含有机有效成分的医药配制品。

A61P35:抗肿瘤药。

A61K9：以特殊物理形状为特征的医药配制品。

A61K38：含肽的医药配制品（含 β 内酰胺环的肽入 A61K31/00；其分子中除形成其环的肽键外没有其他任何肽键的环状二肽，如哌嗪 2，5 二酮入 A61K31/00；基于麦角林的肽入 A61K31/48；含有按统计学分布氨基酸单元的大分子化合物的肽入 A61K31/74；含有抗原或抗体的医药配制品入 A61K39/00；特征在于非有效成分的医药配制品，如作为药物载体的肽入 A61K47/00）。

A61P25：治疗神经系统疾病的药物。

A61P31：抗感染药，即抗生素、抗菌剂、化疗剂。

A61P43：在 A61P1/00 到 A61P41/00 组中不包含的，用于特殊目的的药物。

A61P9：治疗心血管系统疾病的药物。

A61K39：含有抗原或抗体的医药配制品（免疫试验材料入 G01N33/53）。

C12N15：突变或遗传工程；遗传工程涉及的 DNA 或 RNA，载体（如质粒）或其分离、制备或纯化；所使用的宿主（突变体或遗传工程制备的微生物本身入 C12N1/00、C12N5/00、C12N7/00；新的植物入 A01H；用组织培养技术再生植物入 A01H4/00；新的动物入 A01K67/00；含有插入活体细胞的遗传物质以治疗遗传疾病的药剂的应用，基因疗法入 A61K48/00，一般肽入 C07K）。

A61K47：以所用的非有效成分为特征的医用配制品，例如，载体或惰性添加剂；化学键合到有效成分的靶向剂或改性剂。

A61P29：非中枢性止痛剂，退热药或抗炎剂，例如，抗风湿药；非甾体抗炎药（NSAIDs）。

C07K14：具有多于 20 个氨基酸的肽；促胃液素；生长激素释放抑制因子；促黑激素；其衍生物。

A61P3：治疗代谢疾病的药物（治疗血液或细胞外液的入 A61P7/00）。

A61P37：治疗免疫或过敏性疾病的药物。

A61P1：治疗消化道或消化系统疾病的药物。

A61K36：含有来自藻类、苔藓、真菌或植物或其派生物，例如，传统草药的未确定结构的药物制剂。

A61K35：含有其有不明结构的原材料或其反应产物的医用配制品。

A61K45：在 A61K31/00 至 A61K41/00 各组中不包含的含有效成分的医用配制品。

C07K16：免疫球蛋白，例如，单克隆或多克隆抗体。

从适应症相关的 IPC 分布（A61P）来看，抗肿瘤药（A61P35，877，288 件）、神经系统药物（A61P25，765，971 件）、抗感染药（A61P31，669，634 件）、心血管药物（A61P9，624，580 件）的申请量位居前列。从药物类型相关的 IPC 分布（A61K）来看，含有机有效成分的药物（A61K31，2，856，086 件）、含肽的药物（A61K38，771，223 件）、抗体药(A61K39, 558,059 件)的申请量处于靠前位置。

辉瑞、赛诺菲和诺华位列全球医药专利申请人前三(见表1-3)。可以看出,医药企业是医药创新的主体,前20名中,只有加州大学作为高校/科研院所上榜。中国申请人暂时未出现在前20名中。(见表1-4)

表1-3 全球医药专利申请人分布(2001~2021年)

单位:件

排名	申请人(标准化)	申请量	排名	申请人(标准化)	申请量
1	辉瑞	142,480	11	阿斯利康	42,149
2	赛诺菲	112,569	12	武田	24,093
3	诺华	101,112	13	加州大学	21,800
4	默克	91,345	14	阿里乌斯	20,860
5	罗氏	88,431	15	勃林格殷格翰	19,799
6	葛兰素史克	59,409	16	陶氏杜邦	18,461
7	强生	49,454	17	诺沃斯特	18,013
8	百时美施贵宝	48,056	18	安进	17,821
9	礼来	47,971	19	雅培	16,768
10	拜耳	44,523	20	阿克苏诺贝尔	16,758

表1-4 全球医药专利申请地域分布(2001~2021年)

单位:件

年份	中国	日本	美国	欧洲专利局	世界知识产权组织	澳大利亚	加拿大	韩国	德国	西班牙
2001	10,022	12,857	16,461	15,914	16,619	14,760	8273	4661	6394	3082
2002	11,563	14,678	19,824	16,501	14,838	12,999	8365	5704	5314	2910
2003	15,193	14,915	20,978	15,575	12,888	15,027	7741	6410	3977	2734
2004	16,337	15,264	22,366	14,312	12,154	6579	7238	3787	3000	2659
2005	21,039	15,989	21,939	14,410	13,682	6571	7219	5238	2031	2501
2006	22,419	16,308	20,881	15,796	14,853	7507	7710	5935	1500	2671

续表

年份	中国	日本	美国	欧洲专利局	世界知识产权组织	澳大利亚	加拿大	韩国	德国	西班牙
2007	21, 946	15, 041	22, 123	14, 887	15, 891	6994	7140	6738	952	2495
2008	25, 169	14, 478	20, 987	14, 396	14, 135	6437	6709	8267	455	2599
2009	25, 080	14, 597	21, 022	13, 726	13, 064	6208	6438	7278	276	2484
2010	26, 647	14, 322	21, 116	13, 458	11, 897	5739	6046	7067	293	2403
2011	31, 393	13, 736	18, 946	13, 447	12, 206	5698	5590	7411	176	2419
2012	39, 814	14, 113	18, 280	13, 115	11, 112	5864	5340	7483	160	2339
2013	48, 160	14, 675	17, 106	13, 770	10, 525	6794	5253	7062	132	2363
2014	54, 523	16, 371	18, 003	14, 373	11, 012	6206	5046	6187	119	2199
2015	61, 433	16, 496	19, 526	13, 587	10, 920	6164	4383	4865	155	1860
2016	56, 704	16, 829	22, 628	13, 534	11, 443	6617	4568	5293	124	1289
2017	49, 028	15, 509	22, 645	12, 750	11, 874	6328	4445	6219	156	661
2018	43, 822	12, 794	21, 716	12, 173	13, 162	6162	4818	7298	196	212
2019	36, 035	9342	18, 167	9507	14, 388	6185	5245	7544	112	92
2020	28, 168	3835	11, 781	984	14, 777	3175	1923	2673	88	30
2021	15, 955	1956	4360	97	6408	1285	20	519	24	1

中国、美国、日本、世界知识产权组织是全球医药专利申请最主要的目标对象。其中，自 2006 年开始，中国作为受理局的医药专利申请量超越美国，成为全球第一名，并一直保持至今。

二、2020 年中国医药专利

从数据来看，2020 年中国医药专利公开数量①为 44, 055 件；

① 因为专利申请与公开之间的时间间隔（未申请提前公开的情况下为 18 个月），2020 年提交的实际专利申请数量无法在本文撰写时准确体现，所以本书选择公开数量作为分析基础。

58 件医药专利无效请求进入口审或审结；医药专利行政案件 87 件；医药专利侵权案件 12 件；医药专利权属案件 7 件；医药技术合同案件 70 件。

（一）专利公开数量

2020 年中国医药专利公开数量为 44,055 件，与 2017 年（44,108 件）、2018 年（46,676 件）、2019 年（43,078 件）基本持平。

持平，而非增长，这似乎与人们对中国专利申请持续增长以及医药领域创新活跃的认知不符。然而，进一步分析发现，2010～2016 年，中国医药专利公开数量一直呈持续上升趋势，2017 年才出现拐点，停止增长。除中药专利外（总专利数量－中药专利数量）的中国医药专利公开数量在近十年（2011～2020 年）一直呈持续上升趋势。（见图 1－1）

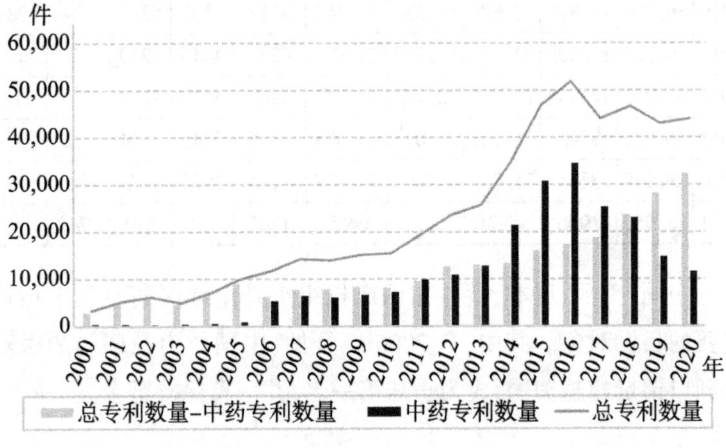

图 1－1　中国医药专利公开数量趋势（2000～2020 年）

也就是说，中药专利公开数量在 2017 年出现拐点导致 2017～2020 年中国医药专利公开数量停止增长。至于中药专利公开数量为何在 2017 年出现拐点，本书推测与国家知识产权局从严审查中药专利相关。

（二）申请人排名

2020年中国医药专利（公开）申请人总排名前20名以高校/科研院所为主（15个），中国药科大学位居榜首（373件）。企业中罗氏（242件）、恒瑞（161件）、鲁南制药（161件）、正大天晴（144件）、广东东阳光药业（140件）上榜。

企业排名前20名中，中国企业11个，外国企业9个，罗氏位居榜首，恒瑞、鲁南制药并列第二位。高校/科研院所排名前20名中，中国药科大学（373件）、浙江大学（298件）、中山大学（254件）位列前三。

（三）IPC分布

从药物类型（A61K）来看，A61K31（含有机有效成分的医药配制品，医药专利主要分类号）、A61K36（含有来自藻类、苔藓、真菌或植物或其派生物的药物制剂，中药专利主要分类号）、A61K9（以特殊物理形状为特征的医药配制品，药物制剂专利主要分类号）排名前三；从适应症（A61P）来看，A61P35（抗肿瘤药）、A61P31（抗感染药）、A61P1（治疗消化道或消化系统疾病的药物）排名前三；从物质结构（C部）来看，C12N15（遗传工程相关）、C07K16（免疫球蛋白）、C07D401（杂环化合物）排名前三。

聚焦到排名前20名企业，IPC分布有所不同。排名前20名企业中，A61K36（2.2%）明显低于所有医药公开专利占比（10.1%），A61P35（12.6%）则高于所有医药公开专利占比（9.7%）。

进一步聚焦，排名前20名企业IPC分布呈现较大差异，以罗氏、鲁南制药、广东东阳光药业、正大制药最具代表性。

罗氏的抗体药（A61K39）分布最多，适应症则以抗肿瘤药物（A61P35）、神经系统药物（A61P25）居多。诺华、默克等跨国药企与之类似，但在专利数量上存在较大差异；鲁南制药以中药专利

（A61K36）及制剂专利（A61K9、A61K47）为主，同为中药企业的康缘药业和广州药业与之类似；广东东阳光药业涉及适应症非常广泛，在抗感染药物（A61P31）、消化道系统药物（A61P1）、止痛、退烧、抗炎药物（A61P29）、神经系统药物（A61P25）、心血管药物（A61P9）、代谢疾病药物（A61P3）、免疫或过敏性疾病药物（A61P37）、皮肤疾病药物（A61P17）、呼吸系统疾病药物（A61P11）、骨骼疾病药物（A61P19）均有较多分布；正大制药集中分布在制剂（A61K9、A61K47）、骨骼疾病药物（A61P19）。

作为公开数量最多的外国企业与中国企业，针对罗氏与恒瑞的对比发现：2000～2020年，罗氏全球医药专利基本稳定在1000件以上，中国医药专利则一直呈增长态势；恒瑞全球医药专利与中国医药专利在2017年同步开始快速增长。

因2000～2020年专利公开总量的较大差异，罗氏与恒瑞的全球医药专利布局悬殊。仅就2020年而言，恒瑞与罗氏全球布局差距缩小，且重点布局区域十分相似，均为中国、日本、美国、巴西、欧洲。

另外，从IPC分布来看，罗氏与恒瑞较为相似，但罗氏在抗体药（A61K39、C07K16）以及神经系统药物（A61P25）方面布局明显更强。

（四）专利无效案件

2020年，58件医药专利无效请求进入口审或审结，其中不乏明星药物恩格列净、利伐沙班、沙格列汀、仑伐替尼等。已审结47件（有无效决定案件数量），全部无效21件（占比45%），部分无效10件（占比21%），维持有效16件（占比34%）。（见表1－5）

表 1－5　中国医药专利无效信息（2020 年）

活性成分	标题	申请号	申请日	无效请求日	专利权人	无效请求人	无效决定	法律依据[1]
乙磺酸尼达尼布	含有吲哚满酮衍生物悬浮液制剂的胶囊药物剂型	201510660732. 8	2009－06－04	—	勃林格殷格翰	石药集团	审理中	—
乙磺酸尼达尼布	含有吲哚满酮衍生物悬浮液制剂的胶囊药物剂型	200980121067. 8	2009－06－04	—	勃林格殷格翰	石药集团	审理中	—
乙磺酸尼达尼布	2－吲哚满酮－单乙磺酸盐及其制备药物组合物的用途	03817530. 4	2003－07－18	2019－06－21	勃林格殷格翰	石药集团	全部无效	A22. 3
恩格列净	吡喃葡萄糖基取代的苯基衍生物、含该化合物的药物、其用途及其制造方法	201310368328. 4	2005－03－11	2020－05－16	勃林格殷格翰	正大天晴	全部无效	A22. 3
恩格列净	吡喃葡萄糖基取代的苯基衍生物、含该化合物的药物、其用途及其制造方法	201310379906. 4	2005－03－11	2020－05－16	勃林格殷格翰	正大天晴	全部无效	A22. 3

续表

活性成分	标题	申请号	申请日	无效请求日	专利权人	无效请求人	无效决定	法律依据
恩格列净	吡喃葡萄糖基取代的苯基衍生物、含该化合物的药物、其用途及其制造方法	201310414119.9	2005－03－11	2020－03－02（最早）	勃林格殷格翰	请求人1：江苏豪森；请求人2：四川科伦；请求人3：江苏万邦；请求人4：中美华东制药；请求人5：正大天晴	全部无效	A22.3
恩格列净	1－氯－4－（β－D－吡喃葡萄糖－1－基）－2－{4－[（S）－四氢呋喃－3－基氧基]－苄基}－苯的晶型、其制备方法及其用于制备药物的用途	200680011591.6	2006－05－02	2020－03－02	勃林格殷格翰	请求人1：江苏豪森；请求人2：中美华东制药	全部无效	A26.3 A26.4 A22.3

续表

活性成分	标题	申请号	申请日	无效请求日	专利权人	无效请求人	无效决定	法律依据
索拉非尼	用于治疗癌症的包含ω－羧芳基取代的二苯基脲的药物组合物	200680007187.1	2006－02－22	2019－11－27	拜耳	重庆药友制药	全部无效	A22.3
利伐沙班	用于制备可口腔给药的固态药物组合物的方法	200480035106.X	2004－11－13	—	拜耳	四环制药；黄秀云	审理中[2]	—
利伐沙班	取代的噁唑烷酮和其在血液凝固领域中的应用	00818966.8	2000－12－11	2019－12－13（最早）	拜耳	恒生制药；南京生命能科技开发；正大天晴；石药集团	部分无效	A26.3 A26.4 A22.3
洛匹那韦；利托那韦	固体药物剂型	201210259721.5	2004－08－23	2019－05－07	ABBVIE公司	穆雨	全部无效	A22.3
洛匹那韦；利托那韦	固体药物剂型	201010222734.6	2004－08－23	2019－05－07	ABBVIE公司	穆雨	全部无效	A22.3
洛匹那韦；利托那韦	固体药物剂型	200680013668.3	2006－02－21	2019－05－07	ABBVIE公司	穆雨	全部无效	A33 A22.3
伊布替尼	布鲁顿酪氨酸激酶的抑制剂	201210217024.3	2006－12－28	2019－09－03	药品循环有限公司	南京华讯知识产权	维持有效	A26.3

续表

活性成分	标题	申请号	申请日	无效请求日	专利权人	无效请求人	无效决定	法律依据
伊布替尼	布鲁顿酪氨酸激酶的抑制剂	200680056438.5	2006-12-28	2019-09-03	药品循环有限公司	南京华讯知识产权	维持有效	A26.3 A26.4
阿那曲唑	阿那曲唑在制备用于治疗患有早期乳腺癌的绝经后的妇女的药物方面的用途	02824544.X	2002-12-06	2019-08-05	阿斯利康	重庆华邦制药	全部无效	A22.3
沙格列汀	基于环丙基稠合的吡咯烷二肽基肽酶IV抑制剂、它们的制备方法及用途	01806315.2	2001-03-05	—	阿斯利康	正大天晴	结案[3]	—
盐酸鲁拉西酮	药物组合物	201010564784.2	2006-05-26	2020-05-26	大日本住友制药株式会社	郑红艳	全部无效	A26.4
盐酸鲁拉西酮	药物组合物	200680018223.4	2006-05-26	2020-05-26	大日本住友制药株式会社	郑红艳	全部无效	A26.4

续表

活性成分	标题	申请号	申请日	无效请求日	专利权人	无效请求人	无效决定	法律依据
富马酸丙酚替诺福韦	核苷酸膦酸酯类似物前药及其筛选和制备方法	200410097845.3	2001-07-20	2019-05-21	吉里德科学公司	福建广生堂药业	部分无效	A22.3
艾曲波帕乙醇胺；伊屈泼帕乙醇胺	3'-{(2Z)-[1-(3,4-二甲基苯基)-1,5-二氢-3-甲基-5-氧代-4H-吡唑-4-亚基]肼基}-2'-羟基-(1,1'-联苯基)-3-羧酸二-(单乙醇胺)	03811370.8	2003-05-21	2019-10-14	诺华有限公司	江苏奥赛康	维持有效	A26.3 A26.4 A22.3 R20.1
芦卡帕利	8-氟-2-{4-[(甲氨基)甲基]苯基}-1,3,4,5-四氢-6H-氮杂并[5,4,3-cd]吲哚-6-酮的盐和多晶型物	201180009237.0	2011-02-10	—	辉瑞公司	南京华讯知识产权	审理中	—

续表

活性成分	标题	申请号	申请日	无效请求日	专利权人	无效请求人	无效决定	法律依据
奥美沙坦酯	含有血管紧张素Ⅱ受体拮抗剂和钙通道阻断剂的药物制剂	200680030923.5	2006-06-26	2020-06-29	第一三共株式会社	正大天晴	全部无效	A22.3
盐酸曲美他嗪	口服给药后能够长时间释放曲美他嗪的基质片	00138060.5	2000-12-15	2019-08-19	法国施维雅药厂	陈虹雯	维持有效	A33 A26.3 A26.4 A22.3
盐酸普萘洛尔	β-阻断剂在制备用于治疗血管瘤药物中的用途	200880111892.5	2008-10-16	2019-12-06	波尔多大学	亚宝药业	部分无效	A26.3 A26.4 A22.2 A22.3 R20.1
维生素C;聚乙二醇3350;氯化钾;维生素C钠;氯化钠;硫酸钠	包含PEG和抗坏血酸的组合物	201380058756.5	2013-09-10	—	诺金股份有限公司	北京蓝丹医药	结案	—

续表

活性成分	标题	申请号	申请日	无效请求日	专利权人	无效请求人	无效决定	法律依据
氢溴酸沃替西汀	作为用于治疗认知损伤的、具有结合的对血清素再吸收、5 – HT3 和 5 – HT1A 活性的化合物的 1 – [2 – (2, 4 – 二甲基苯基硫烷基) – 苯基] 哌嗪	200780022338. 5	2007 – 06 – 15	2019 – 03 – 29	H 隆德贝克有限公司	南京华讯知识产权	维持有效	A22. 2 A22. 3 R20. 1
哌柏西利	2 – (吡啶 – 2 – 基氨基) – 吡啶并 (2,3 – d) 嘧啶 – 7 – 酮	03802556. 6	2003 – 01 – 10	2019 – 05 – 27	沃尼尔·朗伯有限责任公司	齐鲁制药	部分无效	A26. 3 A26. 4 A22. 3
仑伐替尼	含有喹啉衍生物的药物组合物	201080030508. 6	2010 – 08 – 16	—	卫材 R D 管理有限公司	正大天晴;齐鲁制药	无效宣告请求视为未提出[4]	—
卡利拉嗪	作为 D3/D2 拮抗剂的哌嗪盐	200880015627. 7	2008 – 05 – 13	2019 – 12 – 27	吉瑞工厂	浙江京新药业	维持有效	A26. 3 A26. 4 A22. 3

续表

活性成分	标题	申请号	申请日	无效请求日	专利权人	无效请求人	无效决定	法律依据
非布司他	含有单一晶型的固体制剂	201010113414.7	2003-03-28	2019-08-13	帝人株式会社	恒瑞	全部无效	A22.3
恩替卡韦	低剂量艾替开韦制剂及其应用	200510128719.4	2000-08-29	2020-05-18	百时美施贵宝	正大天晴	全部无效	A22.3
恩他卡朋	含恩他卡朋的口服剂型	200680018762.8	2006-06-07	2019-07-11	奥赖恩公司	广东东阳光药业	全部无效	A22.3
巴罗萨韦玛波酯	被取代的多环性氨基甲酰基吡啶酮衍生物的前药	201180056716.8	2011-09-21	2019-10-30	盐野义制药株式会社	刘奕彤	维持有效	A26.4 A22.3
—	一种栓剂及其制备方法	201710045738.3	2017-01-15	2020-08-13	贵州双升制药	贵州长生药业	维持有效	A22.3
—	含有左甲状腺素的固体药物制剂	201380042787.1	2013-08-01	—	默克专利股份有限公司	石旭	审理中	—
—	普那布林组合物	201910023460.9	2016-07-11	2020-03-30	大连万春布林医药有限公司	张显杰	维持有效	A26.3 A26.4 A22.2 A22.3

续表

活性成分	标题	申请号	申请日	无效请求日	专利权人	无效请求人	无效决定	法律依据
—	一种 Trifluridine 化合物及其药物组合物	201410302945.9	2014-06-27	—	江苏奥赛康药业有限公司	大鹏药品工业株式会社	审理中	—
—	一种双拷贝人p53基因重组腺病毒及其制备方法	201610224992.5	2016-04-12	2019-09-26	高贵；光炜	深圳市赛百诺基因技术	维持有效	A22.2 A22.3 A22.4
—	氘代脱氢苯基阿夕斯丁类化合物及其制备方法和在制备抗肿瘤的药物中的应用	201510293269.8	2015-06-02	2019-11-07	青岛海洋生物医药研究院股份有限公司	苗宇	维持有效	A26.3 A26.4 A22.2 A22.3
—	透皮递送系统	201480032321.8	2014-06-04	2019-09-24	LTS 勒曼治疗系统股份公司	山东绿叶制药	部分无效	A22.2 A22.3 A26.3 A26.4
—	新噻吩并嘧啶衍生物、其制备方法及其治疗用途	201380029174.4	2013-04-02	2019-08-29	赛诺菲	龚俊恺	部分无效	A26.4

续表

活性成分	标题	申请号	申请日	无效请求日	专利权人	无效请求人	无效决定	法律依据
—	含高浓度抗体的溶液制剂	200880119066.5	2008-12-26	2019-10-31	中外制药株式会社；弗·哈夫曼—拉罗切有限公司	文珺	部分无效	A26.4 A22.3 R21.2
—	2’-O-岩藻糖基乳糖的多晶型物及其制备	201180029671.5	2011-06-01	2019-08-07	格礼卡姆股份公司	巴斯夫（中国）	全部无效	A22.3
—	人骨形成蛋白2成熟肽及其表达	201510731405.7	2015-11-03	2019-11-05	珠海深泓鑫生物科技有限公司	后力	维持有效	A22.3
—	左旋吡喹酮晶型及其制备方法和应用	201410546382.8	2014-10-16	2019-10-31	苏州同力生物医药有限公司	北京普泽宏图科技	部分无效	A22.3 A26.4
—	用于注射的布洛芬药物组合物	201180024380.7	2011-05-18	2019-10-17	汉恩法玛实验室有限责任公司	于艺梅	全部无效	A22.2 A22.3

续表

活性成分	标题	申请号	申请日	无效请求日	专利权人	无效请求人	无效决定	法律依据
—	作为心血管病的标志和治疗靶的IL1RL-1	201110387886.6	2003-05-09	2019-08-16	布赖汉姆妇女医院	天津康尔克生物科技	维持有效	A22.3 A26.3 R20.1
—	具有促进记忆改善的保健类食品或药品	200910153651.3	2009-09-30	2020-03-25	杏辉天力（杭州）药业有限公司	张艺颖	全部无效	A22.3
—	丙戊酸钠的新晶型及其制备方法和用途	201110038689.3	2011-02-11	2020-01-20	四川科瑞德制药股份有限公司	吴淑英	维持有效	A26.3 A26.4 A22.2 A22.3 A33
雷沙吉兰	改良含量均匀度的雷沙吉兰制剂	200680005518.8	2006-02-22	—	泰华制药工业有限公司	齐鲁制药	结案	—
—	作为心血管病的标志和治疗靶的IL1RL-1	03816298.9	2003-05-09	2019-08-16	布赖汉姆妇女医院	天津康尔克生物科技	维持有效	A22.3 A26.3 R20.1

续表

活性成分	标题	申请号	申请日	无效请求日	专利权人	无效请求人	无效决定	法律依据
桂哌齐特	一种安全性高的桂哌齐特药用组合物及其制备方法和其应用	200910180174. X	2009 - 11 - 13	—	北京四环制药有限公司	齐鲁制药	审理中	—
—	一种用于抗病毒的药物	200610145845. 5	2006 - 11 - 20	2020 - 03 - 12	北京盈科瑞创新药物研究有限公司	张艺颖	全部无效	A22. 2
—	作为化妆品和药物活性化合物的邻氨基苯甲酰胺及其衍生物	200380104016. 7	2003 - 11 - 20	2019 - 12 - 20	西姆莱斯有限公司	福州美乐莲生物科技	部分无效	A25. 1（三） A22. 2 A22. 3 A26. 4 R20. 1
—	具有不同性状的药物及其制备和用途	200610153388. 4	2006 - 09 - 15	2015 - 12 - 25	刘力；陈祺	上海上药第一生化药业	全部无效	A26. 3

续表

活性成分	标题	申请号	申请日	无效请求日	专利权人	无效请求人	无效决定	法律依据
—	预防再狭窄的制剂	200510135799.6	2001-12-20	2019-12-30	拜耳	赵德明	维持有效	A26.3 A26.4 A22.4
—	用于治疗类风湿性疾病的药物	94113006.1	1994-12-05	2020-04-27	中国核动力研究设计院成都同位素应用研究所	陶燃	部分无效	A22.2

[1]法律依据中,A22.2 为《专利法》第 22 条第 2 款(新颖性);A22.3(创造性);A22.4(实用性);A25.1(三)(疾病的诊断和治疗方法);A26.3(公开充分);A26.4(权利要求清楚、支持);A33(修改超范围);R20.1 为《专利法实施细则》第 20 条第 1 款(权利要求清楚);R21.2(必要技术特征)。相应法条为专利申请日时施行的《专利法》《专利法实施细则》对应法条。

[2]专利 200480035106.X 曾在 2019 年 3 月 1 日被戎朝提出过无效,2019 年 7 月 11 日国家知识产权局作出专利权全部无效的审查决定(因该审查决定日为 2019 年,故不在本次统计的范围内)。

[3]结案是指未公开无效决定,仅能查到国家知识产权局发出结案通知书。

[4]2020 年 11 月 16 日国家知识产权局发出无效宣告请求视为未提出通知书。

“权利要求不具备创造性”(A22.3,38件)是使用最多的无效理由,其次是“公开不充分”(A26.3,18件)、“权利要求得不到说明书支持”(A26.4,18件)、“权利要求不清楚”(A26.4、R20.1,11件)。(见表1-6)

表1-6 中国医药领域被无效专利无效理由分布(2020年)

理由	不具备新颖性	不具备创造性	不具备实用性	公开不充分	不清楚	不支持	修改超范围	缺少必要技术特征	属于疾病的诊断和治疗方法
专利数量(件)	11	38	2	18	11	18	3	1	1
占比(%)	18.6	64.4	3.4	30.5	18.6	30.5	5.1	1.7	1.7

值得一提的是,医药领域中基于公开不充分(30.5%)、权利要求得不到说明书支持(30.5%)的无效理由比例明显高于不限技术领域的情况(分别为18.0%、16.3%)。这与医药领域对实验数据的依赖性较高,且与医药领域特有的权利要求类型(例如,马库什权利要求,其具有极强的概括能力,专利权保护范围大,但是通式化合物母体结构的选择、取代基的定义、各取代基并列可选基团的罗列等较易导致不支持问题)密切相关。(见表1-7)

表1-7 被无效专利(不限技术领域)无效理由分布(2020年)

理由	不具备新颖性	不具备创造性	不具备实用性	公开不充分	不清楚	不支持	修改超范围	缺少必要技术特征	属于疾病的诊断和治疗方法
专利数量(件)	676	2585	51	522	618	471	93	300	1
占比(%)	23.3	89.3	1.8	18.0	21.3	16.3	3.2	10.4	0

58 件医药专利无效请求中,涉及 45 个无效请求人和 46 个被请求人(专利权人)。无效请求人中,正大天晴(8 件)、南京华讯(5 件)、齐鲁制药(4 件)和石药集团(4 件)位列前三;46 个专利权人中,勃林格殷格翰(7 件)、拜尔(4 件)、ABBVIE 公司(3 件)位列前三。

(五)专利案件与技术合同案件

2020 年,中国医药领域专利行政案件 87 件(授权案件 58 件、确权案件 29 件),专利侵权案件 12 件,专利权属案件 7 件。

专利授权确权案件中,法院在 93.8% 的决定中支持了国家知识产权局的复审或无效决定。58.6% 的案件涉及外国专利权人/申请人,例如,阿斯利康、拜尔、诺华、艾伯维、武田制药、大塚制药、参天制药、杜克大学等。

专利侵权案件中,法院认定侵权 2 件。药品集中采购带来了专利侵权案件新类型,山德士诉江苏豪森专利侵权一案中,争议焦点即在于江苏豪森将被控侵权药品挂网采购的行为是否属于向福建省内的医疗机构表示其愿意出售被控侵权药品的许诺销售行为。

因委托开发/委托加工/合作开发/合作加工/技术转让/技术许可等为医药领域常见商业模式,且药品开发与加工具有高度复杂性,甚至具有不可预期性,从而直接导致医药领域合同类纠纷频发。2020 年,医药领域技术合同案件 70 件,包括技术转让合同案件 22 件、技术合作开发合同案件 17 件、技术委托开发合同案件 15 件等。

第二章　补充实验数据制度

化学领域的发明创造依赖于实验数据，实验数据的有无、好坏能够直接影响专利授权与否。根据先申请原则，实验数据均应记载在原始专利申请文件中，但审查员、无效请求人引用对比文件的低预测性、马库什等权利要求撰写方式的特殊性以及实验指标的丰富性等原因，使申请人不得不在申请日后补充实验数据，以回应审查与无效过程中的创造性、充分公开等问题。

"补充"，仅从字面意义来看，就与"先申请"存在天然冲突，这也使补充实验数据这一问题尤其复杂。若脱离具体案例讨论补充实验数据，则难免落入空谈，因此本书以案例分析作为视角。

一、《专利审查指南》的相关规定

《专利审查指南》关于补充实验数据的规定可概括为三个阶段：(1)1993 年版与 2001 年版：允许将补充实验数据放入申请案卷中，供审查员审查新颖性、创造性或实用性时参考。(2)2006

年版与 2010 年版：不予考虑。(3)2017 年版与 2021 年版：予以考虑，但补交实验数据所证明的技术效果应当是所属技术领域的技术人员能够从专利申请公开的内容中得到的，具体内容见表 2－1。

表 2－1　历次《专利审查指南》关于补充实验数据的内容

《专利审查指南》版次	内容
1993 年版	第二部分第八章第 5.2.3.1 节 申请不允许增加内容的情形是指……(6) 补入实验数据，以说明发明的有益的效果和/或补入实施方式和实施例以说明在权利要求保护范围内发明能够实施。但是，这些补充的信息可以放入申请案卷中，供审查员审查专利性时参考。 第二部分第十章第 4.1 节 表示发明效果的性能数据……用途和效果可允许在申请日之后补充的条件是必须符合专利法第三十三条的规定。具体地说，它必须是那些在原始说明书中已经有含蓄地提示，从而使所属领域的普通技术人员能直接推论出来的用途或效果；或者是那些能直接从现有技术中推论出的用途或效果
2001 年版	第二部分第八章第 5.2.3.1 节 不能允许的增加内容的修改，包括下述几种……(6) 补入实验数据以说明发明的有益效果，和/或补入实施方式和实施例以说明在权利要求请求保护的范围内发明能够实施(但这些补充的信息可以放入申请案卷中，供审查员审查新颖性、创造性或实用性时参考)
2006 年版	第二部分第十章第 3.4 节 判断说明书是否充分公开，以原说明书和权利要求书记载的内容为准，申请日之后补交的实施例和实验数据不予考虑
2010 年版	第二部分第十章第 3.4 节 判断说明书是否充分公开，以原说明书和权利要求书记载的内容为准，申请日之后补交的实施例和实验数据不予考虑
2017 年版	第二部分第十章第 3.5 节 判断说明书是否充分公开，以原说明书和权利要求书记载的内容为准。对于申请日之后补交的实验数据，审查员应当予以审查。补交实验数据所证明的技术效果应当是所属技术领域的技术人员能够从专利申请公开的内容中得到的

续表

《专利审查指南》版次	内容
2021 年版	第二部分第十章第 3.5 节 3.5.1 审查原则 判断说明书是否充分公开,以原说明书和权利要求书记载的内容为准。对于申请日之后申请人为满足专利法第二十二条第三款、第二十六条第三款等要求补交的实验数据,审查员应当予以审查。补交实验数据所证明的技术效果应当是所属技术领域的技术人员能够从专利申请公开的内容中得到的。 3.5.2 药品专利申请的补交实验数据 按照本章第 3.5.1 节的审查原则,给出涉及药品专利申请的审查示例。 【例 1】 权利要求请求保护化合物 A,说明书记载了化合物 A 的制备实施例、降血压作用及测定降血压活性的实验方法,但未记载实验结果数据。为证明说明书充分公开,申请人补交了化合物 A 的降血压效果数据。对于所属技术领域的技术人员来说,根据原申请文件的记载,化合物 A 的降血压作用已经公开,补交实验数据所要证明的技术效果能够从专利申请文件公开的内容中得到。应该注意的是,该补交实验数据在审查创造性时也应当予以审查。 【例 2】 权利要求请求保护通式 I 化合物,说明书记载了通式 I 及其制备方法,通式 I 中多个具体化合物 A、B 等的制备实施例,也记载了通式 I 的抗肿瘤作用、测定抗肿瘤活性的实验方法和实验结果数据,实验结果数据记载为实施例化合物对肿瘤细胞 IC50 值在 10 - 100nM 范围内。为证明权利要求具备创造性,申请人补交了对比实验数据,显示化合物 A 的 IC50 值为 15nM,而对比文件 1 化合物为 87nM。对于所属技术领域的技术人员来说,根据原申请文件的记载,化合物 A 及其抗肿瘤作用已经公开,补交实验数据所要证明的技术效果能够从专利申请文件公开的内容中得到。应该注意的是,此时,审查员还需要结合补交实验数据进一步分析权利要求请求保护的技术方案是否满足创造性的要求

二、无效决定中的补充实验数据

针对予以考虑补充实验数据的 2017 ~ 2021 年,分析发现,共 31 件医药专利无效案件涉及补充实验数据,合议组明确接受的有 4 件,见表 2 - 2。

表 2-2　涉及补充实验数据的医药专利无效案件（2017~2021 年）

年份	申请号	发明名称	专利权人	请求人	补充实验数据内容	是否接受[1]	合议组观点
2021 年	200580017016.2	取代的喹啉衍生物在治疗耐药性分枝杆菌性疾病中的用途	詹森药业	王立群	反证 1：专利权人于 2006 年 6 月 5 日答复第一次审查意见通知书时提交的补充实验数据	未明确	维持有效。 反证 1 已被专利权人当庭放弃，因此合议组对所述反证不再予以认定
	201380042787.1	含有左甲状腺素的固体药物制剂	默克	石旭	反证 1：Daniel Schwartz 博士的声明及报告（实质上是作为补充实验数据来使用）	不接受 I	全部无效。 反证 1 欲证明的是证据 1 制剂的不稳定性，而证据 1 中并未使用明胶，且由于该工艺没有重现证据 1 的制剂过程，故不能证明专利权人的主张

续表

年份	申请号	发明名称	专利权人	请求人	补充实验数据内容	是否接受	合议组观点
2020年	200880015627.7	作为D3/D2拮抗剂的哌嗪盐	吉瑞工厂	浙江京新药业	反证1给出了卡利拉嗪游离碱与本专利实施例6得到卡利拉嗪单盐酸盐的HPLC色谱图及相关说明;反证2对比了本专利实施例1~4、6所得产品的纯度、总杂质和最大特征杂质	接受	维持有效。 卡利拉嗪单盐酸盐具有较高的纯度以及水溶性是本领域技术人员由本专利说明书记载的内容可以得到的技术效果
	201180024380.7	用于注射的布洛芬药物组合物	汉恩法玛实验室	于艺梅	实质审查过程中补充了2mg/ml和6mg/ml布洛芬浓度下的具体实施例	未明确	全部无效。 合议组在已经认定权利要求不具备创造性的情况下，对其他问题不再予以评述

续表

年份	申请号	发明名称	专利权人	请求人	补充实验数据内容	是否接受	合议组观点
	200910153651.3	具有促进记忆改善的保健类食品或药品	杏辉天力（杭州）药业	张艺颖	附件5和附件6（反证1和反证2）中的对比数据用于证明异类叶升麻苷相对于类叶升麻苷的效果好	不接受Ⅱ	全部无效。 本专利说明书并没有记载异类叶升麻苷较类叶升麻苷在抑制或预防记忆衰退功效方面具有显著优异的技术效果，对比实验数据不能作为依据
	200880119066.5	含高浓度抗体的溶液制剂	中外制药株式会社；罗氏	文珺	反证4补充实验证据，用于佐证本专利取得了协同增效的技术效果	接受	部分无效。 本专利本身的数据已经证明精氨酸和甲硫氨酸的组合明显优于精氨酸，因而认可补充实验数据
	200680018762.8	含恩他卡朋的口服剂型	奥赖恩公司	广东东阳光药业	反证4记载了EP1896006技术方案与本案的证据1技术方案的对比试验结果	不接受Ⅰ	全部无效。 虽然反证4能够证明湿法制粒能够获得较好的流动性，但该效果并未超出本领域技术人员的预期

续表

年份	申请号	发明名称	专利权人	请求人	补充实验数据内容	是否接受	合议组观点
	201510293269.8	氘代脱氢苯基阿夕斯丁类化合物及其制备方法和在制备抗肿瘤的药物中的应用	青岛海洋生物医药研究院	苗宇	补充了实验数据，以说明本专利化合物1和3具有明显优于普那布林的药效	不接受Ⅱ	维持有效。 补充的实验数据与本专利记载的效果不同，且属于申请日后的后续研究内容，合议组对其不予考虑
	201310368328.4	吡喃葡萄糖基取代的苯基衍生物、含该化合物的药物、其用途及其制造方法	勃林格殷格翰	正大天晴	反证1证明本专利的化合物对于SGLT－2相比SGLT－1选择性高4829倍，反证2～4证明本专利的恩格列净相对于达格列净和证据1化合物12，对于SGLT－1的抑制活性更低	不接受Ⅱ	全部无效。 申请日后实验证据证明的技术效果在申请文件中并没有记载和公开

续表

年份	申请号	发明名称	专利权人	请求人	补充实验数据内容	是否接受	合议组观点
	201310379906.4	吡喃葡萄糖基取代的苯基衍生物、含该化合物的药物、其用途及其制造方法	勃林格殷格翰	正大天晴	反证1证明本专利的化合物对于SGLT-2相比SGLT-1选择性高4829倍，反证2～4证明本专利的恩格列净相对于达格列净和证据1化合物12，对于SGLT-1的抑制活性更低	不接受Ⅱ	全部无效。 申请日后实验证据证明的技术效果在申请文件中并没有记载和公开
	200680011591.6	1-氯-4-(β-D-吡喃葡萄糖-1-基)-2-{4-[(S)-四氢呋喃-3-基氧基]-苄基}-苯的晶型、其制备方法及其用于制备药物的用途	贝林格尔·英格海姆	请求人1：江苏豪森药业；请求人2：杭州中美华东制药	反证1～6说明本专利的化合物在某些数量级浓度下具有非常低的SGLT-1的抑制活性以及非常高的SGLT-2的抑制活性	不接受Ⅱ	全部无效。 申请日后实验证据证明的技术效果在申请文件中并没有记载和公开

续表

年份	申请号	发明名称	专利权人	请求人	补充实验数据内容	是否接受	合议组观点
	00818966.8	取代的噁唑烷酮和其在血液凝固领域中的应用	拜耳知识产权	正大天晴	反证15涉及证据3中的化合物9与利伐沙班的效果对比实验数据	未明确	部分无效。 无效决定未使用反证15作为评价无效理由的依据
2019年	02809912.5	5,8,14-三氮杂四环(10.3.1.02,11.04,9)-十六-2(11),3,5,7,9-五烯的酒石酸盐	辉瑞	李淑君	反证14：关于B、C型晶体和伐尼克兰盐酸盐的吸湿性对比的补充实验数据	接受	部分无效。 B晶体具有低吸湿性的效果在原始说明书中已有记载

续表

年份	申请号	发明名称	专利权人	请求人	补充实验数据内容	是否接受	合议组观点
	201210068456.2	二肽基肽酶Ⅳ抑制剂制剂	勃林格殷格翰	何明月	“试验1%～50%利格列汀和50%赋形剂的二组分1∶1混合物的粉碎”和“试验2%～5%利格列汀和95%赋形剂的二组分混合物的粉碎”的试验数据	不接受Ⅱ	全部无效。 涉案专利说明书并未记载与声称要解决技术问题相关的任何实验数据
	01805445.5	2－氧代－1－吡咯烷衍生物、其制备方法和用途	UCB生物制药	浙江京新药业	反证1测试了本专利化合物159和证据3的左乙拉西坦，测试结果表明本专利159化合物的pKi和ED50值均显著优于证据3的化合物	不接受Ⅱ	全部无效。 反证1数据不属于原始申请文件记载的内容

续表

年份	申请号	发明名称	专利权人	请求人	补充实验数据内容	是否接受	合议组观点
	01810137.2	纯晶形的5－氯－3－(4－甲磺酰基苯基)－6′－甲基－(2,3′)联吡啶及其合成方法	默沙东	陈芳	证据4,V晶体与Ⅰ、Ⅱ、Ⅲ或Ⅳ晶型的热动力学稳定性对比数据	不接受Ⅱ	全部无效。 证据4的实验数据未记载在本专利的原始申请文件中，其实验方法、测定指标等也均与本专利原始记载的DSC测试不同
	02811214.8	阿立哌唑口服溶液	大塚制药株式会社	成都康弘药业	反证1和反证2表明本专利口服溶液可用于治疗少儿和老年患者，并提供了制剂稳定性的相关内容(类似于补充实验数据)	不接受Ⅱ	全部无效。 根据先申请制的原则，未在原申请文件中记载和证实的技术效果不能在后予以补充

续表

年份	申请号	发明名称	专利权人	请求人	补充实验数据内容	是否接受	合议组观点
	200680055379.X	具有快速皮肤穿透率的带正电荷的水溶性布洛芬前药	天津昕晨泰飞尔医药	亓浩楠	反证1:盐酸布洛胺皮肤涂抹给予SD大鼠的药代动力学和分布实验;反证2:小型猪皮肤涂抹盐酸布洛胺(X0002)的药代动力学;反证5:补充穿透实验数据	未明确	部分无效。 合议组认可创造性,考虑到请求人不认可反证1、反证2和反证5的真实性,故合议组对补充实验数据相关情况不再进行分析评述
	201210539819.6	一种盐酸阿芬太尼的晶型	宜昌人福药业	江苏颐海药业	补充了本专利与证据6(对应其表1和表2中的对比文件2)的对比性效果数据	不接受Ⅱ	全部无效。 提供的补充实验数据中记载的相应数值为3.1%,明显低于上述理论值,并且也超出了实验误差的范畴

续表

年份	申请号	发明名称	专利权人	请求人	补充实验数据内容	是否接受	合议组观点
	201180021595.3	伤口修复剂组合物的制备工艺、管子及装置	安托万·图瑞兹	北京曼森科技	反证1中实施例3和例4以证明使血小板保留最大水平的完整性和功能性，增强了伤口愈合并迅速减轻疼痛	不接受Ⅱ	全部无效。 公开在后的反证1中实施例3和例4所记载的内容不能证明本专利在优先权日之前已经关注到并证实了所述效果
2018年	201180063667.0	使用CNS 7056（雷米马唑仑）镇静的给药方案	PAION英国	江苏恒瑞	反证1和反证6补充实验数据用于证明CNS7056与芬太尼或瑞芬太尼组合相对于丙泊酚与芬太尼或瑞芬太尼组合时，安全范围得到了极大增加，极大地降低了低血压的风险	不接受Ⅰ	全部无效。 证据1采用的正是芬太尼和CNS 7056联合用于镇静的技术方案，补充实验数据无法证明取得了预料不到的技术效果

续表

年份	申请号	发明名称	专利权人	请求人	补充实验数据内容	是否接受	合议组观点
	200680039474.0	醋酸苯卓昔芬制剂及其生产方法	惠氏	赵宣东	补充实验数据证明向晶型A的片剂中添加晶型B导致片剂的溶出下降，而采用非水方法能够阻止晶型A向无定型转化	接受	部分无效。 说明书记载湿法制粒中水的使用可能在处理和存储过程中增加多晶型转化，本专利提出用非水方法制备醋酸苯卓昔芬药物组合物，即效果能够从专利申请公开的内容中得到
	00811372.6	用抗CD20抗体治疗中度和高度非何杰金氏淋巴瘤	生物基因IDEC公司	张彦	提交反证1用来证明抗CD20抗体与CHOP联合治疗伴随大块病变的DLCL的技术效果实质上明显优于所属领域技术人员所认识到的现有技术的一般水平	不接受Ⅱ	全部无效。 但该效果是所属领域技术人员在阅读原申请文件后无法得出的

续表

年份	申请号	发明名称	专利权人	请求人	补充实验数据内容	是否接受	合议组观点
	200480008667.0	一种预防和治疗动脉硬化及高血压的药剂	第一三共株式会社	卢学祥	反证1用于证明奥美沙坦酯与阿洛地平的组合物存在降血压的协同作用;反证2用于证明阿洛地平或阿折地平与奥美沙坦酯组合时在改善血管重构的协同作用	不接受Ⅱ	部分无效。 本领域技术人员无法从本专利说明书公开的内容确认奥美沙坦酯和阿洛地平的组合物在抑制动脉硬化和降血压方面具有协同作用
2017年	201110041127.4	一种布洛芬静脉给药制剂及其制备方法	西安天一秦昆制药	刘奇	实质审查阶段提交对比实验数据,证明本专利制剂相比证据1渗透压更接近人体渗透压、稳定性更好	不接受Ⅱ	全部无效。 本专利说明书中并未记载对于精氨酸种类选择取得预料不到技术效果的实验数据

续表

年份	申请号	发明名称	专利权人	请求人	补充实验数据内容	是否接受	合议组观点
	99815926.3	新的三唑并(4,5-D)嘧啶化合物	阿斯利康	深圳信立泰药业	提交反证5证明本专利化合物与US6251910B1的化合物相比,显示了更优异的代谢稳定性	不接受Ⅱ	全部无效。 本专利文件中通篇没有给出任何涉及代谢稳定性的实验数据,不应允许专利权人通过在后补交实验数据来证明技术效果
	200610002509.5	三唑并(4,5-D)嘧啶化合物的新晶形和非晶形	阿斯利康	深圳信立泰药业	提交的反证5涉及证据3的示例性化合物与证据6化合物的比较实验数据	不接受Ⅱ	全部无效。 在后补交的实验数据如果不能用于证明从原专利申请文件中得到的技术效果,则无法用于证明权利要求的创造性;试验结果不能直接地、毫无疑义地确定哪个化合物的表现最佳

续表

年份	申请号	发明名称	专利权人	请求人	补充实验数据内容	是否接受	合议组观点
	200510051779.0	合成伊伐布雷定及其与药学上可接受的酸的加成盐的新方法	法国施维雅药厂	江苏恒瑞医药	反证4的对比实验数据说明对于本专利要求保护的α晶体的稳定性	不接受Ⅱ	部分无效。 反证4证明的事实不属于申请日时已经占有发明的客观事实，该补充实验证据不能用于改变在申请日时公开的客观事实
	201110029600.7	含有缬沙坦和NEP抑制剂的药物组合物	诺华	戴锦良	提交反证1、反证3的补交实验数据以证明本专利药物组合物在高血压动物模型中具有降低平均动脉压的协同作用	不接受Ⅱ	全部无效。 该数据是申请日后补交的，不属于专利原始申请文件记载和公开的内容，也不是本专利的现有技术内容

续表

年份	申请号	发明名称	专利权人	请求人	补充实验数据内容	是否接受	合议组观点
	201310368328.4	吡喃葡萄糖基取代的苯基衍生物、含该化合物的药物、其用途及其制造方法	勃林格殷格翰	许雅卉	提交反证证明权利要求1中的化合物具有选择性地抑制SGLT-2的活性	不接受Ⅱ	部分无效。 反证1~6记载的本专利具有SGLT-1显著降低的抑制活性的技术效果并未在说明书中记载。上述反证证实的事实是为申请文件引入了新的信息
	201310379906.4	吡喃葡萄糖基取代的苯基衍生物、含该化合物的药物、其用途及其制造方法	勃林格殷格翰	许雅卉	反证1~6证明本专利化合物相对于证据1化合物具有选择性的对SGLT-2的抑制效果而具有更低的对SGLT-1的抑制活性	不接受Ⅱ	部分无效。 反证1~6记载的本专利具有SGLT-1显著降低的抑制活性的技术效果并未在说明书中记载。上述反证证实的事实是为申请文件引入了新的信息

[1]“是否接受”中的“未明确”是指合议组没有回应是否接受补充实验数据；“不接受Ⅰ”是指由于补充实验自身设计的问题（如并非平行实验）或者无法证明预料不到的技术效果而不被合议组接受；“不接受Ⅱ”是指补充实验数据所证明的技术效果不是所属技术领域的技术人员能够从专利申请公开的内容中得到的。

本书仅就2020年医药专利无效案件所涉补充实验数据进行梳理与分析。该年度共有11件医药专利无效案件涉及补充实验数据,其中合议组未明确是否接受的有2件(ZL201180024380.7、ZL00818966.8),本书将分析其余9件。

案例一　作为D3/D2拮抗剂的哌嗪盐①

【专利号】ZL200880015627.7

【专利权人】吉瑞工厂

【无效请求人】浙江京新药业股份有限公司

【权利要求1】结晶反式4-{2-[4-(2,3-二氯苯基)-哌嗪-1-基]-乙基}-N,N-二甲基氨甲酰基—环己胺盐酸盐无水物(卡利拉嗪单盐酸盐结晶)。

【主要引证文件】证据1(最接近的现有技术):公开了卡利拉嗪游离碱。

【补充实验数据】

补充内容:单盐酸盐相比其他盐型在总杂质含量和最大特征杂质含量上均明显更低;采用磷酸盐缓冲液测定的溶解度。

原申请说明书:记载特别优选盐酸盐(通过上下文,所指为单盐酸盐),因其可以最高收率和最高纯度被制得。卡利拉嗪盐表现出优异的溶解度性质,未公开溶解度的测定条件,但模拟生理条件测定活性化合物在不同pH值条件下的溶解度是药物开发的常规方法。

结论:接受。

【实际解决的技术问题】具有较高纯度和溶解度的卡利拉嗪

① 第47087号无效宣告请求审查决定。

单盐酸盐 I 型晶型。

【无效决定】研究已知活性化合物的盐及其晶体形式是药物化合物开发中的常规手段，但权利要求 1 因取得了预料不到的技术效果而具备创造性。维持专利权有效。

【决定要点】说明书中记载的任何技术效果均是判断权利要求是否具备创造性的事实基础；对于说明书有记载但无具体实验数据的技术效果，如果本领域技术人员结合说明书的整体内容，能够确信专利权人在申请日前已经关注该技术效果且应当已经针对该技术效果进行了研究，该技术效果根据说明书公开的内容可以得到，则专利权人基于审查需要在申请日后补充相应实验证据的，该实验证据可以被纳入考虑，作为证明发明所能获得的技术效果的依据。

案例二　具有促进记忆改善的保健类食品或药品①

【专利号】ZL200910153651.3

【专利权人】杏辉天力（杭州）药业有限公司

【无效请求人】张艺颖

【权利要求 1】一种使用苯乙醇苷类化合物制造用于改善健康哺乳类动物的记忆力和预防健康哺乳类动物的记忆力衰退的保健类食品，其特征在于，该苯乙醇苷类化合物被包含于肉苁蓉属植物的提取物，为松果菊苷、异类叶升麻苷或它们的混合物；肉苁蓉属植物的提取物包含 15% ~50% 松果菊苷及 1% ~20% 异类叶升麻苷，以该肉苁蓉属植物的提取物的质量为基准；该哺乳类动物为人；该保健类食品的给予剂量为成年人 1 天给予该苯乙醇

① 第 46213 号无效宣告请求审查决定。

苷类化合物 150mg～2000mg、儿童 1 天给予该苯乙醇苷类化合物 50mg～1000mg。

【主要引证文件】证据 1：公开了异类叶升麻苷是管花肉苁蓉提取物中的优选成分之一，且其在提取物制剂中的重量含量应为 0～5%。证据 7（最接近的现有技术）：公开了一种以神经芽细胞增殖促进剂为有效成分的饮用食品，该神经芽细胞增殖促进剂以苯乙醇苷类化合物为有效成分，含有松果菊苷和类叶升麻苷中的至少一种作为所述苯乙醇苷类化合物。

【补充实验数据】

补充内容：异类叶升麻苷在抑制淀粉样 β 肽生成积累的能力上为类叶升麻苷的 4 倍。

原申请说明书：未记载异类叶升麻苷较类叶升麻苷在抑制或预防记忆衰退功效方面具有显著优异的技术效果，也未提供任何实施例或实验数据证明单独的异类叶升麻苷或类叶升麻苷在改善记忆力方面的功效，所有实施例证实的均为管花肉苁蓉提取物的效果。

结论：不接受。

【实际解决的技术问题】将含有特定组成（组分之一为异类叶升麻苷）的苯乙醇苷类化合物的肉苁蓉植物提取物应用于改善健康人群记忆力和预防健康人群记忆力衰退。

【无效决定】本领域技术人员在证据 7 和证据 1 的教导下，容易想到肉苁蓉提取物中除松果菊苷外还可包含异类叶升麻苷，也有动机将提取物用于制备改善健康人记忆力和预防健康人记忆力衰退的健康食品。宣告专利权无效。

【决定要点】专利权人依据补充实验数据中单独的异类叶升麻苷与单独的类叶升麻苷的对比实验数据主张本发明取得了预料

不到的技术效果，而能够确定为预料不到技术效果的效果应当是本领域技术人员从专利申请文件公开的内容中能够得到和确认的技术效果。

案例三 氘代脱氢苯基阿夕斯丁类化合物及其制备方法和在制备抗肿瘤的药物中的应用①

【专利号】ZL201510293269.8

【专利权人】青岛海洋生物医药研究院股份有限公司

【无效请求人】苗宇

【权利要求1】氘代脱氢苯基阿夕斯丁类化合物，其特征在于：所述氘代脱氢苯基阿夕斯丁类化合物具体为：(3Z,6Z)－3－(2,3,4,5,6－五氘代苯)亚甲基－6－[(5－叔丁基－1H－咪唑－4－基)氘代亚甲基]哌嗪－2,5－二酮或(3Z,6Z)－3－苯亚甲基－6－[(5－叔丁基－1H－咪唑－4－基)氘代亚甲基]哌嗪－2,5－二酮（氘代普那布林）。

【主要引证文件】证据2(最接近的现有技术)：普那布林。证据5、证据7～11、反证2、反证4：已知药物在不同的特定位置氘代以及不同的程度的氘代后，会在不同生物效应上带来效果。

【补充实验数据】

补充内容：补充实验数据与本专利记载的效果不同。

结论：不接受。

【实际解决的技术问题】一种效果优于普那布林的氘代化合物。

【无效决定】本领域技术人员虽然有可能尝试对普那布林进

① 第45381号无效宣告请求审查决定。

行氘代的修饰，但可以尝试氘代的位点、数量并不确定，且效果无法预期。维持专利权有效。

案例四　吡喃葡萄糖基取代的苯基衍生物、含该化合物的药物、其用途及其制造方法Ⅰ①

【专利号】ZL201310368328.4

【专利权人】勃林格殷格翰国际有限公司

【无效请求人】正大天晴药业集团股份有限公司

【权利要求2】一种制备通式Ⅱ化合物的方法：

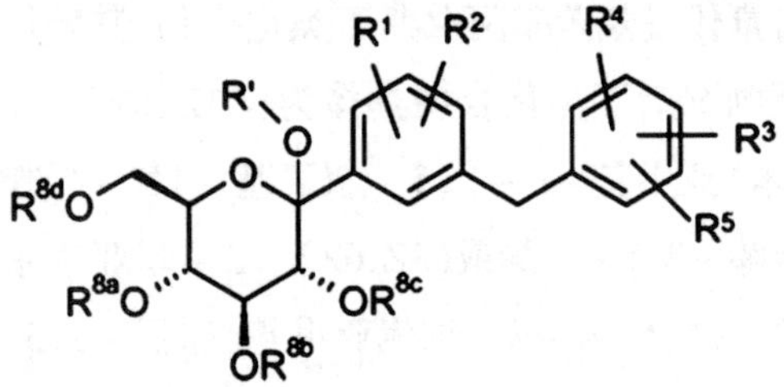

Ⅱ

所述方法包括通过卤素——金属交换或通过将金属插入通式Ⅳ的卤素——苄基苯化合物的碳——卤素键而取得有机金属化合物（V）。

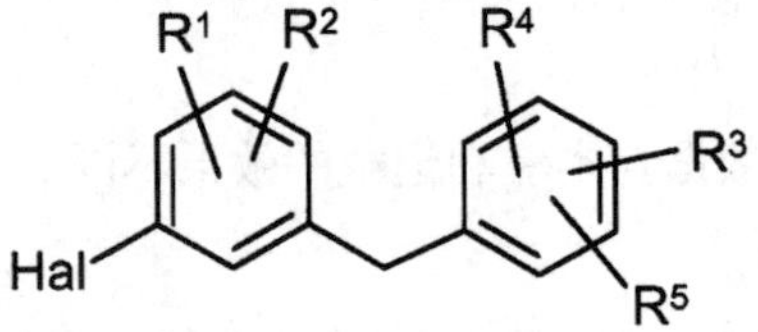

Ⅳ

其中Hal表示Cl、Br与I，以及任选地接着的转金属化，加至

① 第47426号无效宣告请求审查决定。

通式Ⅵ的葡萄糖内酯中。

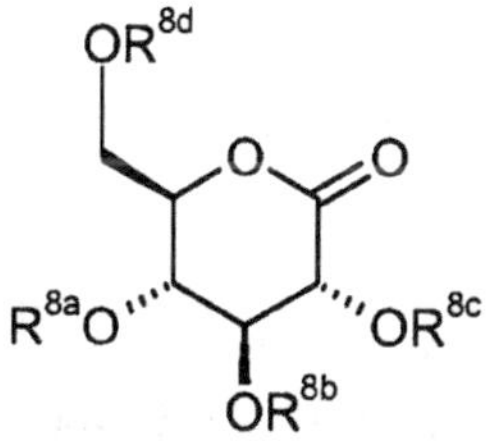

Ⅵ

然后,使该生成的加合物在有酸存在的情形下与水或其中R′表示C1－3－烷基的R′－OH醇进行反应(各取代基定义略)。

【主要引证文件】证据1(最接近的现有技术):公开了一种具有SGLT－2抑制活性的式Ⅰ结构吡喃葡萄糖取代的苯衍生物及其制备方法,其中实施例12化合物与权利要求2中化合物结构最为相似,但两者在原料及产物R3基团上与氧连接的基团不同,权利要求2中相应基团为四氢呋喃基,而证据1实施例12中为甲基;针对合成步骤的最后一步,权利要求2中为酸存在的反应,而证据1的实施例12为氯化铵。

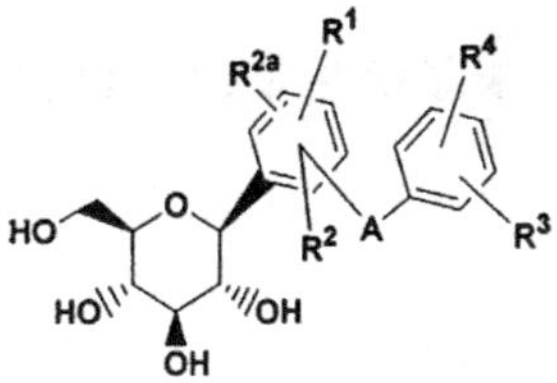

(Ⅰ)

通式(Ⅰ)化合物

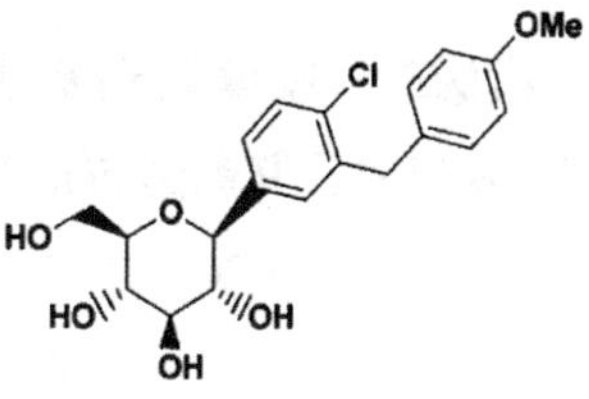

实施例12化合物

【补充实验数据】

补充内容:相对于SGLT－1,恩格列净对SGLT－2具有高的选择性抑制活性(选择性值高达4829倍)。

原申请说明书:与对于SGLT1的可能的抑制效果进行比较时,本专利化合物优选选择性地抑制SGLT2,但未记载任何相关效果实验数据，以及针对任一具体化合物的效果实验数据。

结论：不接受。

【实际解决的技术问题】提供一种结构类似的替代化合物的制备方法。

【无效决定】为了寻求更多结构类似的替代化合物，有动机根据证据 1 的通式化合物公开的内容在 R3 和 R4 末端位置使用本领域常见基团进行替换，这种基团替换属于常规的结构修饰，而酸与氯化铵在格氏试剂与羰基化合物制备醇的反应中可替换使用。宣告专利权无效。

【决定要点】在阅读本专利说明书内容后，本领域技术人员仅能够意识到本专利的化合物具有一般的 SGLT－2 的抑制活性，而不会确信其具有超出现有技术常规水平的 SGLT－2 抑制活性，更不会确信其在具有显著 SGLT－2 抑制活性的基础上不具有 SGLT－1 的抑制活性等其他预料不到的技术效果。

案例五　吡喃葡萄糖基取代的苯基衍生物、含该化合物的药物、其用途及其制造方法Ⅱ①

【专利号】ZL201310379906.4

【专利权人】勃林格殷格翰国际有限公司

【无效请求人】正大天晴药业集团股份有限公司

【权利要求 2】制备权利要求 1 的通式化合物的方法，其特征在于将以下通式Ⅱ化合物在有路易斯酸或布朗斯台德酸存在下与还原剂反应，其中任何存在的保护基同时或先后分裂掉：

① 第 47421 号无效宣告请求审查决定。

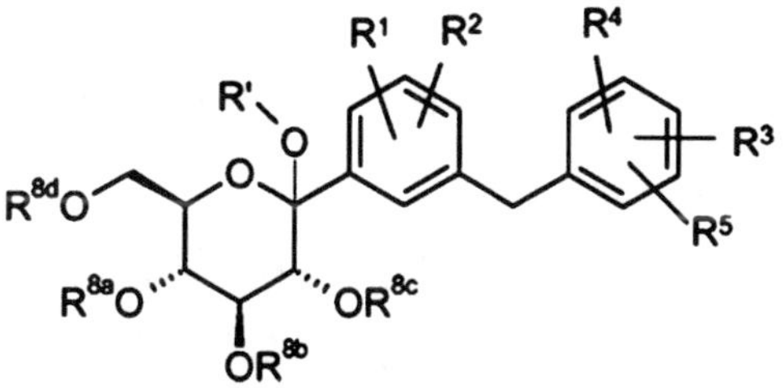

II

其中苯基环上的取代基R1在吡喃葡萄糖基的对位,且苄基环上的取代基R3在－CH2－桥连基的对位,需要时,将如此获得的通式化合物拆分为其立体异构体(各取代基定义略)。

【主要引证文件】证据1(最接近的现有技术):公开了一种具有SGLT－2抑制活性的式I结构吡喃葡萄糖取代的苯衍生物及其制备方法,其中实施例12化合物与权利要求2中化合物结构最为相似,但两者在原料及产物R3基团上与氧连接的基团不同,权利要求2中相应基团为四氢呋喃基,而证据1实施例12中为甲基;两者的反应类型、合成路线均相同。

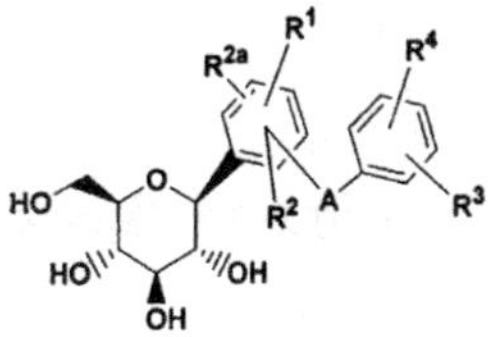

(I)

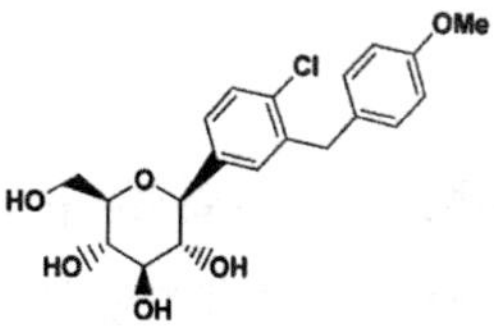

通式(I)化合物　　　　实施例12化合物

【补充实验数据】

补充内容:相对于SGLT－1,恩格列净对SGLT－2具有高的选择性抑制活性(选择性值高达4829倍)。

原申请说明书:与对于SGLT1的可能的抑制效果进行比较时,本专利化合物优选选择性地抑制SGLT2,但未记载任何相关效果实验数据,以及针对任一具体化合物的效果实验数据。

结论：不接受。

【实际解决的技术问题】提供一种具有一般 SGLT－2 抑制活性的替代化合物的制备方法。

【无效决定】本领域技术人员可以预期末端取代基变换后的化合物通过证据 1 中的通用方法制备得到。宣告专利权无效。

【决定要点】专利权是一种对世权，专利申请需要立足于申请日的时间点来判断技术方案的公开程度以及相对于当时的现有技术具有何种贡献。本专利说明书并未记载任何效果实验以及效果实验数据。并且本专利保护通式化合物，然而说明书中对于通式范围内如此众多化合物并没有公开任何一个具体化合物的效果实验数据，仅采用上述描述其 SGLT 抑制性能的语句对于化合物活性进行概括描述。基于本专利公开的内容，本领域技术人员无法获知采用何种具体化合物会达到何种程度的抑制活性，而仅能根据现有技术进行技术效果的合理预期。

案例六　吡喃葡萄糖基取代的苯基衍生物、含该化合物的药物、其用途及其制造方法Ⅲ①

【专利号】ZL201310414119.9

【专利权人】勃林格殷格翰国际有限公司

【无效请求人】江苏豪森药业集团有限公司；四川科伦药物研究院有限公司；江苏万邦生化医药集团有限公司；杭州中美华东制药公司；正大天晴药业集团股份有限公司

---

① 第 46013 号无效宣告请求审查决定。

【**权利要求 7**】权利要求 1 ~ 2 中任一项的化合物或生理上可接受的盐在制备用于适于治疗或预防代谢病症的药物组合物中的用途,其中所述代谢病症选自Ⅰ型或Ⅱ型糖尿病和肥胖症。

【**主要引证文件**】证据 1(最接近的现有技术):公开了一种具有 SGLT-2 抑制活性的式Ⅰ结构吡喃葡萄糖取代的苯衍生物,并且具体公开了实施例 12 的化合物,以及单独使用该专利化合物治疗糖尿病,尤其是Ⅱ型糖尿病、肥胖症及相关疾病的方法。

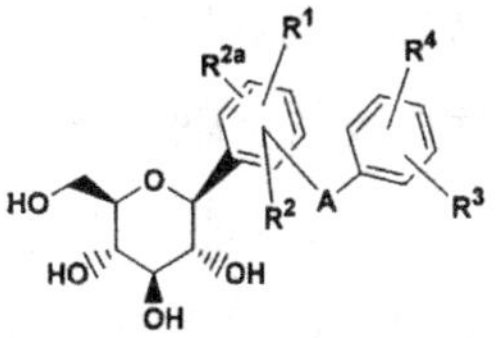
(I)

通式(I)化合物

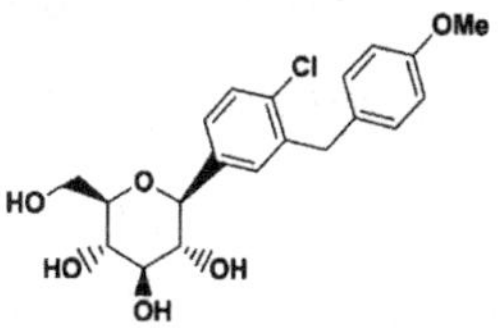

实施例 12 化合物

【**补充实验数据**】

补充内容:相对于 SGLT-1,恩格列净对 SGLT-2 具有高的选择性抑制活性(选择性值高达 4829 倍)。

原申请说明书:与对于 SGLT1 的可能的抑制效果进行比较时,本专利化合物优选选择性地抑制 SGLT2,但未记载任何相关效果实验数据,以及针对任一具体化合物的效果实验数据。

结论:不接受。

【**实际解决的技术问题**】提供一种具有一般 SGLT-2 抑制活性的替代化合物。

【**无效决定**】为了获得结构类似、活性相当的替代化合物,有动机进行常规的结构修饰,并且说明书中也未公开任何涉及对于该用途的直接效果实验数据。宣告专利权无效。

【**决定要点**】申请文件作为当事人为申请专利保护提交的法

律文件,承载着在申请日时所确立的申请人的技术贡献。我国的专利制度采用先申请原则,在满足授权条件的情况下,同样的发明创造只向最先申请的人授予专利权,抢占更早的申请日则意味着在相同领域的技术研究中占据更有利的竞争地位,但这也从时间维度上为申请人划定了发明完成的界限,其要求专利保护的权利只能通过申请日时已经完成的技术贡献来支持。与之相应地,专利制度“公开换保护”的原则在空间维度上为确定技术贡献的范围提供了划界依据,申请文件客观呈现的内容既是申请人在申请日时所完成的发明工作,同时也是对其智慧贡献进行“三性”评价的事实基础。申请日时已经完成但未写入申请文件中的内容,如果本领域技术人员无法获知,或者虽然知晓但无法将其与发明内容建立联系并且结合考虑,也不能作为判断发明技术贡献的依据。申请文件中能够体现技术贡献的技术效果应当是本领域技术人员根据说明书公开的内容能够确定的。因此,基于我国的先申请制原则,需要以申请日之前申请人完成的发明创造工作以及所提交的申请文件作为判断其能否获得授权的最主要依据。

案例七　1-氯-4-(β-D-吡喃葡萄糖-1-基)-2-{4-[(S)-四氢呋喃-3-基氧基]-苄基}-苯的晶型、其制备方法及其用于制备药物的用途①

【专利号】ZL200680011591.6

【专利权人】勃林格殷格翰国际有限公司

---

① 第47428号无效宣告请求审查决定。

【无效请求人】江苏豪森药业集团有限公司;杭州中美华东制药有限公司

【权利要求 1】1 - 氯 -4 - (β - D - 吡喃葡萄糖 - 1 - 基) - 2 - [4 - ((S) - 四氢呋喃 - 3 - 基氧基)—苄基]—苯的晶型,其具有在 14.69、18.84、19.16、19.50、20.36 和 25.21 度 2θ ±0.05 度 2θ 处有波峰的 X - 射线粉末衍射图,其中所述 X - 射线粉末衍射图使用 CuKα1 辐射。

【主要引证文件】证据 1(最接近的现有技术):公开了一种具有 SGLT - 2 抑制活性的式 I 结构吡喃葡萄糖取代的苯衍生物,并且具体公开了实施例 12 的化合物,以及作为在肠和肾中的钠依赖型葡萄糖转运蛋白 SGLT - 2 的抑制剂。

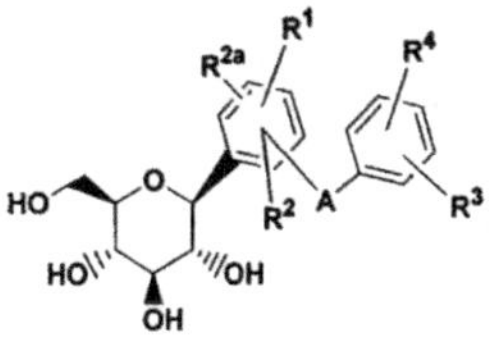
(I)

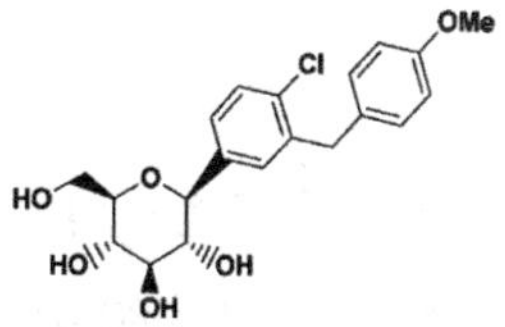

通式(I)化合物　　实施例 12 化合物

【补充实验数据】

补充内容:相较于 SGLT - 1,恩格列净对 SGLT - 2 具有高的选择性抑制活性(选择性值高达 4829 倍)。

原申请说明书:记载所定义的晶型在制备用于治疗或预防用于抑制钠——依赖葡萄糖协同转运蛋白 SGLT - 2 的药物组合物中的用途,但除表述晶型参数外,未公开关于效果的任何实验数据。

结论:不接受。

【实际解决的技术问题】提供一种具有已知 SGLT - 2 抑制活

性的结构类似的化合物晶体。

【无效决定】为了获得结构类似、活性相当的替代化合物，有动机进行常规的结构修饰，而对于晶型的评价和筛选也是本领域的常规技术手段。宣告专利权无效。

【决定要点】本专利申请文件仅一般性地公开了通式化合物具有与现有技术中类似化合物相似的 SGLT－2 抑制活性范围。本领域技术人员在阅读本专利的说明书后，即便结合现有技术披露的技术信息（如证据 1 中也公开了结构类似的化合物，其具有 SGLT－2 抑制活性），也仅能够预期本专利要求保护的通式化合物具有 SGLT－2 抑制活性，以及具有如证据 1 所披露的治疗糖尿病的用途。

案例八　含恩他卡朋的口服剂型[①]

【专利号】ZL200680018762. 8

【专利权人】奥赖恩公司

【无效请求人】广东阳光药业

【权利要求 1】制备恩他卡朋颗粒的方法，该方法包括：（1）将作为单独药物的恩他卡朋与黏合剂以及任选一种或多种其他赋形剂制成混合物并且用水、低级醇或它们的混合物将混合物制粒，或将恩他卡朋连同一种或多种任选其他赋形剂与包含黏合剂的水、低级醇或它们的混合物制粒或熔化制粒；（2）干燥或冷却，分别并且任选筛分步骤（1）的颗粒；其中制备颗粒中

---

① 第 44164 号无效宣告请求审查决定。

所用的恩他卡朋是颗粒形式并且至少90%的恩他卡朋颗粒的直径小于55μm。

【主要引证文件】证据1(最接近的现有技术):公开了制备含有恩他卡朋和交联纤维素衍生物的口服压制组合物,其中包括通过压紧和碾碎获得颗粒的步骤。证据2(公知常识):公开了颗粒流动性与其形状有关,球形粒子流动性好,片状或枝状粒子流动性差;湿法制粒如流化床制粒形成的颗粒外观圆整,湿法制粒能够改善流动性差的药物的流动性;气流粉碎机能够获得3~20μm的粒子。证据3:公开了熔融制粒可替代湿法制粒。

【补充实验数据】

补充内容:采用本专利的湿法制粒对比证据1的干法制粒,证明本专利的湿法制粒具有更好的流动性。

结论:接受(但合议组认为这是制剂领域的公知常识)。

【实际解决的技术问题】提供另一种针对恩他卡朋溶解性差问题,使其快速溶出并且方便制剂的制备方法。

【无效决定】本领域技术人员采用更为常见,并且能够改善流动性的制粒方法如湿法制粒、熔融制粒的方法来制备恩他卡朋颗粒是显而易见的,其效果并未超出预期。宣告专利权无效。

案例九　含高浓度抗体的溶液制剂①

【专利号】ZL200880119066.5

【专利权人】中外制药株式会社;弗·哈夫曼—拉罗切有限公司

① 第47375号无效宣告请求审查决定。

【无效请求人】文珺

【权利要求1】稳定的以100～300mg/ml的量含抗白细胞介素-6受体抗体的溶液制剂,其特征在于,含有100～300mM精氨酸和10～50mM甲硫氨酸,其中所述溶液制剂在制备过程中不包括冻干工序而被制备出,其中所述抗体是人源化的抗-IL-6受体抗体MRA,其中所述溶液制剂的pH值为4～8,且其中所述溶液制剂还含有表面活性剂,且所述表面活性剂的量是0.0001w/v%～10w/v%。

【主要引证文件】证据1(最接近的现有技术):公开了一种稳定的、低混浊度的液体制剂,包含:(a)100～200 mg/ml量的蛋白或抗体;(b)50～20OmM的精氨酸-HCL;(c)10～100mM的组氨酸;(d)0.01%～0.1%的聚山梨醇酯(这里仅以证据1作为最接近现有技术的情形作为示例)。

【补充实验数据】

补充内容:单独的甲硫氨酸抑制MRA抗体二聚化的效果比精氨酸差,相同浓度的150mM的精氨酸效果明显优于甲硫氨酸,精氨酸和甲硫氨酸的组合也明显优于甲硫氨酸。

原申请说明书:记载对不同浓度的精氨酸抗二聚化以及固定浓度的精氨酸与不同浓度的甲硫氨酸组合进行了实验研究,实验结果表明精氨酸和甲硫氨酸的组合产生了明显优于精氨酸的抗二聚化协同效果。

结论:接受。

【实际解决的技术问题】更好地协同抑制未经冻干的具体抗体MRA液体制剂中抗体分子的二聚化,提高所述抗体制剂的稳定性。

【无效决定】难以显而易见地得到向高浓度的MRA抗体分

子溶液中添加权利要求 1 限定范围的精氨酸和甲硫氨酸的技术方案,更难以预期其取得的更好的稳定效果。维持专利权有效。

从 2020 年的分析结果来看,国家知识产权局在医药专利无效案件中对于补充实验数据把握的尺度很严格。《专利审查指南》(2017 年版)和《专利审查指南》(2021 年版)均规定"补交实验数据所证明的技术效果应当是所属技术领域的技术人员能够从专利申请公开的内容中得到的。"但正如《专利审查指南》所言:"化学领域发明专利申请的审查存在着许多特殊的问题。例如,在多数情况下,化学发明能否实施往往难以预测,必须借助于试验结果加以证实才能得到确认。"既然"难以预测",如果原申请未记载任何有关技术效果的内容或与补充实验数据记载的效果不同(案例二、三),补充实验数据通常不会被接受,除非这一技术效果可以从现有技术中获得(案例八);即使原申请记载了技术效果,但如果仅是"一般"的技术效果,而不是补充实验数据所要证明的"预料不到"的技术效果,则补充实验数据也不被接受(案例四、五、六、七);如果原申请记载了预料不到的技术效果,并且可合理认为申请日前这一技术效果已经实现,则补充实验数据可以被接受(案例一、九)。

三、从复审决定看《专利审查指南》(2021 年版)修订

《专利审查指南》(2021 年版)增加了【例 1】和【例 2】。审查实践中,这两个示例是否已有所体现呢?本书梳理了 2021 年复审决定以寻求答案。(见表 2-3)

表 2－3　涉及补充实验数据的复审决定(2021 年)

申请号	发明名称	复审请求人	补充实验数据内容	是否接受	合议组观点
201510368829.1	(αS,βR)－6－溴－α－[2－(二甲胺基)乙基]－2－甲氧基－α－1－萘基－β－苯基－3－喹啉乙醇的富马酸盐	詹森药业	(1)富马酸盐制剂与所述碱的比较测试实验数据;(2)溶解情况试验;(3)R207910不同盐的表征;(4)R207910及其不同盐形式的评价;(5)稳定性测试报告;(6)贝达喹啉化合物4种100mg片剂的比较实验	不接受 I	维持驳回决定。 补充实验数据1配方不明确;补充实验数据3～补充实验数据5所涉及的实验为惯常试验手法;补充实验2和补充实验6无法证明带来了预料不到的技术效果
201510002365.2	3,7－二氨基－10H－吩噻嗪化合物盐及其用途	维斯塔实验室	附件1～附件2声明第4/14页中的表格等,佐证固态物质的长期稳定性	接受	撤销驳回决定。 根据原始说明书第[0645]段内容,补充数据所证实的稳定性效果在原始申请文件中已有相应的记载

续表

申请号	发明名称	复审请求人	补充实验数据内容	是否接受	合议组观点
201480064037.9	PLK－4 抑制剂的盐和晶型	大学健康网络	提供了化合物（Ⅰ）的 TFA 盐和富马酸盐的生物利用度对比数据	接受	撤销驳回决定。 原始说明书中已经对本申请化合物（Ⅰ）的富马酸盐的晶型 D 的口服生物利用度进行了实验并给出了相应的具体实验数据，在复审阶段补充提交现有技术中已知的化合物（Ⅰ）的 TFA 盐的口服生物利用度的具体实验数据应被允许
201510469576.7	阿戈美拉汀口服液体制剂及其制备方法和应用	恩瑞生物医药	重复对比文件 1 的实施例 13 和本申请实施例 5、实施例 13，用高效液相色谱法测定阿戈美拉汀含量，并进行对比	接受	撤销驳回决定。 原始说明书实施例 15 记载了实施例 13 的 Cmax（5070.23）为市售品维度新 Cmax（2173.97）的 2.5 倍，补充实验数据表明本申请实施例 13 的 AUC 为对比文件 1 实施例 13 的将近 27 倍，已经远超出了本领域技术人员的理论预期

续表

申请号	发明名称	复审请求人	补充实验数据内容	是否接受	合议组观点
201610732146.4	阿司匹林丁香酚酯的晶型B及其制备方法	中国农业科学院兰州畜牧与兽药研究所	补充提交了几种不同重结晶溶剂制备晶型的稳定性、毒副作用的比较结果	不接受Ⅱ	维持驳回决定。 (1)晶型A、晶型C与对比文件3重结晶溶剂不同,均不能对应对比文件3的晶型;(2)晶型B相对于其他晶型的毒副作用更小的技术效果并未记载在说明书中;(3)未公开试验条件
201480014329.1	奥那司酮多晶型形式和使用方法	康泰科思特生物制药	提交附件A~附件D以证明增加的生物利用度、增加的稳定性和增加的溶解度等预料不到的技术效果	不接受Ⅱ	维持驳回决定。 原始说明书中仅泛泛地记载了:本申请的奥那司酮具有增加的生物利用度、增加的稳定性和增加的溶解度,补充实验数据不能作为本申请的现有技术使用
201580033076.7	包含辣木叶提取物的放射线联合处理用组合物及利用其的治疗方法	韩国原子力研究院	补充实验数据用以证明随着提取温度的变化,肿瘤的减少效果没有一定的变化规律,而且不同提取温度下获得的提取物的组成不同	未明确	撤销驳回决定。 现有技术没有给出用较低的0~5℃的水作为溶剂提取更有利于获得抗癌或增强放射活性更好的辣木叶提取物的启示

续表

申请号	发明名称	复审请求人	补充实验数据内容	是否接受	合议组观点
201480038196.1	超速崩解片剂及其制备方法	株式会社大赛璐	将实施例3按照对比文件1的方法和组分制成A、C颗粒，之后将实验结果与对比文件1进行对比	不接受I	维持驳回决定。 补充实验均未证明本申请相对于对比文件1产生了预料不到的效果
201610143388.X	蛋白酪氨酸激酶活性的抑制剂	梅特希尔基因	补充提交了本申请化合物147和对比文件1化合物在A549、CMET、VEGFR等活性对比的具体活性数值的表	接受	撤销驳回决定。 补充实验数据1和补充实验数据2所要证明的技术效果能够从专利申请文件公开的内容中得到，补充实验数据1～补充实验数据3证明了本申请化合物147活性更优
201510033908.7	化合物A单苯甲酸盐的晶型α及其制备方法和含有该晶型的药物组合物	深圳信立泰药业	提供对比数据表明晶型α的溶解性优于化合物A，进而提高生物利用度	接受	撤销驳回决定。 化合物A单苯甲酸盐晶型α的溶解性数据与原始申请文件中的记载一致，能够看出溶解度有显著的改善。该溶解度的改善可能成为生物利用度提高的基础

续表

申请号	发明名称	复审请求人	补充实验数据内容	是否接受	合议组观点
201480027446.1	锯棕榈提取物与生姜和狭叶松果菊的脂溶性提取物的组合、其用途和含有它们的制剂	因德纳有限公司	附件1:将实施例1组合物与US6261607组合物对比;附件2:将实施例5组合物与特定成分组合物对比	不接受Ⅰ	维持驳回决定。 对比组的活性物质种类少于实施例1和实施例5,从而对比组的效果比实施例差是可以合理预期的,对比试验的结果无法用以证明协同作用
201910839428.8	口蹄疫病毒3D蛋白作为TLR3通路激活剂的应用	中国农业科学院兰州兽医研究所	补充实验数据以证明本申请的FMDV 3D蛋白能够促进TLR3通路中IFN-β的激活,而对比文件1中的3D蛋白片段则对TLR3通路中的IFN-β无影响	接受	撤销驳回决定。 补充实验数据证实本申请的FMDV 3D蛋白能够促进TLR3通路中IFN-β的激活,而对比文件1中的3D蛋白片段则对TLR3通路中的IFN-β无影响,所述实验结果具有统计学显著的意义
201610201246.4	荔枝皮多酚在治疗高血糖及胰岛素抵抗的药物中的应用	广西壮族自治区中国科学院广西植物研究所	开展了针对db/db糖尿病小鼠使用本申请(500mg/kg)、对比文件1(200mg/kg)和格列齐特片(1mg/kg)的对比实验	不接受Ⅰ	维持驳回决定。 补充实验数据并不足以否认对比文件1已经给出了荔枝皮多酚用于治疗糖尿病、降低血糖的技术启示;补充实验中给药剂量不相同,这进一步降低了结果之间的直接比较意义

续表

申请号	发明名称	复审请求人	补充实验数据内容	是否接受	合议组观点
201510362483.4	吗啡啉苯基氨基嘧啶化合物或其盐的多晶型物	苏州泽璟生物制药	提交证据 1 ~ 证据 4 以证明本申请的多晶型物Ⅱ的溶解度和稳定性优于对比文件 2 和对比文件 3	部分接受	撤销驳回决定。 对于证据 1 记载的溶解度效果，本申请说明书没有记载，属于新增加的事实；在本申请说明书已经记载了本申请多晶型物Ⅱ稳定性试验的基础上，证据 3、证据 4 能够作为本申请的补强性证据
201510098957.9	新颖乳酸菌及其于免疫调节及抗发炎的应用	益福生医	补充实验数据证明本申请所保护的 K21 菌株对抑制 NO 产生的效果优于 K68 菌株	未明确	撤销驳回决定。 本申请说明书中证实了所述 K21 菌株的抗炎和免疫调节活性，本申请记载的内容足以证明所述 K21 菌株取得了有益的技术效果

续表

申请号	发明名称	复审请求人	补充实验数据内容	是否接受	合议组观点
201610717602. 8	一种黑参加工工艺及其在增强免疫力和抗肿瘤领域的应用	蒋胜	证据1:标准品出峰时间;证据2、证据3:转化前后西洋参中人参皂苷液相色谱检测原始报告;证据4:药典方法西洋参中人参总皂苷检测原始报告;证据5:研究记录	不接受Ⅰ	维持驳回决定。 补充证据1~补充证据5仅验证的是出峰时间对应的人参皂苷的具体种类,但是并没有与对比文件1公开的技术方案得到的产品中的相应人参皂苷种类进行比对,不能证明本申请技术方案产生了预料不到的技术效果
201710196753. 8	一种姜黄素组合物及其制备方法和应用	广东药科大学	补充实验数据比较了不同型号泊洛沙姆(P188、P407、P338)和高分子材料(共聚维酮、PVP、HPMC)的溶出度	接受	撤销驳回决定。 本申请说明书具体实施方式部分已经验证了本申请组合物能够增加姜黄素的溶出度,具有显著的进步
201610894411. 9	一种他达拉非口腔溶膜剂及其制备方法	常州市第四制药厂、捷思英达医药、株式会社宇信MEDICS	补充实验数据以证明本申请实施例1的膜剂相比对比文件1的膜剂释放速度更快、溶出性更好	不接受Ⅰ	维持驳回决定。 补充实验数据与对比文件1记载的数据不相匹配,因而不具有说服力

续表

申请号	发明名称	复审请求人	补充实验数据内容	是否接受	合议组观点
201610696992.5	一种用于预防和治疗白内障的眼用制剂及其制备方法	盛世泰科生物医药技术	补充了稳定性数据，将本申请实施例与对比文件3的产品进行了对比	接受	撤销驳回决定。 补充的实验数据所要证明的效果能够从说明书中得到，因此该数据应当被接受并在评价创造性时予以考虑
201610955074.X	一种治疗肥胖型多囊卵巢综合征的药物组合物	山东中医药大学附属医院	补充实验数据表1显示本申请中药组合物治疗前后BMI水平、血清激素水平、血脂水平有显著差异，表2显示本申请中药组合物效果更优	未明确	撤销驳回决定。 对比文件1与本申请的组方的思路和侧重点不同，相应选择了不同的药材，构建了不同的技术方案
201510407725.7	一种治疗皮肤病的中药浴配方及其应用	程玉兰	补交了相关实验数据，其中包括案例1～4四个病例，认为本申请对治疗皮肤病有治疗效果	不接受Ⅱ	维持驳回决定。 涉及的补充数据并非从本申请的原申请说明书和权利要求书中能够确切获知的技术效果，因此提供的补充实验证据无法证明本申请确实可以达到所述效果

续表

申请号	发明名称	复审请求人	补充实验数据内容	是否接受	合议组观点
201611073382.6	一种治疗青春期多囊卵巢综合征的药物组合物	山东中医药大学附属医院	补充实验数据表1显示郁金可延长丹参提取物在体内的消除时间;表2显示药物组合物降低雄激素的功效显著下降;表3显示使用本申请组合物治疗前后的差异	不接受Ⅱ	维持驳回决定。 补充实验数据表1的协同增效在原始申请文件中没有记载;表2、表3均未对对比文件1产品的技术效果进行测定;表2的效果试验结论和现有技术的教导是一致的,不属于预料不到的技术效果
201610092115.7	用于治疗增殖性疾病的非对称的吡咯并苯并二氮杂䓬－二聚体	医疗免疫有限公司	提交了本申请化合物11和对比文件1化合物ZC－207在同一个K562实验中的补充对比数据	接受	撤销驳回决定。 根据本申请说明书的记载,化合物11用于治疗白血病的用途已经公开,补充实验数据所要证明的技术效果能够从专利申请文件公开的内容中得到

续表

申请号	发明名称	复审请求人	补充实验数据内容	是否接受	合议组观点
201480053771.5	作为溴结构域抑制剂的新型喹唑啉酮类化合物	恒元生物医药科技	补充基于对比文件1化合物D1和本申请实施例19、实施例20、实施例32化合物在FRET实验、增殖实验和c-myc抑制试验的对比实验数据	不接受Ⅱ	撤销驳回决定。 本申请的原始申请文件虽然记载了实施例19、实施例20、实施例32化合物具有 < 30μm的IC50值，但其具体为该数值范围内的何值、其相对于对比文件1化合物的结构修饰给活性带来何种程度的影响均不属于本申请原始申请文件记载和公开的内容（最后是基于修改后的权利要求才撤销驳回决定）

进一步研究发现,相对于2021年前的案例,《专利审查指南》(2021年版)中的【例2】(见表2-1)在2021年的审查实践中已经有所体现。

根据【例2】,权利要求请求保护通式I化合物,说明书记载了通式I及其制备方法,通式I中多个具体化合物A、B等的制备实施例,也记载了通式I的抗肿瘤作用、测定抗肿瘤活性的实验方法和实验结果数据,实验结果数据记载为实施例化合物对肿瘤细胞IC50值在10~100nM范围内。为证明权利要求具备创造性,申请人补交了对比实验数据,显示化合物A的IC50值为15nM,而对比文件1化合物为87nM。对于所属技术领域的技术人员来说,根据原始申请文件的记载,化合物A及其抗肿瘤作用已经公开,补交实验数据所要证明的技术效果能够从专利申请文件公开的内容中得到。应该注意的是,此时,审查员还需要结合补交实验数据进一步分析权利要求请求保护的技术方案是否满足创造性的要求。

【例2】可简要概括为:如果原申请公开了数值区间,补充实验数据涉及该区间内具体数值,接受。

"放宽"显然是相对概念,因此本书选取《专利审查指南》(2021年版)修改前后作出决定的两个案例(案例一为修改前;案例二为修改后)进行对比。

案例一　2-氧代-1-吡咯烷衍生物、其制备方法和用途[①]

【决定日】2019年2月21日

【发明名称】2-氧代-1-吡咯烷衍生物、其制备方法和用途

① 第39131号无效决定。

【专利号】ZL01805445.5

【专利权人】UCB 生物制药私人有限公司

【无效请求人】浙江京新药业股份有限公司

【权利要求 1】式 I 的化合物或其药学上可接受的盐：

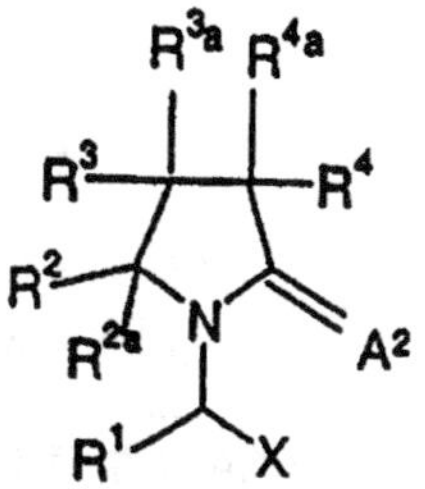

(I)

其中：X 是 –CA1NR5R6 或 –CA1 – R8；R1 和 A2 为氧……

无效过程中，专利权人将权利要求 1 修改为：化合物或其药学上可接受的盐，所述化合物是(2S) –2 –[(4R) –2 –氧代 –4 –丙基吡咯烷基]丁酰胺。

【主要引证文件】证据 3(最接近现有技术)：公开了左乙拉西坦，并公开了左乙拉西坦相应的 pKi 为 6.1 ± 0.1，ED50 为 0.005mmol/kg。

权利要求 1 主张的化合物(2S) –2 –[(4R) –2 –氧代 –4 –丙基吡咯烷基]丁酰胺即为布瓦西坦，其主要用于 16 岁及以上患者的部分性癫痫发作的辅助治疗。布瓦西坦与左乙拉西坦具有类似化学结构和作用机制，但亲和力是后者的 15 ~30 倍，使其使用剂量降低到原来的 1/10。

布瓦西坦能否经受住无效考验，关键在于其相对于具有类似化学结构和作用机制的左乙拉西坦能否取得预料不到的技术效果。而原申请文件并未记载具体化合物(布瓦西坦)的具体实验结果，此时补充实验数据能否被接受将起到决定性作用。

详细案情总结见表2－4。

表2－4　本专利和最接近现有技术详细案情总结

本专利	最接近现有技术
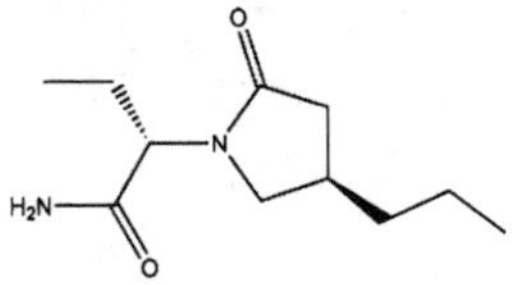 (2S)－2－[(4R)－2－氧代－4－丙基吡咯烷基]丁酰胺(布瓦西坦)	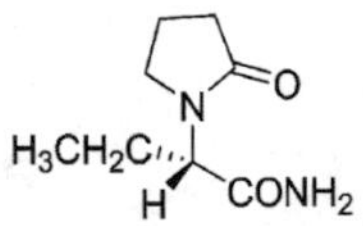 (S)－α－乙基－2－氧代－1－吡咯烷乙酰胺(左乙拉西坦)
区别技术特征:本专利权利要求1化合物吡咯烷酮环的4位上具有R构型的丙基,而证据3(最接近现有技术)吡咯烷酮环的相应位置没有被取代	
说明书记载:本发明的化合物所表现的pKi为6或者更大、本发明的化合物的ED50值(未明确是哪个阶段的测试结果)为1.0E－4或更低,其未提供某一具体化合物的具体实验结果	证据3记载:左乙拉西坦相应的pKi为6.1 ± 0.1, ED50值为0.005mmol/kg("强直性惊厥"阶段的ED50值)
补充实验数据	
本专利化合物159(布瓦西坦)的pKi为7.1,ED50值为44μmol/kg	

合议组主要观点:

(1)根据本专利说明书,能够获知本专利在发明伊始即知晓证据3中左乙拉西坦的治疗活性,并且主张在其吡咯烷酮环上进行取代基修饰能够具有明显改善的治疗活性。然而,本专利说明书记载的活性测试实验却未将左乙拉西坦作为对比对象,以证实本专利化合物相对于左乙拉西坦确实取得了相应的改进。

(2)在审理过程中,专利权人补充提交了上述反证1,其中记载了本专利化合物159(布瓦西坦)的pKi为7.1,ED50值为

44μmol/kg,但该数据不属于原申请文件记载的内容。本专利说明书活性实施例 8 和实施例 9 对效果的记载分别为本发明的化合物所表现的 pKi 为 6.0 或更大,以及本发明的化合物的 ED50 值为 1.0E-4 或更低,并未提供化合物的具体活性数值。另外,虽然本专利部分序号的化合物表现了“特别的亲和性”,但同样没有说明“特别的亲和性”是何种程度,以及这些化合物 pKi“更大”或 ED50 值“更低”的具体数值是多少。对于实施例 9 的实验,本专利也没有指明所述 ED50 值对应于哪个测试阶段。本领域技术人员在阅读了本专利说明书后,仅能确定化合物 159 具有所述活性,并且在 pKi 为 6.0 或更大、ED50 值为 1.0E-4 或更低的范围内,但不能知晓其效果程度如何。合议组认为,补充实验数据中化合物 159 的具体测试数据所显示的效果程度,已经超出了本领域技术人员基于专利文件公开的内容所能达到的认知范围。

即本专利公开了数值区间(pKi 为 6.0 或更大;ED50 值为 1.0E-4 或更低),不接受补充具体数值(pKi 为 7.1,ED50 值为 44μmol/kg)。

案例二 蛋白酪氨酸激酶活性的抑制剂[①]

【决定日】2021 年 1 月 26 日

【发明名称】蛋白酪氨酸激酶活性的抑制剂

【专利号】ZL201610143388.X

【复审请求人】梅特希尔基因公司

---

① 第 242914 号复审决定。

【权利要求1】

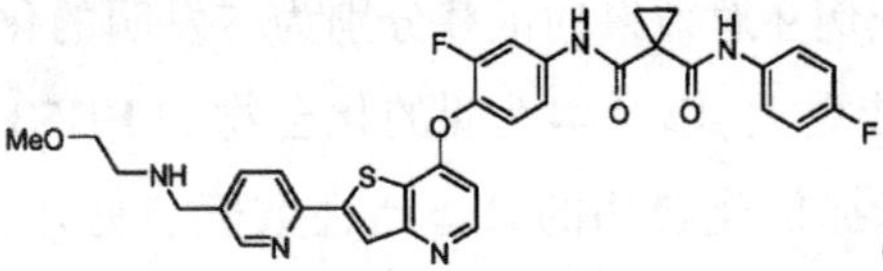

(化合物147，实施例52)

【主要引证文件】对比文件1(最接近现有技术)：公开了大量已知化合物，

如化合物62

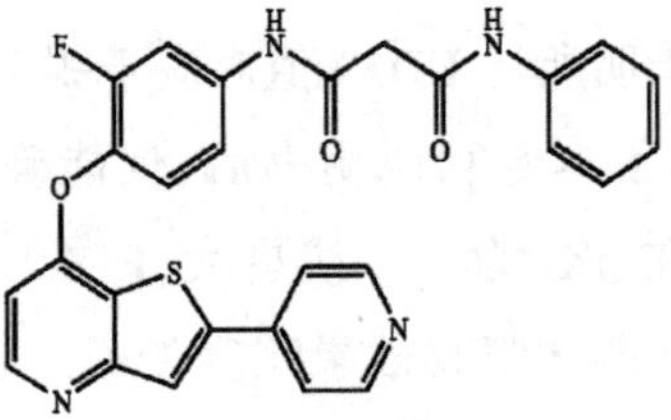

62: Example 26

化合物378

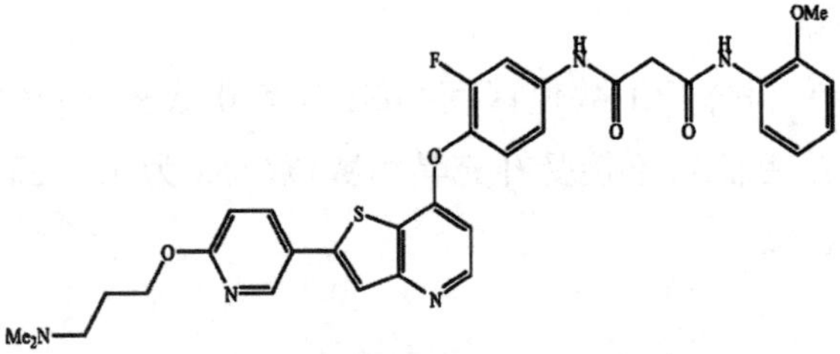

378: Example 173

Cpd	Ex	Structure
406	190	

化合物406

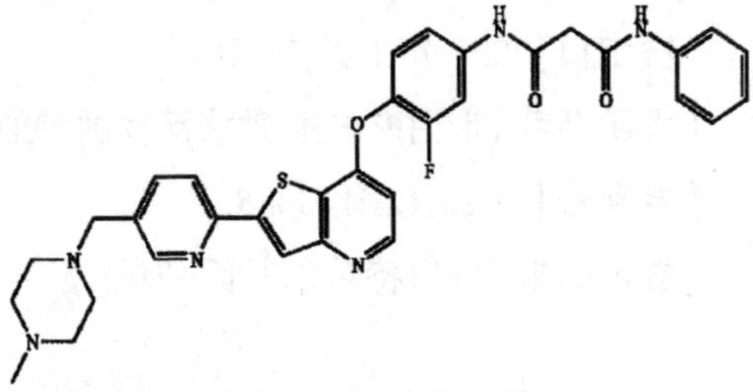

N1-(3-Fluoro-4-(2-(5-((4-methylpiperazin-1-yl)methyl)pyridin-2-yl)thieno[3,2-b]pyridin-7-yloxy)phenyl)-N3-phenylmalonamide

以及下列化合物等。

	CMET IC50 (mM)	VEGFR IC50 (mM)	A549 WOUND HEALING INHIB IC50 (mM)	DU145 SCAT-TERING INHIB IC50 (mM)
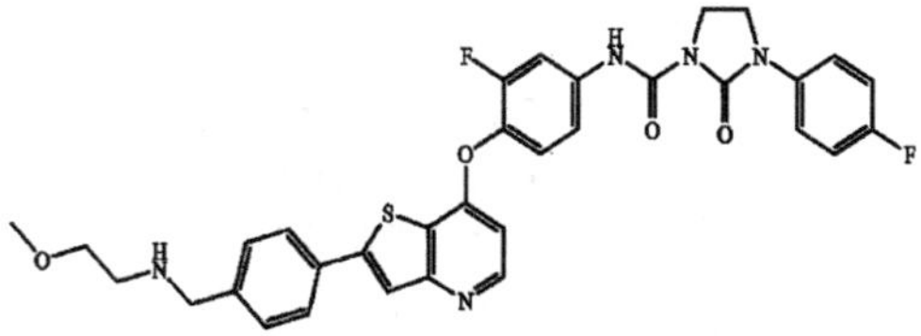	a	a	A	A
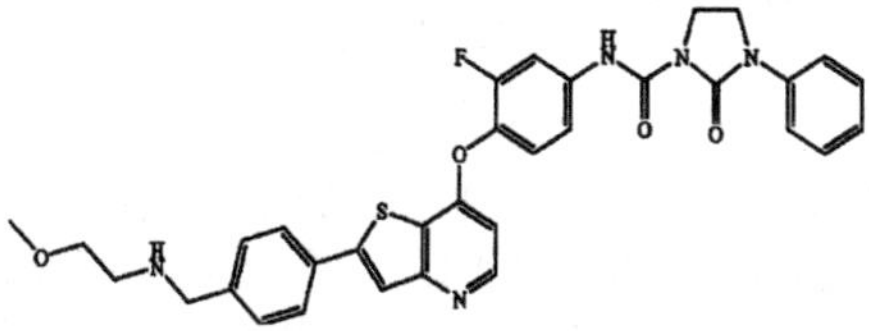	a	a	A	A

详细案情总结见表2-5。

表2-5　本专利和最接近现有技术详细案情总结

本专利	最接近现有技术
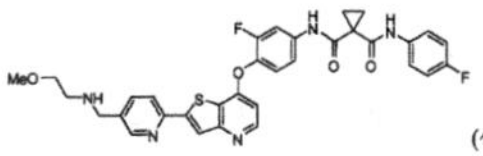 (化合物147，实施例52)	化合物378 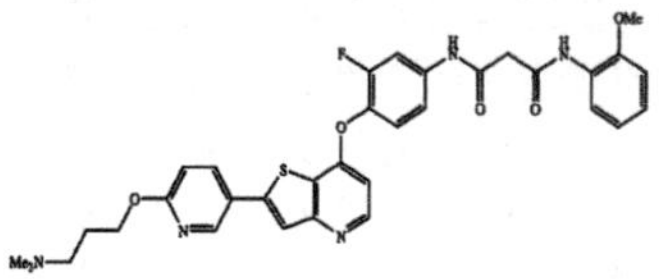 378: Example 173
区别技术特征：(1)吡啶环上N原子的位置和取代基不同；(2)本申请化合物中两个羰基之间为环丙烷，而化合物378为亚甲基；(3)右侧苯环上的取代基不同，分别为4位F取代和2位甲氧基	

续表

<table>
<tr><th>本专利</th><th>最接近现有技术</th></tr>
<tr><td>说明书记载：化合物 147 在 CMET、VEGFR 受体抑制、A549（肺癌）创伤愈合测定和 DU145 SCATT 测定中的结果为“a”，在 CMET ELISA IN MKN45 测定中的结果为“A”。在表中，“a”表示小于 250nM 浓度具有抑制活性，而“A”的浓度等级未标注。化合物 147 对 U78MG、SKLMS40 和 MDAMB231 实体瘤生长的抑制率为“D”，在表中，“D”表示≥75% 的肿瘤生长抑制</td><td>对比文件 1 记载：表 22 中的化合物对 CMET、VEGFR 抑制等级为“a（<50nM）”，对于 A549（肺癌）创伤愈合测定、DU145 SCATT 为“A（<1mM）”［“A（<1000nM）”］。表 23 显示已知多个化合物在不同剂量水平如 20mg/kg、40mg/kg、75mg/kg，实验持续 14 天以及多种肿瘤细胞模型如 U87MG 和 A549 的抑制肿瘤生长抑制率为“b”等级，即表示肿瘤生长抑制率为 50%～74%</td></tr>
<tr><td colspan="2">前置审查观点（2019 年 3 月 13 日受理复审请求后作出）：尽管对比文件 1 中没有直接指引具体变量组合方式得到权利要求 1 的化合物，但权利要求 1 的化合物仅是从对比文件 1 通式化合物定义中已知的多种可能性中进行的选择。这种选择的创造性依赖于所得到的化合物能否具有预料不到的技术效果。而本申请由于所述等级均只有数值上限，在缺少具体数值的情况下，无法据此确认化合物 147 相对于对比文件 1 中的具体化合物产生了预料不到的技术效果，申请人提交的附件 1 至附件 4 均是在申请日之后提交的，本领域技术人员不能从原始记载中毫无疑义地得到附件公开的内容。最终，坚持驳回决定</td></tr>
<tr><td colspan="2">第一次复审通知书观点（2020 年 4 月 30 日发出）：将对比文件 1 表 22 与本申请表 2 的活性数据进行比较，化合物 147 对受体的活性等级为 <250 nM，劣于对比文件 1 上述已知化合物对 CMET、VEGFR 受体的活性等级“a（<50 nM）”，优于对 A549（肺癌）创伤愈合测定、DU145 SCATT 的活性等级“A（<1000 nM）”。也就是说，本申请化合物的 IC50 值与已知化合物相比有优有劣，并不能得出本申请化合物的活性明显优于对比文件 1 中已知化合物的结论。最终认为权利要求全部不具备创造性</td></tr>
<tr><td colspan="2">复审结案通知书（2020 年 8 月 31 日发出）：指出复审请求人未在复审通知书规定的答复期限内答复，视为撤回</td></tr>
</table>

续表

本专利	最接近现有技术
补充实验数据	

复审请求人于2020年11月16日提交了复审程序恢复权利请求书，并提交了意见陈述书和补充实验数据

补充实验数据1

表B:

A: 化合物	B: IC_{50}范围 A549 创伤愈合 IC_{50}	C: IC_{50}具体值 A549 创伤愈合 IC_{50}
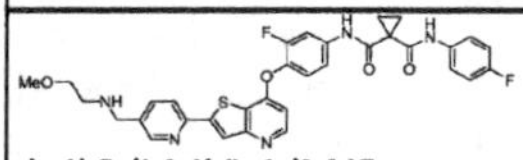 权利要求1的化合物147	a（<250 nM，数据来源于本申请）	80 nM（申请人在此提供的具体IC50值）
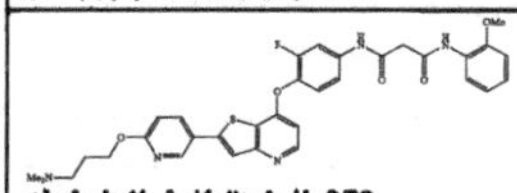 对比文件1的化合物378	B（1000 nM≤B<5000 nM，数据来源于对比文件1）	2000 nM（申请人在此提供的具体IC50值）
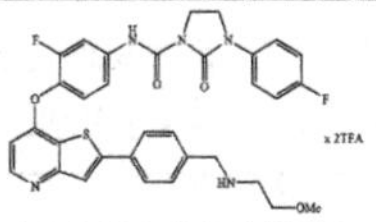 对比文件1的化合物220	A（<1000 nM，数据来源于对比文件1）	400 nM（申请人在此提供的具体IC50值）
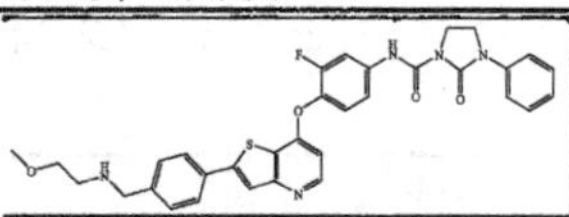 对比文件1第238页上的化合物	A（<1000 nM，数据来源于对比文件1）	400 nM（申请人在此提供的具体IC50值）
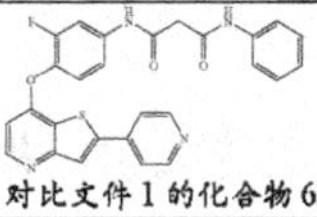 对比文件1的化合物62	B（1000 nM≤B<5000 nM，数据来源于对比文件1）	2000 nM（申请人在此提供的具体IC50值）
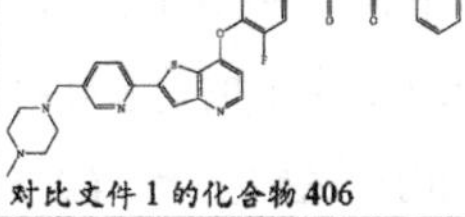 对比文件1的化合物406	B（1000 nM≤B<5000 nM，数据来源于对比文件1）	2000 nM（申请人在此提供的具体IC50值）

续表

本专利	最接近现有技术

补充实验数据 2

表 A2:

A	B	C	D	E	F
化合物	C-MET IC_{50}	VEGFR IC_{50}	A549 创伤愈合 IC_{50}	DU145 SATT. IC_{50}	CMET ELISA in MKN45 IC_{50}
权利要求 1 的化合物 147	a (<250 nM) 43 nM	a (<250 nM) 17 nM	a (<250 nM) 80 nM	a (<250 nM) 80 nM	A (<250 nM) 36 nM
对比文件 1 的化合物 378	b (50 nM ≤ b < 250 nM) 75 nM	c (250 nM ≤ c < 5000 nM) 300 nM	B (1000 nM ≤ B < 5000 nM) 2000 nM	B (1000 nM ≤ B < 5000 nM) 2000 nM	—

补充实验数据 3
本申请化合物 147 在 U87MG 模型中对应的 TGI 等级"D"具体为 96%;还增加了在 A549 模型中实验 13 天时对应的 TGI 等级为"D" 具体为 97%

补充实验数据 4
对比文件 1 说明书第 220～221 页表 22 中两个化合物对于 A549 的具体活性数据分别为 2000 nM 和 1000nM

合议组主要观点:

(1)上述补充实验数据 1～补充实验数据 3 所要证明的技术效果能够从专利申请文件公开的内容中得到。

(2)依据复审请求人提交的补充实验数据 1～补充实验数据 3 可以看出,本申请化合物 147 与对比文件 1 中化合物 378、化合物 62、化合物 406、化合物 220 等相比对于 A549 的活性更优;与对比文件 1 中化合物 387 相比, CMET、VEGFR、A549 和 DU145 SCATT 的活性上均为更优;与对比文件 1 所测试的化合物在抑制动物体内肿瘤生长时相比,对 A549 和 U87MG 类型肿瘤的抑制率有明显的提高。可见,本申请化合物 147 与对比文件 1 中多个结构接近的已知化合物相比能够更好地抑制生长因子受体的蛋白酪氨酸激酶的活性,即依据对比文件 1 的教导无法预期在已知通式范围中选择本申请的特定化合物可以获得更好的生物活性,且对比文件 1 也未教导为了获得更好的活性在已知化合物中引入上述区别特征进行结构改造的启示。

(3)关于两个羰基之间为环丙烷或亚甲基的区别,对比文件 1 说明书记载的 A549 活性等级分别为"B"(1 ~ 5mM)以及"A"(<1mM),补充实验数据 4 显示对比文件 1 说明书第 220 ~ 221 页表 22 中两个化合物对于 A549 的具体活性数据分别为 2000 nM 和 1000nM。可见,具有环丙烷取代的化合物活性小于亚甲基化合物。因此,本领域技术人员在面对本申请的技术问题时,没有动机在已知化合物 378 上引入环丙烷以取代亚甲基,即不能由对比文件 1 中获得引入区别特征 2 以解决本申请技术问题的教导。

即本申请公开了数值区间(<250nM),接受补充具体数值(80nM、43nM、17nM 等)。

该案中有一点值得注意,申请人曾提交过附件 1 ~ 附件 4(该等附件无法在公开渠道获得),其中附件 1 显示与结构更为类似的分子(MGCD265)相比,Sitravatinib(MGCD516)具有预料不到的优异性能。附件 2 的额外实验数据表明 Sitravatinib 在所有来自母体的异种移植物模型中显示出巨大的肿瘤生长抑制,其中肿瘤消退主要发生在由失调的 Sitravatinib RTK 靶标驱动的 NSCLC 模型中。但是无论是前置审查还是第一次复审通知书,均认为本申请由于所述等级均只有数值上限,在缺少具体数值的情况下,无法据此确认化合物 147 相对于对比文件 1 中的具体化合物产生了预料不到的技术效果,申请人提交的附件 1 ~ 附件 4 均是在申请日之后提交的,本领域技术人员不能从原始记载中毫无疑义地得到附件公开的内容。复审请求人于2020年11月16日提交了复审程序恢复权利请求书,同时提交了新的对比实验数据(合议组予以接受),该时间点正好是《专利审查指南修改草案(第一批征求意见稿)》发布之后。

仅就以上两个案例的对比可以看出,《专利审查指南》(2021年版)通过前后,针对【例2】涵盖情形,接受补充实验数据的尺度的确有所差异。

那么,是否可以认为只要在原申请中公开数值区间,就可以在随后的授权确权中任意补充具体数值?【例2】记载的数值范围是10~100nM,如果是较大,甚至是泛泛描述的数值范围,是否能够允许补充中间点值?如1~1000nM?笔者认为,申请人不应机械套用【例2】,【例2】的适用不能突破补充实验数据审查原则,“补交实验数据所证明的技术效果应当是所属技术领域的技术人员能够从专利申请公开的内容中得到的”,即补充实验数据不能突破“先申请原则”。

此外,也不能仅因为补充试验数据证明了预料不到的技术效果,就直接认定创造性。【例2】末尾还有一句话:“应该注意的是,此时,审查员还需要结合补交实验数据进一步分析权利要求请求保护的技术方案是否满足创造性的要求。”例如,具体化合物(如前述案例一和案例二)相对于对比文件取得预料不到的技术效果,并不能必然证明通式化合物(如【例2】所示)均能够取得预料不到的技术效果,还需要结合具体案情进一步分析。

第三章　药物晶型专利的创造性

“缺乏创造性”是药物晶型专利申请被驳回，以及授权专利被无效的主要理由。其原因在于：医药领域技术人员存在普遍动机，去尝试制备不同的盐型与晶型，以获得更好的药物生物利用度、稳定性、可制造性和患者依从性等。

那么，如何判断药物晶型专利的创造性呢？本书将结合案例予以详细分析。

一、基本概念的厘清

（一）《专利审查指南》所称“结构上接近”的含义

对于化合物的创造性，《专利审查指南》（2017 年版）第二部分第十章第 6.1 节进行了三点说明[①]:(1)结构上与已知化合物不接近的、有新颖性的化合物,并有一定用途或者效果,审查员可以认为它有创造性而不必要求其具有预料不到的用途或者效果。(2)结构上与已知化合物接近的化合物,必须要有预料不到的用途或者效果。此预料不到的用途或者效果可以是与该已知化合物的已知用途不同的用途;或者是对已知化合物的某一已知效果有实质性的改进或提高;或者是在公知常识中没有明确的或不能由常识推论得到的用途或效果。(3)两种化合物结构上是否接近,与所在的领域有关,审查员应当对不同的领域采用不同的判断标准。

关于第(2)点,什么是"结构上接近"呢?"化学结构接近,晶体微观结构不接近"是否仍然属于"结构接近"的范畴?如果答案是肯定的,则显然要求药物晶型还需要有预料不到的用途或者效果才能认定创造性;如果答案是否定的,则根据第(1)点,可以直接认定创造性。

最高人民法院在(2011)知行字第86号案中对上述问题进行了明确:虽然晶体化合物基于不同的分子排列,其物理化学参数可能存在差异,但其仍属化合物范畴,故《专利审查指南》关于化合物创造性的规定可以适用于新晶型化合物的创造性判断。晶体化

---

① 需要指出的是,2020年12月11日,国家知识产权局第391号公告对第6.1节进行了修改,回归到创造性判断三步法中:(1)判断化合物发明的创造性,需要确定要求保护的化合物与最接近现有技术化合物之间的结构差异,并基于进行这种结构改造所获得的用途和/或效果确定发明实际解决的技术问题,在此基础上,判断现有技术整体上是否给出了通过这种结构改造以解决所述技术问题的技术启示。(2)发明对最接近现有技术化合物进行的结构改造所带来的用途和/或效果可以是获得与已知化合物不同的用途,也可以是对已知化合物某方面效果的改进。在判断化合物创造性时,如果这种用途的改变和/或效果的改进是预料不到的,则反映了要求保护的化合物是非显而易见的,应当认可其创造性。(3)需要说明的是,判断化合物发明的创造性时,如果要求保护的技术方案的效果是已知的必然趋势所导致的,则该技术方案没有创造性。

合物的微观晶体结构变化多样，某一化合物在固体状态下可能基于两种或两种以上不同的分子排列而产生不同的固体结晶形态，但并非所有的微观晶体结构变化均必然导致突出的实质性特点和显著的进步，故不能仅依据微观晶体结构的不接近而认定其结构上不接近。即《专利审查指南》所称“结构接近的化合物”，仅特指该化合物必须具有相同的核心部分或者基本的环，而不涉及微观晶体结构本身的比较。在晶体的创造性判断中，微观晶体结构本身必须结合其是否带来预料不到的技术效果一并考虑。

最高人民法院的上述阐述对晶型化合物创造性的判断具有指导意义，各级法院也予以遵循。例如，(2014)高行终字第 1184 号案中，权利要求 1 主张了一种结晶性噻托溴铵单水合物，证据 3 公开了噻托溴铵的 x 水合物(噻托溴铵 · xH2O)，证据 4 公开了溴噻托溴铵结晶。北京市高级人民法院在该案中指出，由于本专利权利要求 1 与证据 3 及证据 4 的产品均属于结构上非常接近的化学产品，故权利要求 1 的化学产品只有在具有预料不到的用途或效果的情况下才具备创造性。

接下来，问题转化成：怎么判断预料不到的技术效果？

(二)对“预料不到的技术效果”的理解

根据《专利审查指南》(2021 年版)第二部分第四章第 5.3 节的规定，发明取得了预料不到的技术效果是指发明同现有技术相比，其技术效果产生“质”的变化，具有新的性能；或者产生“量”的变化，超出人们预期的想象。这种“质”的或者“量”的变化，对所属技术领域的技术人员来说，事先无法预测或者推理出来。当发明产生了预料不到的技术效果时，一方面说明发明具有显著的进步；另一方面也反映出发明的技术方案是非显而易见的，具有突出的实质性特点，该发明具备创造性。

对于药物晶型专利，主要考察药物活性、药物稳定性、生物利用度、吸湿性、溶解性等药物特性，是否发生了本领域技术人员预料不到的变化。但是需要注意：取得了较好的技术效果并不意味着必然认定创造性，关键在于对可预期性的把握。

例如，(2019)最高法知行终33号案中，阿斯利康公司提交反证5证明替格瑞洛相较于证据6的化合物具有更好的“代谢稳定性”。根据反证5，替格瑞洛在“人类微粒体——相对于右美沙芬对氧化的稳定性比值”和“人类体外葡糖醛酸基转移酶测定——相对于齐留通对葡醛酸结合反应的稳定性”两项指标上都优于证据6实施例32。然而，最高人民法院认为，证据6实施例32的以上两项指标(分别为13和24。其中前者大于10即为稳定，后者大于20即为稳定)已经证明了药物稳定性。尽管权利要求1化合物的代谢稳定性优于证据6实施例32，但在没有进一步证据的情况下，难以证明该技术效果达到了本领域技术人员预料不到的程度。

又如，熔点是评估药物晶型化合物性能的关键参数，熔点增加，往往导致在溶剂中的溶解度降低，但通常会改善稳定性，也能够使制剂工艺更加容易，所以A晶型比B晶型熔点高，在稳定性、制剂工艺等方面取得了一些有益效果，不必然使A晶型具备创造性，因为这些有益效果可能属于可预期范围内。但是，如果A晶型比B晶型的某一效果好很多，超出了预期范围，或者A晶型在保持稳定性等优势的同时，还能够兼顾溶解性等性能，则可能认为取得了预料不到的技术效果。

(三)“预料不到的技术效果”与“技术启示”

如本章开头所言，医药领域技术人员存在普遍动机，去尝试制备不同的盐型与晶型。“普遍的动机”源自现有技术中大量的技术启示，进而使“预料不到”往往难以满足，构成了创造性的主要障碍。“技术启示”举例如下：

“某些不溶或难溶的有机药物……可分别用碱或酸将其制成盐类，以增大其在水中的溶解度……有机碱类药物，则可用酸（常用盐酸、硫酸、磷酸、氢溴酸、硝酸等无机酸和枸橼酸、酒石酸、醋酸等有机酸）使其成盐，而增大在水中的溶解度。”①

“当化合物成盐后，变为离子化合物时，其熔点亦比游离体高”。“药物在放置的过程中不同程度吸附空气中水蒸气的性质，称为吸湿性……吸湿性是药物的重要特性之一，药物的吸湿性，主要决定于药物表面与水分子的结合作用，故不仅水溶性药物吸湿，而且某些高分子药物和不溶于水的药物也同样可以吸湿。”“有机盐类药物的吸湿性由两方面的因素决定，一方面是由于有机盐类药物的游离体……能与水蒸气形成氢键结合而吸湿；另一方面是由于离子—极性分子间的结合而吸湿……有机盐类药物的吸湿性较游离型有机酸或有机碱的吸湿性强……尤其是碱性有机药物的盐酸盐，在盐酸不纯时，更易吸湿。”②

“一般地说，药物的稳定型结晶较亚稳定型结晶有更高的熔点和稳定性……各种晶型的熔点相差小于1℃左右对于实际应用并无意义。”③

“一些难溶性弱酸弱碱，可将制成盐而增加其溶解度。”④

“固体有内部结构一般分为结晶与无定形物两种……无定形物……溶解度和溶解速率也较大……与水的亲和性也较高而易吸

---

① 王如治主编：《药剂学》（第3版），人民卫生出版社2000年版，第65～68页。

② 孙积辉主编：《药物化学》，人民卫生出版社1986年版，第420、428、429页。

③ 平其能等编著：《现代药剂学》，中国医药科技出版社1998年版，第31页。

④ 奚念朱、顾学裘主编：《药剂学》（第2版），人民卫生出版社1991年版，第64页。

湿。”“非晶型粉末比晶型粉末,一般容易吸湿和溶解。”①

“估计有1/3的药用活性物质能够形成晶体水合物,其中单水合物是最常见的。”②

“磷酸主要用来提高最终产品的水溶性,是一种不挥发性酸,因而倾向于形成热稳定的盐,但会存在形成水合物的趋势。甲磺酸是一个强酸,与许多弱碱形成稳定的盐,其常用于形成最终药物产品的盐形式。”③

“药物新化学实体的盐选择和优化程序,给新的化学实体选择合适的盐形式,为药物化学家和制剂学家提供了机会去改变潜在药物的特性,开发具有良好生物利用度,稳定性,可制造性和患者依从性的制剂。盐最常用于改变水溶性,但选择的盐形式会影响一系列其他性质,如熔点、吸湿性、化学稳定性、溶解速率、溶液pH值、晶形和机械性能。应当尽可能地为每个新化合物制备一系列盐类,并在合适的预制剂方案中进行性质比较。绝大多数盐的开发是为了增强药物的水溶性。对于弱碱性药物,可能会考虑无机酸盐(如盐酸盐、硫酸盐或磷酸盐),磺酸盐(甲磺酸盐、羟乙磺酸盐),羧酸(乙酸盐、马来酸盐、富马酸盐),羟基酸(柠檬酸盐、酒石酸盐),或可能的氨基酸盐(精氨酸盐、赖氨酸盐)。”④

---

① 刘崇悌、周士琨编写:《固体药剂的稳定性》,人民卫生出版社1984年版,第191、192、210页。

② Harry G. Brittain ed., *Polymorphism in Pharmaceutical Solids*, Marcel Dekker Inc., 1999, p.128-129.

③ P. Heinrich Stahl & Camille G. Wermuth eds., *Handbook of Pharmaceutical salts: Properties, Selection, and Use*, Weinheim/Zürich, Wiley-VCH/VHCA, 2002, p.213.

④ Bastin R. J. et al., *Salt Selection and Optimisation Procedures for Pharmaceutical New Chemical Entities*, Organic Process Research & Development, Vol. 4:5, 2000, p.427-435.

"形成盐是改善弱酸性或弱碱性药物溶解的最常用技术之一…… Gould 在基于碱性药物的盐选择方法的决策分析中，通过提出在成盐的酸的熔点与所成的碱的盐之间的关系以及熔点与溶解性、稳定性、机械加工之间的关系，指出了熔点的重要性。除了提高溶解度，形成盐已被用来提高熔点，特别是用于将低分子量的碱和酸转化为固体……盐的形成也为药物化学家和制剂科学家提供了改善潜在药物的物理化学特性(例如，熔点、吸湿性、化学稳定性、溶解速率、溶液 pH、晶型等)和机械性质(例如，硬度、弹性等)，以及开发具有良好生物利用度、稳定性、可制造性和患者依从性的剂型的机会。对于弱碱性药物，可以考虑形成无机酸盐(例如，盐酸盐、硫酸盐、磷酸盐)……在过去，盐酸盐通常是弱碱性药物的首选，因为由于低的反离子 pKa 导致(药物)几乎都可以形成(盐酸)盐，并且(盐酸盐)从有机溶剂中重结晶通常很简单。但是，盐酸盐的潜在的劣势包括制剂中不可接受的高酸度(例如，胃肠外产品)、腐蚀制备车间和设备的风险、由于盐析的风险而导致溶解度低于最佳溶解度，以及如果药物对酸不稳定并具有吸湿性的话，存在潜在的稳定性差的劣势……磷酸尤其被用来增强最终产物的水溶性。它是不挥发的酸，因此倾向于形成热稳定的盐。"①

……

(四)"预料不到的技术效果"的判断方法

国家知识产权局复审和无效审理部在第 48339 号无效宣告请求审查决定中指出，预料不到的技术效果的判断，一是要确认本专

---

① P. Heinrich Stahl and Camille G. Wermuth eds., *Handbook of Pharmaceutical salts: Properties, Selection, and Use*, Weinheim/Zürich, Wiley - VCH/VHCA, 2002, p. 28, 63, 89, 96, 137, 138, 213.

利公开的晶体的技术效果。二是要确认最接近现有技术的技术效果。三是将二者进行对比,最终确定本专利的效果是否在本领域技术人员预期的范围之内。

实践中,由于最接近现有技术中有时并未公开相关技术效果,无法直接进行比较,此时合议组通常综合考虑其他现有技术、本专利/系列申请/关联申请公开的内容、无效请求人提供的证据、专利权人提供的反证,甚至对于在后公开的文献、在后完成的实验,有时也被纳入考虑。因此,合议组对"预料不到的技术效果"的判断,进一步总结为:一是要确认本专利公开的晶体的技术效果。二是要确认与本专利公开晶体接近的游离碱/不同盐型/不同晶型的技术效果。三是将前述游离碱/不同盐型/不同晶型全部进行对比,最终确定本专利的效果是否在本领域技术人员预期的范围之内。

二、案例分析

以下将结合案例具体分析。因近几年涉及药物晶型专利创造性的司法判例很少,本书主要聚焦于药物晶型专利无效案件。

案例一　作为用于治疗认知损伤的、具有结合的对血清素再吸收、5-HT3 和 5-HT1A 活性的化合物的 1-[2-(2,4-二甲基苯基硫烷基)-苯基]哌嗪[①]

【决定日】2021 年 2 月 19 日

【发明名称】作为用于治疗认知损伤的、具有结合的对血清素再吸收、5-HT3 和 5-HT1A 活性的化合物的 1-[2-(2,4-二

① 第 48339 号无效决定。

甲基苯基硫烷基)-苯基]哌嗪

【专利号】ZL200780022338.5

【专利权人】H.隆德贝克有限公司

【无效请求人】南京华讯知识产权顾问有限公司

【权利要求1】晶体形式的化合物1-[2-(2,4-二甲基苯基硫烷基)-苯基]哌嗪氢溴酸盐,该化合物的XRPD如图3所示。

【案例评述】

最接近的现有技术为证据1实施例1e化合物,权利要求1与其区别在于:证据1仅仅公开了沃替西汀的游离碱,没有公开具体的盐型和晶型。

本案中证据1公开了"本发明的酸加成盐优选本化合物和无毒的酸形成的药学上可接受的盐……这样的无机盐的例子为盐酸盐、氢溴酸盐、氨基磺酸盐、磷酸盐和硝酸盐。实施例1e的化合物为沃替西汀游离碱"。因此,本领域技术人员有动机选择证据1的沃替西汀游离碱作为成盐的基础化合物,并尝试将该游离碱形成各种酸的加成盐如氢溴酸盐。

在确定有相关技术启示得到所述技术方案的情况下,需进一步将"预料不到的技术效果"作为创造性判断的辅助因素。

根据前述预料不到的技术效果的判断方法,首先,要确认本专利公开的晶体的技术效果:本专利说明书记载了氢溴酸盐β晶型的熔点为231℃,吸湿性能为:将该氢溴酸盐β晶型暴露于相对湿度高的环境中时吸收大约0.6%的水,且其在水中的溶解度为1.2mg/ml。

其次,要确认与本专利公开晶体接近的游离碱/不同盐型/不同晶型的技术效果:证据1公开了沃替西汀游离碱,但没有公开其理化性质,无法直接进行比较。此时,需要综合考虑其他现有技术、本专利/系列申请/关联申请公开的内容、无效请求人提供的证据、专利权人提供的反证,甚至在后公开的文献、在后完成的实验。具体到本案,本专利研究制备了游离碱的晶型、多种不同盐型晶体,测定了各物质的熔点、吸湿性和溶解性数据(见表3-1)。因此,可以借助本专利的数据去开展比较分析。

表3-1 专利ZL200780022338.5相关实验数据

实施例编号	物质名称	熔点(℃)	吸湿性(吸水)	溶解性(mg/ml)
3c	游离碱晶体	117	非吸湿性	0.1
4b	氢溴酸盐α晶体	226	0.3%	2
4d	氢溴酸盐β晶体	231	0.6%	1.2
4f	氢溴酸盐γ晶体	220	4.5%	—
4h	氢溴酸盐半水合物	—	水含量约3.7%	—
4j	氢溴酸盐乙酸乙酯溶剂化晶体	去溶剂化:75	—	—
5b	盐酸盐晶体	236	1.5%	3
5d	盐酸盐一水合物晶体	脱水:50,熔融:230	不吸湿	2
6b	甲磺酸盐晶体	163	8%	>45
7b	富马酸盐晶体	194	—	0.4
8b	马来酸盐	152	—	1
9b	内消旋酒石酸盐晶体	164	—	0.7
10b	L-(+)-酒石酸盐晶体	171	—	0.4
11b	D-(-)-酒石酸盐晶体	175	—	0.4
12b	硫酸盐晶体	166	—	0.1
13b	磷酸盐晶体	224	—	1
14b	硝酸盐晶体	分解:160	—	0.8

最后，将前述游离碱/不同盐型/不同晶型全部进行对比：合议组认为比较各种盐型晶体的熔点、吸湿性和水溶性数据，沃替西汀氢溴酸盐的α晶型和β晶型相比其他盐型，在保持较高熔点（稳定性）的基础上，保持了基本相当的较低的吸湿性和较高的水溶性，这一综合性能是本领域技术人员基于本专利所列举的诸多盐型晶体所无法预料到的。因此，最终合议组维持第200780022338.5号发明专利权有效。

案例二　作为用于治疗认知损伤的、具有结合的对血清素再吸收、5-HT3和5-HT1A活性的化合物的1-[2-(2,4-二甲基苯基硫烷基)-苯基]哌嗪①

【决定日】2021年4月19日

【发明名称】作为用于治疗认知损伤的、具有结合的对血清素再吸收、5-HT3和5-HT1A活性的化合物的1-[2-(2,4-二甲基苯基硫烷基)-苯基]哌嗪

【专利号】ZL201210034695.6

【专利权人】H.隆德贝克有限公司

【无效请求人】扬子江药业集团有限公司

【权利要求】权利要求1~2涉及氢溴酸盐α晶体，权利要求3~4涉及氢溴酸盐γ晶体，权利要求5~6涉及盐酸盐晶体，权利要求7~8涉及甲磺酸盐晶体，权利要求9~10涉及富马酸盐晶体，权利要求11~12涉及马来酸盐晶体，权利要求13~14涉及内

① 第49382号无效决定。

消旋酒石酸盐晶体,权利要求 15 ~ 16 涉及 L - (+) - 酒石酸盐晶体,权利要求 17 ~ 18 涉及 D - (-) - 酒石酸盐晶体,权利要求 19 ~ 20 涉及硫酸盐晶体,权利要求 21 ~ 22 涉及磷酸盐晶体,权利要求 23 ~ 24 涉及硝酸盐晶体,权利要求 25 ~ 26 涉及晶体形式的沃替西汀游离碱。

【案例评述】

该案与案例一为系列案,其相关实验数据见表 3 - 2。

表 3 - 2 专利 ZL201210034695.6 相关实验数据

权利要求	实施例编号	物质名称	熔点(℃)	吸湿性(吸水)	吸湿性等级	溶解性(mg/ml)	溶解性等级
1 ~ 2	4b	氢溴酸盐 α 晶体	226	0.3%	略有引湿性	2	微溶
	4c	氢溴酸盐 β 晶体	231	0.6%	略有引湿性	1.2	微溶
3 ~ 4	4f	氢溴酸盐 γ 晶体	220	4.5%	有引湿性	—	—
5 ~ 6	5b	盐酸盐晶体	236	1.5%	略有引湿性	3	微溶
7 ~ 8	6b	甲磺酸盐晶体	163	8%	有引湿性	>45	溶解
9 ~ 10	7b	富马酸盐晶体	194	—	—	0.4	极微溶
11 ~ 12	8b	马来酸盐晶体	152	—	—	1	极微溶
13 ~ 14	9b	内消旋酒石酸盐晶体	164	—	—	0.7	极微溶
15 ~ 16	10b	L - (+) - 酒石酸盐晶体	171	—	—	0.4	极微溶
17 ~ 18	11b	D - (-) - 酒石酸盐晶体	175	—	—	0.4	极微溶
19 ~ 20	12b	硫酸盐晶体	166	—	—	0.1	几乎不溶
21 ~ 22	13b	磷酸盐晶体	224	—	—	1	极微溶
23 ~ 24	14b	硝酸盐晶体	分解:160	—	—	0.8	极微溶
25 ~ 26	3b ~ 3c	游离碱晶体	117	非吸湿性	非吸湿性	0.1	几乎不溶

最接近现有技术为沃替西汀游离碱,合议组将本专利游离碱晶体(实施例3b)的熔点、吸湿性、溶解性数据作为比较基础,分析如下:对于氢溴酸盐α晶体、β晶体,与实施例3b相比,氢溴酸盐α晶体、β晶体和γ晶体的熔点和吸湿性均有所增大,这与本领域技术人员所预期的趋势一致,但是对于化学组成相同的氢溴酸盐而言,α晶体、β晶体在保持较高熔点(稳定性)的基础上,保持了较低的吸湿性和较高的水溶性,这一综合性能是本领域技术人员所无法预料到的。对于盐酸盐和甲磺酸盐晶体,与实施例3b相比,盐酸盐和甲磺酸盐的熔点、溶解性和吸湿性均有所增加,本领域技术人员能够预期,化合物成盐后,其溶解度、吸湿性和熔点通常均有所提高。对于富马酸盐、马来酸盐、酒石酸盐(外消旋体、左旋体、右旋体)、硫酸盐、硝酸盐和硝酸盐晶体,说明书中仅测定了其熔点和溶解度,与实施例3b相比,上述盐型晶体的溶解度和熔点均有所提高,将化合物制成盐,本领域技术人员能够预期其熔点、溶解度通常会有所提高。

案例三　一种二肽基肽酶—Ⅳ抑制剂的磷酸盐新晶体[①]

【决定日】2021年1月21日

【发明名称】一种二肽基肽酶—Ⅳ抑制剂的磷酸盐新晶体

【专利号】ZL200480025043. X

【专利权人】默沙东公司

【无效请求人】正大天晴药业集团股份有限公司

【权利要求1】一种结构式Ⅰ的(2R) –4 –氧代 –4 –[3 –(三

① 第48373号无效决定。

氟甲基)-5,6-二氢(1,2,4)三唑并(4,3-α)吡嗪-7(8H)-基]-1-(2,4,5-三氟苯基)丁烷-2-胺的磷酸二氢盐:

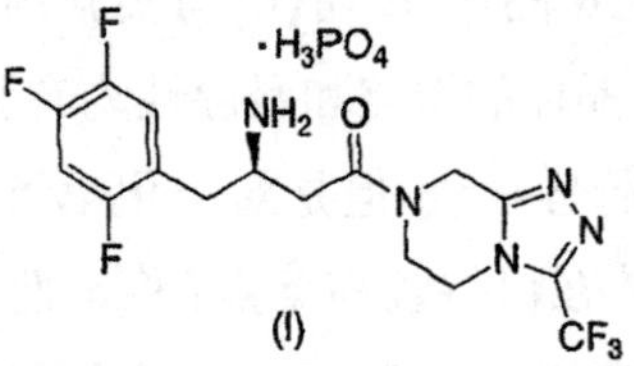

(I)

包含无水晶型Ⅰ和Ⅲ的混合物;

其中无水晶型Ⅰ,其X-射线粉末衍射图谱在光谱d-间距18.42、9.35、6.26、5.78、4.71、3.99、3.67、2.71和2.66埃有特征反射;其特征还在于附图4的DSC曲线;

无水晶型Ⅲ,其X-射线粉末衍射图谱在光谱d-间距17.88、13.69、9.06、6.50、6.06、5.71、4.55、4.26、3.04埃有特征反射。

【案例评述】

权利要求1请求保护西格列汀磷酸二氢盐包含无水晶型Ⅰ和Ⅲ的混合物,并进行了相应表征,最接近现有技术为证据2,其仅公开了西格列汀游离碱,并教导了可形成药学上可接受的盐,未公开具体晶型。

如上文所述,本领域技术人员存在普遍动机,去尝试制备不同的药物盐型和晶型,而磷酸盐为常用无机盐。就西格列汀游离碱而言,其结构包含氨基、三氮唑环和酰胺三部分,酰胺和三氮唑环碱性较弱,最强的碱性基团为伯氨基,因此在成磷酸盐时容易在伯氨基部分形成磷酸二氢盐。

对于本专利是否取得了预料不到的技术效果,仍然按照以下三个步骤来判断。

首先,确认本专利公开的晶体的技术效果:就熔点而言,说明书记载了西格列汀磷酸二氢盐晶型Ⅰ、晶型Ⅲ的特征 X 射线衍射图谱、特征 DSC 曲线图、热重分析(TG)曲线图,附图中显示的晶型Ⅰ起始熔融吸热温度为 215℃、最高熔融温度 217℃,晶型Ⅲ在 83.8℃左右时发生转变,之后熔融温度同样高于200℃。就溶解度而言,晶型Ⅰ、晶型Ⅲ或其混合物在水中溶解度大于 120mg/ml。

其次,确认与本专利公开晶体接近的游离碱/不同盐型/不同晶型的技术效果:证据 2 中未记载西格列汀游离碱的熔点,但本专利说明书第 104 段明确记载了制得的西格列汀游离碱经过滤分离结晶后的熔点为 114.1 ~ 115.7℃。反证 1 中所列的多种西格列汀盐晶体的熔点温度范围在 170.72 ~ 221.73℃。就溶解度而言,西格列汀游离碱在水中的溶解度为 5.92mg/ml。

最后,将前述游离碱/不同盐型/不同晶型全部进行对比:

(1)关于熔点和稳定性。

相较于西格列汀游离碱结晶,本专利无水晶型Ⅰ、Ⅲ各自均具备更高的熔点,但是西格列汀盐晶体的熔点温度范围在 170.72 ~ 221.73℃,数值上在可预期范围内。同时晶型Ⅲ在 83.8℃左右时发生转变,说明书中明确记载无水晶型Ⅲ为低温稳定晶型,因此,根据说明书的记载,无法认可无水晶型Ⅰ和Ⅲ的混合物具备可接受的热稳定性。

(2)关于溶解度。

晶型Ⅰ、晶型Ⅲ或其混合物在水中溶解度大于 120mg/ml,明显高于西格列汀游离碱在水中的溶解度 5.92mg/ml,取得了较好的效果。但是需要注意预料不到技术效果的判断并非仅仅比较数值的大小,关键是在于对可预期性的把握。如前面提及的(2019)最高法知行终 33 号案中最高人民法院认为在证据 6 实施例 32 已经具备药物稳定性的情况下,即使权利要求 1 化合物的代谢稳定性优于证据6实施例32,但在没有进一步证据的情况下,难以证明该技术效果达到了本领域技术人员预料不到的程度。本案中,合议组秉持了类似的观点。合议组认为现有技术并未将西格列汀视为难溶性物质,其水溶性并不构成制药上的障碍,提高水溶性尚未被证实成为药学上亟待解决的技术问题,对西格列汀水溶性的进一步提高也并不必然意味着体内吸收的改善,并且对于易溶药物而言也不存在水溶性能越高越好的普遍认知,部分情况下溶解度过大、溶出过快也可能成为不利因素。

从上述案件可以看出,无论是最高人民法院,还是复审和无效审理部,在判断是否取得了预料不到的技术效果时,均会落脚于现有技术对于该药物的普遍认知,如果现有技术已知该药物没有稳定性、生物利用度、吸湿性、溶解性等药物特性上的障碍,此时仅仅数值上的提高并不必然带来预料不到的技术效果。这种情况下,对专利权人提出了更高的要求,以本案涉及的溶解度为例,专利权人至少还需要举证证明西格列汀水溶性的进一步提高与体内吸收的改善等性能具有一致性。

当然,如果现有技术已知该药物存在稳定性、生物利用度、吸湿性、溶解性等药物特性上的障碍,此时如果在所述障碍方面取得一定突破,则容易认定取得了预料不到的技术效果。例如,本领域已知普那布林溶解性低,临床上需要与增溶剂联合注射,在第46153号无效宣告请求审查决定中,本专利说明书实施例1的实验过程表明,普那布林在乙醇或乙醇水溶液中即便在高温下溶解性也很低,冷却到70℃即产生沉淀,结合本专利表10给出的普那布林一水合物在各种溶剂中的重量法溶解度数据,普那布林一水合物在水中的溶解度在15℃和45℃下均小于1mg/ml,在多种有机溶剂中溶解度均比较低,而实施例5证实,普那布林一水合物与无水普那布林相比在 kolliphor(40 质量%)和丙二醇(60 质量%)混合物中显示出更好的溶解性。可以看出专利权人是经过各种溶解体系的筛选后,最终选出了一水合物晶体在 kolliphor(40 质量%)和丙二醇(60 质量%)这种特定溶剂体系中完全溶解的结果(远好于无水普那布林在该特定溶剂中的溶解度),这一结果对于普那布林注射液的研究有积极意义,这种改进是本领域技术人员无法预期的,而且在产业上是有益的,最终合议组维持了该专利权有效。

案例四　二肽基肽酶—Ⅳ抑制剂的磷酸盐①

【决定日】2021 年 2 月 8 日

【发明名称】二肽基肽酶—Ⅳ抑制剂的磷酸盐

【专利号】ZL200480017544.3

【专利权人】默沙东公司

【无效请求人】石药集团欧意药业有限公司

【权利要求 1】结构式Ⅱ的 4-氧代-4-[3-(三氟甲基)-5,6-二氢(1,2,4)三唑并(4,3-a)吡嗪-7(8H)-基]-1-(2,4,5-三氟苯基)丁烷-2-胺的二氢磷酸盐的结晶单水合物,其在*标记的手性中心具有(R)-构型:

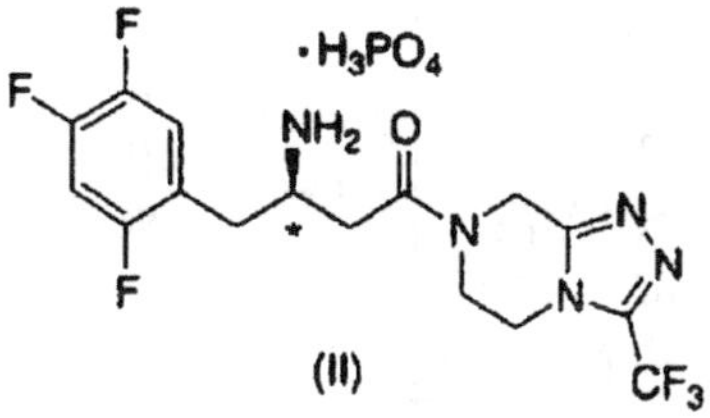

(II)

① 第 48334 号无效决定。

【案例评述】

案例三与案例四涉及的专利为系列申请。案例四侧重保护的是西格列汀二氢磷酸盐的结晶单水合物,最接近现有技术为证据1,证据1权利要求15公开了西格列汀游离碱,及药学上可接受的盐,证据1实施例7公开了西格列汀盐酸盐固体。

针对西格列汀这一已知化合物,无论是以证据1的权利要求15还是实施例7作为改进基础,本领域技术人员均有动机研究其酸的加成盐(包括磷酸盐)及其盐的晶体。

就本案而言,实验数据汇总见表3-3。

表3-3 实验数据汇总

证据	公开日期	涉及产品	TGA(℃)约	DSC(℃)约	水溶性(mg/ml)	其他
本专利	优先权日2003-06-14	磷酸二氢盐单水合物结晶	100	140	72	40℃干燥脱水,放置后又变成单水合物
证据1	2003-01-16	西格列汀及其可药用盐	—	—	—	—
证据4(反证1)	2005-08-01	盐酸盐单水合物结晶 苯磺酸盐无水物结晶 对甲苯磺酸盐无水物结晶 樟脑磺酸盐无水物结晶	环境 203V225 190	60 176 219 186	—	—
证据9	2007-11-21	盐酸盐无水物结晶		110~120	—	—

续表

证据	公开日期	涉及产品	TGA(℃)约	DSC(℃)约	水溶性(mg/ml)	其他
证据 14	2007-03-29	十二烷基硫酸盐无水物结晶	135	110	—	—
证据 15	2013-09-06	硫酸盐无水物结晶	200	211	—	—
证据 16	2015-03-26	磷酸盐无水物结晶		210	—	—
证据 17	2013-12-04	磷酸盐无水物结晶	207 分解	200	—	—
证据 18	2020-03-03	盐酸盐单水合物结晶	60	80~90	74.3	热风烘箱60℃,干燥14小时,仍含有一分子结晶水
证据 22	2012-03-21	磷酸二氢盐结晶 D-葡糖醛酸盐结晶 戊二酸盐结晶 硫酸氢盐结晶 L-乳酸盐结晶	—	—	100~120 >500 >500 >300 >300	—
证据 24	2010-01-07	盐酸盐Ⅰ型结晶 盐酸盐Ⅱ型结晶	—	96~202	—	—

合议组认为,除证据4、18涉及盐酸盐单水合物结晶外,其余均涉及西格列汀的各种盐的无水物结晶,不能直接将这些无水物

结晶视为成盐成晶后的一般水平与含水物结晶混杂进行比较，因为其中水分子的存在，将会使二者在性能（如稳定性等）上存在较大差别。故判断本专利的西格列汀磷酸二氢盐单水合物的技术效果是否可以预期，就目前的证据而言，只能以证据4、18中的盐酸盐结晶一水合物的技术效果为基础。

本专利二氢磷酸盐结晶单水合物的失水温度在100℃以上，相当于自由水的蒸发温度，几乎是证据4中盐酸盐结晶一水合物的2倍，这是本领域技术人员基于无效请求人提供的在案证据所无法预期的。因此，最终合议组认定无效请求人关于权利要求不具备创造性的无效理由不成立。

案例五　4－［3－氯－4－（环丙基氨基羰基）氨基苯氧基］－7－甲氧基－6－喹啉羧酰胺的甲磺酸盐的结晶（C）及其制备方法[①]

【决定日】2021年4月2日

【发明名称】4－［3－氯－4－（环丙基氨基羰基）氨基苯氧基］－7－甲氧基－6－喹啉羧酰胺的甲磺酸盐的结晶（C）及其制备方法

【专利号】ZL200480036184.1

【专利权人】卫材R&D管理有限公司

【无效请求人】南京正大天晴制药有限公司；齐鲁制药有限公司

【权利要求1】4－［3－氯－4－（环丙基氨基羰基）氨基苯氧基］－7－甲氧基－6－喹啉羧酰胺的甲磺酸盐的结晶（C），在该结晶（C）的粉末X射线衍射中，在衍射角度（$2\theta \pm 0.2°$）为6.16°、9.84°……39.48°处具有衍射峰。

---

① 第49520号无效决定。

【案例评述】

最接近的现有技术为证据2，证据2公开了仑伐替尼结晶，权利要求1保护的是仑伐替尼甲磺酸盐结晶（C）。

相关技术效果总结见表3-4：

表3-4　相关技术效果总结

物质	溶解速度（μg/分钟/cm^2）	生物利用度（BA）（%）	吸湿性	固体稳定性
游离碱结晶	0.8	9.1±0.4	—	—
盐酸盐结晶	4.7	—	—	—
氢溴酸盐结晶	8.7	73.5±2.3	—	—
甲磺酸盐结晶（A）	11.8	46.2±5.9	非吸湿	外观无显著变化、无晶型转换
甲磺酸盐结晶（C）	15.8	45.4±11.9	非吸湿	外观无显著变化、无晶型转换
乙磺酸盐结晶（β）	18.5	—	非吸湿	外观无显著变化、无晶型转换

就溶解性而言，甲磺酸盐结晶（C）（15.8μg/分钟/cm^2）的初期溶解速度虽然高于盐酸盐结晶（4.7μg/分钟/cm^2）和氢溴酸盐结晶（8.7μg/分钟/cm^2），但低于乙磺酸盐结晶（β）（18.5μg/分钟/cm^2），因此，单纯从溶解性来看，甲磺酸盐结晶（C）的溶解性并没有达到预料不到的程度。

就生物利用度而言，甲磺酸盐结晶（C）的生物利用度为45.4±11.9%（来自反证4和反证7~8记载的生物利用度数据）与甲磺酸盐结晶（A）（46.2±5.9%）相当，但低于氢溴酸盐结晶（73.5±2.3%），单纯从生物利用度来看，甲磺酸盐结晶（C）亦没有达到预料不到的高的程度。

就吸湿性和固体稳定性而言，甲磺酸盐结晶（C）与甲磺酸盐结晶（A）及乙磺酸盐结晶（β）相当。

总体来说,权利要求1请求保护的甲磺酸盐结晶(C)在溶解性、生物利用度、吸湿性和固体稳定性任一性能方面,均没有明显优于其他晶型/盐型。

本案中,专利权人还主张甲磺酸盐结晶(C)的综合效果。合议组认为本专利记载的实验数据以及专利权人提交的补充实验数据均没有完整体现所述不同盐型晶体的上述四个方面的综合效果,在案证据不足以支持甲磺酸盐结晶(C)的综合效果优于其他盐。可见,想要主张综合效果,需要提供完整的涉及各方面的比对数据,并且该完整数据需要达到使本领域技术人员确信请求保护的晶型/盐型综合效果最优。这对专利权人而言,存在相当的难度。

案例六　一种 Trifluridine 化合物及其药物组合物①

【决定日】2021年5月31日

【发明名称】一种 Trifluridine 化合物及其药物组合物

【专利号】ZL201410302945.9

【专利权人】江苏奥赛康药业有限公司

【无效请求人】大鹏药品工业株式会社

【权利要求1】一种如式Ⅰ所示 Trifluridine 化合物。

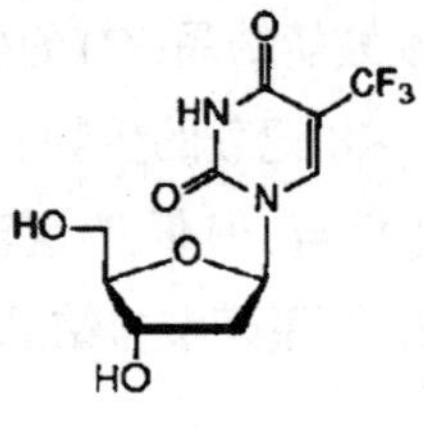

式Ⅰ

① 第50128号无效决定。

其特征在于，所述 Trifluridine 化合物为晶体形式，其 X 射线粉末衍射图具有以 2θ 角度表示的 7.21 ±0.2°……33.23° ±0.2°特征衍射峰。

如权利要求 1 所述的 Trifluridine 化合物，其特征在于，具有如图 1 所示的 X 射线粉末衍射图。

【案例评述】

将本专利权利要求 2 与证据 1、14、16、17 公开的晶体相比，其区别在于晶型不同。

基于本专利说明书记载的内容（实施例 10 对 Trifluridine 特性进行了详细测试），本领域技术人员可以初步确信所述 Trifluridine 晶型在水中具有很好的溶解性，稳定性好，略有引湿性，适合制药用途。

证据 1、14、16、17 均未公开晶体的性能或效果，本领域技术人员不清楚这些现有技术晶体在稳定性、吸湿性和溶解性方面的效果如何，而且这些证据也没有公开制备所述晶体的具体且可操作的结晶工艺条件，本领域技术人员无法重复验证，更无法获知晶体的技术效果。

合议组认为，在晶型药物领域，固体形式的药物化合物在制备成口服固体制剂时，同一化合物的不同晶型因晶格能存在差异，表现在溶解性、稳定性、生物体吸收程度等方面可能存在一定差异，进而可能影响药物制剂的质量和治疗效果，因此各国药典对固体药物制剂的晶型作了原则性的规范性要求。如果专利说明书中已经记载了所要求保护晶体在制药方面具有某种优势，无效请求人意欲否定这种优势的存在或者证明现有技术具有相同或类似的效果，应当对其主张负有举证责任，否则应当承担不利后果。

与该案不同,关于举证责任,案例七中合议组似乎表达了不同的观点。

案例七 包括N-[2-(二乙氨基)乙基]-5-[(5-氟-2-氧代-3H-吲哚-3-亚基)甲基]-2,4-二甲基-1H-吡咯-3-甲酰胺的苹果酸盐的晶体、其制备方法和其组合物①

【决定日】2021年4月2日

【发明名称】包括N-[2-(二乙氨基)乙基]-5-[(5-氟-2-氧代-3H-吲哚-3-亚基)甲基]-2,4-二甲基-1H-吡咯-3-甲酰胺的苹果酸盐的晶体、其制备方法和其组合物

【专利号】ZL02815892. X

【专利权人】法玛西雅厄普约翰有限责任公司

【无效请求人】石药集团欧意药业有限公司;江苏豪森药业集团有限公司

【权利要求1】N-[2-(二乙氨基)乙基]-5-[(5-氟-1,2-二氢-2-氧代-3H-吲哚-3-亚基)甲基]-2,4-二甲基-1H-吡咯-3-甲酰胺苹果酸盐的无水晶体,其中该晶体在粉末X射线衍射图中的特征衍射峰位于11. 39、11. 90、13. 16、15. 92、16. 79、17. 18、19. 40、20. 30、21. 26、21. 68、22. 13、22. 91、24. 17、25. 46、26. 06、26. 96、27. 56、32. 27、32. 93、34. 43度2θ,其中该苹果酸是L-苹果酸。

【案例评述】

权利要求1涉及舒尼替尼L-苹果酸盐的无水晶体,其具有

① 第49117号无效决定。

特定的X射线衍射数据，即本专利定义的晶型Ⅰ。最接近现有技术为证据Ⅱ-2，其公开的化合物16即为本专利权利要求1中的化合物舒尼替尼。

由于舒尼替尼是证据Ⅱ-2列举的数十个优选化合物之一，并且证据Ⅱ-2在列举了可与化合物成盐的酸时，提及了苹果酸，并明确指出成盐的优势在于提高药物化合物的溶解性能。因此，判断本专利权利要求1的晶体是否具备创造性，首先需要确认本专利的苹果酸盐晶体取得了何种技术效果，以及所述效果对本领域技术人员而言是否预料不到。

本专利说明书实际上提供了两种舒尼替尼苹果酸盐的具体晶型，除权利要求1保护的晶型Ⅰ之外，还公开了另一种晶型Ⅱ，并给出实验数据证明"无水晶型Ⅰ在很多应用中优于晶型Ⅱ，因为由晶型Ⅰ所呈现的性质优选地如包括比晶型Ⅱ相应性质更大的热力学稳定性、更高的结晶度和更低的吸湿性"。

然而，合议组认为，由于本专利说明书没有提供相关信息，本领域技术人员不能确定选择苹果酸与舒尼替尼成盐，较之证据Ⅱ-2提及的其他类型的盐具备何种更加优异的技术效果。本专利说明书提及的晶型Ⅰ相对于晶型Ⅱ具备的效果，指纹性表征-X射线衍射谱图不同，结晶性、吸湿性、热数据等存在差异等，属于不同晶型之间的差异，而同一化合物的不同晶型通常具备不同的理化参数，这些均是本领域技术人员的共识，不能认为其构成了本领域预料不到的技术效果。

上述观点和前述案例六中有些不同。本案中，专利权人已经证明了舒尼替尼L-苹果酸盐晶型Ⅰ在热力学稳定性、结晶度、吸湿性、纯度、固态稳定性等方面具有较好的效果。如果按照案例六的观点，应由无效请求人提供证据"否定这种优势的存在或者证明现有技术具有相同或类似的效果”,而不是由专利权人提供证据证明“较之证据Ⅱ-2提及的其他类型的盐具备何种更加优异的技术效果”。

总结案例一到案例七,合议组在针对药物晶型专利创造性进行评判时,仍需按照“三步法”进行。对于“三步法”中所述技术启示,药物领域存在的一些普遍研究动机,如尝试制备不同的药物盐型和尝试获得不同的药物晶型,导致经常需要将“预料不到的技术效果”作为创造性判断的辅助因素。对于预料不到的技术效果的判断,一是要确认本专利所公开晶体的技术效果;二是要确认与本专利公开晶体接近的游离碱/不同盐型/不同晶型的技术效果;三是将前述游离碱/不同盐型/不同晶型全部进行对比,最终确定本专利的效果是否在本领域技术人员的预期范围之内。

在判断是否取得了预料不到的技术效果时,合议组均落脚于现有技术对于该药物的普遍认知,如果现有技术已知该药物没有稳定性、生物利用度、吸湿性、溶解性等药物特性上的障碍,仅仅数值上的提高并不必然带来预料不到的技术效果。如果想要主张综合效果方面取得预料不到的技术效果,需要提供完整的涉及各方面的比对数据,并且该完整数据需要达到使本领域技术人员确信请求保护的晶型/盐型综合效果最优的程度。

关于举证责任,在无效程序中,权利人必须(1)提供充分证据证明“预料不到的技术效果”?还是(2)在权利人证明了“优势效果”后,举证责任转移,由无效请求人提供证据否定这一“优势效果”的存在,进而否定“预料不到的技术效果”,否则承担举证不力的后果?目前看来,合议组的观点似乎并不统一(仅从决定书所公开的内容来看)。针对这一问题,本书倾向于观点(2),也就是案例六中合议组的观点。事实上,除案例六外,前述案例四中,权利人也仅提供实验数据证明了所要求保护的盐型/晶型具有某种优势，并未提供实验数据详细比对各种盐型/晶型之间在效果方面的差异，无效程序中，无效请求人提供证据否定优势效果，但未获得合议组的支持。

还有一点也许值得探讨，怎么判断与其他盐型/晶型相比的某种优势是否达到“预料不到”的程度呢？以前述案例二为例，权利人主张了多种盐型/晶型，合议组通过将权利要求主张的各盐型/晶型与最接近的现有技术游离碱分别进行比较，得出其是否“预料不到”的结论。笔者认为，不可避免地，权利要求主张的各盐型/晶型之间的相互比较，对于合议组判断各盐型/晶型相对于游离碱的优势是否达到“预料不到”的程度起到了重要作用，而对于“程度”的认定，本书认为有一定的自由裁量空间。

具体而言，对于富马酸盐、马来酸盐、酒石酸盐、硫酸盐和硝酸盐晶体，其熔点在 152 ~ 194℃，明显低于氢溴酸盐、盐酸盐、磷酸盐，而吸湿性缺乏数据，溶解性为极微溶或几乎不溶，显然上述晶型在测试的各性能参数上均不占优势。对于甲磺酸盐晶体，其熔点仅有 163℃，吸湿性却高达 8%，但其溶解度很高（ >45mg/ml），达到了溶解的程度，仅就溶解度而言，无疑甲磺酸盐晶体是突出的，能否认定取得了预料不到的技术效果，笔者认为关键在于对于沃替西汀这种药物，在应用时的具体要求，比如对 8% 的吸湿性无法忍受，而且也并不需要极高的溶解度，此时甲磺酸盐晶体的劣势就被放大，从而认定甲磺酸盐晶体并未取得预料不到的技术效果。对于盐酸盐晶体，其熔点高达 236℃（所有盐中最高的），但是和氢溴酸盐在熔点方面的差别不算大，吸湿性为 1.5%，好于氢溴酸盐 γ 晶体，劣于氢溴酸盐 α 晶体、β 晶体，溶解度略微好于氢溴酸盐 α 晶体、β 晶体。总体来说，盐酸盐晶体综合性能较为平衡，最终合议组未认可盐酸盐晶体取得预料不到的技术效果，很可能是因为其并未展现出明显好于氢溴酸盐的性能。对于氢溴酸盐,α 晶体、β 晶体和 γ 晶体的熔点和吸湿性均有所增大,这与本领域技术人员所预期的趋势一致,但是,对于化学组成相同的氢溴酸盐而言,α 晶体和 β 晶体在保持较高熔点(稳定性)的基础上,保持了较低的吸湿性和较高的水溶性,这一综合性能是本领域技术人员所无法预料到的,也正因为此,合议组最终认可了氢溴酸盐 α 晶体、β 晶体的创造性。案例二值得进一步探讨的是,如果没有氢溴酸盐的相关实验数据,个案中是否有可能认定盐酸盐晶体在综合性能方面取得了预料不到的技术效果?

第四章　药品专利链接中的遏制期损害赔偿

一、药品专利链接制度概述

药品专利链接制度，又称“药品早期纠纷解决机制”，起源于美国。所谓“链接”，一是指将仿制药的上市注册与药品专利保护进行链接。二是将药品监督管理部门的行政审批职能与法院的司法裁判职能进行链接，其核心在于将专利药和仿制药可能的专利纠纷解决于仿制药正式上市前的行政审批阶段。药品专利链接制度包含一系列相关制度，例如，专利信息登记、专利声明、遏制期、首仿药独占期等，各国基于国情，通常采取不同的制度安排。

2021 年，我国《专利法》正式引入药品专利链接制度。国家药品监督管理局、国家知识产权局联合发布《药品专利纠纷早期解决机制实施办法（试行）》，最高人民法院发布《关于审理涉药品上市审评审批专利民事案件适用法律若干问题的规定（征求意见稿）》对该制度予以细化。本书从专利信息登记/变更/异议、专利声明/通知、诉讼/行政裁决、等待期/遏制期、药品行政审批、首仿药独占期等方面对我国专利链接制度进行了梳理。（见表 4－1）

表 4-1 我国药品专利链接制度

规定	《专利法》	《药品专利纠纷早期解决机制实施办法(试行)》	《关于审理涉药品上市审评审批专利民事案件适用法律若干问题的规定(征求意见稿)》
专利信息登记/变更/异议	—	专利信息登记:建立中国上市药品专利信息登记平台;未登记的不适用本办法。 平台管理:国家药品审评机构负责建立和维护。申请人在申报药品上市时自行登记药品专利信息;对已上市药品相关专利,可补交。 信息管理:药品审评期间,新授权专利可在公告授权 30 日内登记;发生变更的,变更生效后 30 日内进行变更登记。 平台登记专利类型:化学药品可登记药物活性成分化合物专利、含活性成分的药物组合物专利、医药用途专利	—

续表

规定	《专利法》	《药品专利纠纷早期解决机制实施办法(试行)》	《关于审理涉药品上市审评审批专利民事案件适用法律若干问题的规定(征求意见稿)》
专利声明/通知	—	化学仿制药申请人针对被仿制药每一件相关的药品专利作出声明,并提供声明依据。 一类声明:登记平台中没有被仿制药品相关专利信息; 二类声明:登记平台收录的相关专利已终止或者被宣告无效; 三类声明:申请人承诺在专利有效期届满之前仿制药暂不上市; 四类声明:登记平台收录的被仿制药相关专利权应当被宣告无效,或者仿制药未落入相关专利权保护范围	—

续表

规定	《专利法》	《药品专利纠纷早期解决机制实施办法(试行)》	《关于审理涉药品上市审评审批专利民事案件适用法律若干问题的规定(征求意见稿)》
诉讼/行政裁决	药品上市许可申请人与专利权人或利害关系人,因申请注册的药品相关专利权产生纠纷的,相关当事人可以向法院起诉,请求就申请注册的药品相关技术方案是否落入他人专利权保护范围作出判决。国务院药品监督管理部门在规定的期限内,可以根据法院生效裁判作出是否暂停批准相关药品上市的决定。 药品上市许可申请人与专利权人或利害关系人也可以就申请注册的药品相关的专利权纠纷向专利行政部门请求行政裁决	专利权人或利害关系人对专利声明、声明依据有异议的,可以自国家药品审评机构公示药品上市申请之日起45日内,就申请上市药品的相关技术方案是否落入相关专利权保护范围向法院提起诉讼或向国务院专利行政部门申请行政裁决。 在规定期限内提起诉讼或申请行政裁决的,应在受理之日起10日内将受理通知书副本提交药品审评机构。 规定期限内未提的,国务院药品监督管理部门可以根据技术审评结论和仿制药申请人提交的声明情形,直接作出是否批准上市的决定	管辖法院:一审,北京知识产权法院。 证据材料:登记平台相关专利信息;申请注册药品的相关信息及未落入相关专利权保护范围的声明;申请药品注册的技术方案是否落入相关专利权保护范围的初步证据;技术资料副本。 针对同一专利权和申请注册的药品可以合并审理;以国务院专利行政部门已经受理行政裁决为由,申请终止诉讼的,不予支持;以国务院专利行政部门已经受理无效宣告请求为由,申请终止诉讼的,一般不予支持;权利要求无效或者应当被宣告无效的,药品上市申请人主张现有技术抗辩或存在不视为侵犯专利权的法定情形,或主张相关专利权明显属于应当被宣告无效的情形的,法院可以裁定驳回起诉,或者根据药品上市申请人的请求,判决确认申请注册的药品相关技术方案未落入相关专利权保护范围。 专利权人或利害关系人申请行为保全,应提供担保;请求禁止药品上市申请行为或审评审批行为的,不予支持

续表

规定	《专利法》	《药品专利纠纷早期解决机制实施办法(试行)》	《关于审理涉药品上市审评审批专利民事案件适用法律若干问题的规定(征求意见稿)》
	—	—	当事人在诉讼中对其他当事人的商业秘密负有保密义务,违反者依法承担民事或刑事责任。 申请注册的药品批准上市后,法院作出生效裁判,认定申请注册的药品相关技术方案落入相关专利权保护范围的,专利权或利害关系人可另行提起侵害专利权诉讼。 专利权人或利害关系人滥用权利,提起诉讼又无正当理由撤诉,或者全部诉讼请求均未获得支持,药品上市许可申请人起诉请求赔偿因暂停批准药品上市所受到的损失以及诉讼合理开支的,法院可以依法受理,一审由北京知识产权法院管辖
等待期/遏制期	—	化学药,9 个月	—

续表

规定	《专利法》	《药品专利纠纷早期解决机制实施办法(试行)》	《关于审理涉药品上市审评审批专利民事案件适用法律若干问题的规定(征求意见稿)》
其他	—	仿制药被批准上市后,专利权人认为仿制药侵犯其专利权的,依《专利法》等法律法规解决。已经批准的上市许可决定不予撤销,不影响其效力。 对存在提交不实声明等行为实施失信联合惩戒,申请人一年内不得再次申请该品种的注册申请	—

二、加拿大、澳大利亚遏制期损害赔偿制度

药品专利链接中的遏制期损害赔偿制度规定在最高人民法院发布的《关于审理涉药品上市审评审批专利民事案件适用法律若干问题的规定(征求意见稿)》中。相较于专利信息登记、专利声明、遏制期等被广泛讨论的制度,遏制期损害赔偿未见于最早建立专利链接制度的美国,也一直未出现在我国专利链接制度建立过程中的广泛讨论中,因此其一出现就引起了较大争议。本书对加拿大、澳大利亚的类似制度予以介绍与分析,以期对我国制度的建立与实施提供参考。

(一)加拿大

加拿大《专利药(合规通知)法规》[Patented Medicines (Notice of Compliance) Regulations,PMNOC]规定:专利链接程序中,原研药企业在收到仿制药企业的声明通知(Notice of Allegation,NOA)之日起 45 天内,可以向联邦法院提起专利侵权诉讼,指控仿制药企业生产(making)、制造(constructing)、使用(using)或销售(selling)仿制药的行为将会侵犯其专利权。专利侵权诉讼启动后的 24 个月内,除专利权到期、法院作出侵权或有效的实质判决或原研药企业撤回或终止诉讼程序外,卫生部不得批准仿制药申请,该制度即为“遏制期”制度。

与美国《药品价格竞争与专利期补偿法案》(Hatch-Waxman 法案)不同的是,加拿大就原研药企业利用“遏制期”制度并给仿制药企业造成损失的情况提供了救济措施。仿制药可根据 PMNOC 第 8 条,向联邦法院或其他具有管辖权的高级法院提出申请,要求根据 PMNOC 第 6(1)条提起专利侵权诉讼的原研药企业赔偿其因诉讼被中止或驳回,或第 6(1)条所涉及的声明在上诉

时被推翻而造成的损失。即如果原研药企业决定启动 24 个月的遏制期但最终未能胜诉,则仿制药企业(PMNOC 中所述的第二人)有权要求原研药企业赔偿因遏制期而导致的延迟上市损失。

PMNOC 现行版本(2017 年修订)第 8 条相关内容如下:

(1) 第二人可向联邦法院或另一具有司法管辖权的高级法院提出申请,要求所有根据第 6(1)条提起诉讼的原告就第(2)款所涉及的损失向第二人进行赔偿。

(2) 除第(3)款的规定外,如根据第 6(1)条提起的诉讼被中止或驳回,或第 6(1)条所涉及的声明在上诉时被推翻,则该诉讼中的所有原告都要对第二人在送达指控通知书之日后的任何损失以及经卫生部部长核准证明的在没有本法规的情况下发出遵守通知书之日(以较晚者为准)后遭受的任何损失,共同、个别地或整体地对第二人承担赔偿责任。

(3) 联邦法院或其他高级法院如果推定另一个更合适的日期,包括由于 2004 年加拿大法规第 23 章"专利法"和《食品和药品法》(修订法案)的实施,最后确定的日期早于其他日期,则可根据第(2)款的目的指定另一个日期。

(4) 如果第 7(1)(d)条因根据第 7(5)(b)条而放弃适用,则第(1)~(3)款不适用。

(5) 如果联邦法院或其他高级法院允许第二人就第(2)款所述的损失获得损害赔偿,该法院可就该损失,根据情况需要,发出任何损害赔偿的救济命令。

(6) 法院在评估赔偿金额时——包括在根据第(2)款应承担赔偿责任的原告之间分摊的金额——法院应考虑到它认为与金额评估或分摊有关的所有事项,包括当事人行为导致的诉讼拖延的处理。

与1993年版本相比,PMNOC现行版本删除了第(1)款中救济措施有关期间的终止日期;增加了第(4)款的内容,即原研药企业可以通过放弃24个月的遏制期来避免第8条赔偿的风险。

判例法逐渐建立了PMNOC第8条的解释规则。首先,虽然第8条赔偿机制的设立目的是避免原研药企业滥用诉权并通过遏制期阻止仿制药上市,但赔偿并不以原研药企业的恶意诉讼为前提,仿制药企业只需要证明上市许可被推迟。其次,损害赔偿“有关期间”(Relevant Period)的起算日期为在没有遏制程序的情况下,仿制药企业本应当获得上市许可的日期,这一日期也被称为“专利劫持日”(Patent Hold Day)。在2017年PMNOC修订之前,有关期间的截止日为遏制程序的撤回、中止、驳回或撤销之日,但2017年PMNOC取消了第8条救济措施中的终止日期,因为至少在仿制药企业看来,他们的损失并没有在规定的终止日期自动终止。

针对损害赔偿金额的确定,法院构建了假想的“but for”世界,试图模拟和量化仿制药企业因遏制期所遭受的损失。

在Sanofi-Aventis Canada Inc. v. Teva Canada Limited①中,梯瓦公司(Teva)向加拿大市场销售雷米普利(Ramipril)仿制药,该药是用于治疗高血压的药物。赛诺菲公司(Sanofi)拥有雷米普利品牌原研药——ALTACE的专利权。斯奈德(Snider)法官总结了确定损害赔偿金额的5个步骤:(1)确定有关期间;(2)确定有关期间内雷米普利市场的总体规模;(3)确定有关期间内赛诺菲公司本应保留的市场部分和仿制药企业本应占有的市场部分(仿制药市场);(4)确定仿制药市场中本会由梯瓦公司占有的部分(梯

① Sanofi-Aventis Canada Inc. v. Teva Canada Limited,2012 FC 552.

瓦公司的损失);(5)量化梯瓦公司在有关期间内遭受的损失(净利润损失)。

梯瓦公司主张它应被视为假想世界中有关期间内雷米普利市场唯一的仿制药企业。赛诺菲公司则声称,假想世界应包括其他仿制药[包括授权仿制药(Authorized Generics,AGs)]。赛诺菲公司主张只能存在一个假想的世界,因此必须适用于所有潜在的第8条诉讼当事人。斯奈德法官最终支持了赛诺菲公司的主张,认为梯瓦公司对第8条的解释忽视了第8(5)条的明确措辞,该款要求法院在评估第二人的损失时应考虑与其有关的所有事项,仿制药市场的竞争显然与第二人的损失有关。如果将其他仿制药或者授权仿制药排除在假想的世界之外,梯瓦公司的损失将超过赛诺菲公司不提出侵权诉讼时的收入,并可能使赛诺菲公司承担巨额的赔偿责任。

在 Sanofi-Aventis et al. v. Apotex Inc. ①中,赛诺菲公司认为,目前量化损害赔偿的框架导致了仿制药索赔人的意外收获,使奥贝泰克(Apotex)公司获得了过高赔偿,达到了现实世界中可获得的最高销售总额的 133%。在反对意见中,梅因维尔(Mainville)法官认为,初审法官使用了一种方法,使两个仿制药制造商都能证明他们各自有权 100% 地占有各自假设的仿制药市场,这是错误的。梅因维尔法官认为对"but for"世界的更恰当的解释是基于"open season",即在解释"but for"世界时,PMNOC 既不适用于原告仿制药,也不适用于其他仿制药。但梅因维尔法官的"open season"并未得到多数意见的认可,多数意见认为这将导致更多的竞争者在更早的时间进入"but for"市场,从而减少索赔人在每一

① Sanofi-Aventis et al. v. Apotex Inc. ,2014 FCA 68.

个有潜在竞争者的案件中的损害赔偿金额，减少第一人（创新药制造商，本案中为赛诺菲公司）在所有涉及同一仿制药的此类案件中的总责任，这无疑对第一人有利，但对某一特定的索赔人可能会造成不公平的损害，因此 PMNOC 第 8 条规定损害赔偿请求人的竞争者也应当受到 PMNOC 的约束。

在 Teva Canada limited v. Pfizer Canada Inc.①中，辉瑞公司也主张了“open season”，认为一旦有仿制药（本案中为梯瓦公司）进入市场，它就会停止反对其他仿制药制造商进入市场。但费伦（Phelan）法官拒绝接受这一主张，认为“but for”世界中所有潜在的市场进入者都必须遵守 PMNOC，对于其他仿制药企业来说，遏制程序仍然有效。费伦法官还认为，没有足够的证据支持辉瑞公司的论点，即它会推出自己的仿制药产品，并授权其他仿制药进入市场。鉴于辉瑞公司在现实世界中抵制梯瓦公司进入仿制药市场，在“but for”世界中其仍会阻碍其他仿制药进入市场。从那些第三方仿制药企业②提供的证据可以看出，价格、激烈的市场竞争和显著的“风险”会使他们不敢提前进入“but for”世界。因此，没有足够的证据证明第三方仿制药企业可以而且会在有关期间内进入仿制药市场。

在 Eli lilly Canada Inc. v. Teva Canada Limited③ 中，法官分析了在确定第 8 条损害赔偿时是否应考虑“pipefill”的问题。“pipefill”是指药品刚进入市场时的销售额，在这种情况下，由于批发商（其次是药店）通常会购买很多药品以填补货架以满足预期

---

① Teva Canada limited v. Pfizer Canada Inc. ,2017 FC 332.

② Mylan Pharmaceuticals, Sandoz AG, Ranbaxy Laboratories Limited, Pro Doc and Rivapharma.

③ Eli Lilly Canada Inc. v. Teva Canada Limited,2018 FCA 53.

需求,因此最初会出现销售量激增。初审法官拒绝为"pipefill"追偿,上诉法院则认为拒绝追偿"pipefill"是法律错误,因此撤销了原审判决中相关决定。

在 Apotex Inc. v. Sanofi-Aventis①; Sanofi-Aventis et al. v. Apotex Inc. ②, Sanofi-Aventis Canada Inc. v. Teva Canada Limited, Sanofi-Aventis Canada Inc. v. Teva Canada Limited③ 中,法官认为:根据 PMNOC 第 8 条的规定,在有关期间之后的年份遭受的损失,即使损失是在有关时期内造成的,也不应当获得赔偿,具体包括:(1)从有关期间的最后一天开始计算,并以第一人未来的利润损失为基础计算所得的损失的商业价值。(2)双倍增加索赔(double ramp-up),指仿制药申请人请求对其在上升期即药品制造商在其药品获得批准后达到最终销售水平所需要的时间所造成的损失获得赔偿。例如,在 Sanofi-Aventis et al. v. Apotex Inc. ④中,奥贝泰克公司主张对其在实际市场以及"but for"世界中的上升期所遭受的利润损失获得双倍的赔偿。(3)"间接利润损失",如将原本可以获得的利润用于研发或诉讼。

在 Apotex Inc. v. Sanofi-Aventis⑤ 中,法院认定奥贝泰克公司根据 PMNOC 第 8 条的赔偿范围不能扩大到销售其用于未经批准的适应症状,特别是与雷米普利相关的心脏后果预防评估(the Heart Outcome Prevent Study, HOPE)症状。初审法官认为,在"but for"世界中,奥贝泰克公司不会在其雷米普利仿制药的产品说明

---

① Apotex Inc. v. Sanofi-Aventis, 2012 FC 553.

② Sanofi-Aventis et al. v. Apotex Inc., 2014 FCA 68.

③ Sanofi-Aventis Canada Inc. v. Teva Canada Limited, 2012 FC 551; Sanofi-Aventis Canada Inc. v. Teva Canada Limited, 2012 FC 552.

④ Sanofi – Aventis et al. v. Apotex Inc., 2014 FCA 68.

⑤ Apotex Inc. v. Sanofi – Aventis, 2012 FC 553.

中提及除高血压外的任何其他疾病，因此，任何与HOPE症状销售相关的利润损失都不应计算在内。

尽管确立了以上解释规则，但在实践中，加拿大法院对损害赔偿金额的确定往往更有利于仿制药企业，判决过高的赔偿额。在Apotex Inc. v. Sanofi-Aventis[①]中，法院最终判决赛诺菲公司赔偿奥贝泰克公司2.15亿美元，该金额事实上超过了奥贝泰克公司的实际销售额。1998年至2008年结案的369件PMNOC第8条相关案件中，原研药企业胜诉的仅53件，败诉97件，程序中止219件。[②]

在2017年PMNOC下，原研药企业可以通过放弃24个月的遏制期来避免第8条损害赔偿的风险。[③] 然而，由于损害赔偿的确定通常不考虑原研药企业的利润，而只考虑仿制药的损失，这一规定对原研药企业影响不大。一方面，加拿大的仿制药必须比原研药价格低，有时低至原研药价格的25%、50%，所以在仿制药被排除在市场之外的时间里，仿制药企业损失的利润远远小于原研药企业获得的利润；另一方面，原研药企业通常会争辩仿制药企业并不是独家仿制，别的仿制药企业也会进入市场并稀释市场份额，因此仿制药企业的损失并不是整个市场份额而只是其中的一部分。因此，通常情况下，原研药企业即使败诉，他们要承担的赔偿也远小于所获得的利润，原研药企即便担心过高的损害赔偿额，还是会选择进行诉讼。然而需要指出的是，在生物药案件中，情况可能有

---

① Apotex Inc. v. Sanofi – Aventis ,2012 FC 553.

② Joel Lexchin, *Canada ' s Patented Medicine Notice Compliance Regulations: Balancing the Scales or Tipping Them?*, BMC Health Services Research, volume 11, 2011.

③ PMNOC, 8(4) Subsections (1) to (3) do not apply if paragraph 7(1)(d) has no application because its application has been renounced under paragraph 7(5)(b).

所不同,原研生物药和生物类似药之间的价格差没有化学药那么大,例如,原研药的售价如果是 1 美元,则生物类似药的售价可能是 85 美分,由于 2017 年 PMNOC 取消了有关期间的终止时间限定,原研药企业因此要承担的损害赔偿金额可能更高,提起诉讼给仿制药企带来的损失也更加显著。从仿制药企业角度来说,Hatch-waxman 法案关于首仿药独占期的设立是仿制药提起专利挑战的重要动力,而加拿大专利链接制度未设立首仿药独占期制度,虽然有 PMNOC 第 8 条救济措施,仿制药企业进行专利挑战的动力仍然不足。

总之,PMNOC 第 8 条关于损害赔偿的确定存在很多不确定性,原研药企业可能需要承担过高的损害赔偿,仿制药企业因没有首仿药独占期而缺乏足够的挑战动力,无论是从鼓励原研药企业创新还是鼓励仿制药企业挑战的角度来看,PMNOC 第 8 条设立的遏制期损害赔偿制度似乎都不算成功。

(二)澳大利亚

根据澳大利亚《1989 年医疗用品法》(Therapeutic Goods Act 1989)的规定,如仿制药申请人已根据该法第 26B(1)条提交了证书(certificate),则根据第 26C 条,欲提起专利侵权诉讼的专利权人必须向医疗用品管理局(Therapeutic Goods Administration, TGA)和仿制药申请人提供保证。该保证书必须说明诉讼程序将本着诚意展开,有合理的成功前景,并将在没有不合理拖延的情况下进行。

如原研药根据澳大利亚《1989 年医疗用品法》第 26C 条提供的保证书载有虚假或误导性的细节,或违反保证书中的承诺,可被判处最高 1000 万澳大利亚元的罚款。第 26D 条适用于仿制药申请人根据第 26B(1)(b)条提交了证书,而专利权人(或其被许可人)已申请并获得临时禁令(interlocutory injunction)的情形。该条规定,如果侵权诉讼随后被中止或驳回,或法院认为专利权人无合理理由相信最终会获得救济或诉讼具有合理成功机会,法院可就因禁令而遭受的损失,要求原研药向仿制药、联邦和/或州或地区作出赔偿。

第五章 人类胚胎干细胞专利

人类胚胎干细胞是存在于人类早期胚胎中，具有发育多能性的细胞类型。胚胎干细胞可分化为组成生物体的各种细胞，这种特性给予了研究者无限的空间去发现治疗疾病的方法，为帕金森氏症、阿尔茨海默病、糖尿病、心脏病、脊髓损伤等疾病的治疗带来曙光。

然而，科学技术从来就是“双刃剑”。在人类胚胎干细胞对于疾病治疗的潜力日益得到人们认可的同时，反对此项研究的声音也一直不绝于耳。反对者认为，提取胚胎干细胞建立在摧毁胚胎的基础上，这无异于摧毁一个生命去挽救另外一个生命，因此无论是伦理上还是法理上都是不可被接受的。

一般来说，各国专利法的立法宗旨都在于鼓励发明创造及其产业化，进而促进科学技术进步和经济社会发展。然而，目前世界上除美国外，绝大部分国家拒绝授予人类胚胎干细胞专利权，我国曾经也是如此。

一、《专利审查指南》的相关规定

我国《专利法》(2020年版)第5条第1款规定,对违反法律、社会公德或者妨害公共利益的发明创造,不授予专利权。《专利审查指南》(2017年版)第二部分第一章第3.1.2节中规定:人胚胎的工业或商业目的的应用违反社会公德,不能被授予专利权;第二部分第十章第9.1.1.1节中规定:人类胚胎干细胞及其制备方法,均属于《专利法》(2020年版)第5条第1款规定的不能被授予专利权的发明。

《专利审查指南》(2021年版)针对以上内容进行了修改,第二部分第一章第3.1.2节规定增加了"但是,如果发明创造是利用未经过体内发育的受精14天以内的人类胚胎分离或者获取干细胞的,则不能以'违反社会公德'为理由拒绝授予专利权"。[①]第二部分第十章删除了第9.1.1.1节"人类胚胎干细胞及其制备方法,均属于专利法第5条第1款规定的不能授予专利权的发明"。并且在"处于各形成和发育阶段的人体"的内容中增加"人类胚胎干细胞不属于处于各个形成和发育阶段的人体"。

《专利审查指南》(2021年版)的修改会带来哪些影响?人类胚胎干细胞本身及其制备方法是否均可以成为可专利授权的客体?"人类胚胎"的定义是否会变得狭义化?审查的尺度是否会发生变化?本书接下来结合案例予以说明。

---

① "14天原则"是由美国卫生、教育和福利署的伦理咨询委员会在1979年首次提出。该原则在1984年和1994年相继得到了英国沃诺克委员会(Warnock Committee)和美国国立卫生研究院的人类胚胎研究小组的支持。迄今为止,在至少12个国家,"14天原则"被纳入管理辅助生殖和胚胎研究的法律或政府工作报告中,包括中国2003年《人类胚胎干细胞研究的伦理准则》和印度2007年《干细胞研究和治疗的指南》。

二、案例分析

2000～2020年，我国涉及人类胚胎干细胞的专利申请共567件，授权163件。（见图5－1）

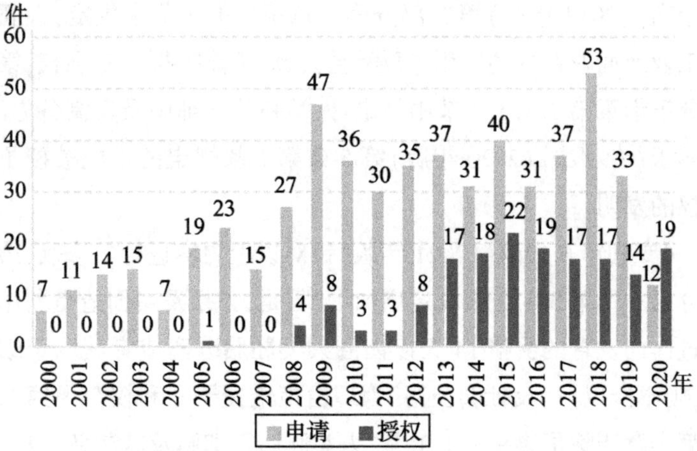

图5－1 我国涉及人类胚胎干细胞专利申请与授权情况（2000～2020年）

（一）人类胚胎干细胞相关专利申请驳回决定

2000～2019年，部分人类胚胎干细胞相关专利申请驳回决定汇总见表5－1。

表5－1 部分人类胚胎干细胞相关专利申请驳回决定

专利申请号	驳回日期	驳回专利说明	审查员审查意见
200880009636.5	2014－02－05	提供一种使灵长类多能干细胞分化成中内胚层细胞的方法，该方法包括：(a)提供灵长类多能干细胞……	“灵长类多能干细胞”包括“人胚胎干细胞”

续表

专利申请号	驳回日期	驳回专利说明	审查员审查意见
201210068788.0	2015-03-18	权利要求和说明书均提及利用肝X受体(LXR)激活剂诱导人胚胎干细胞分化为视网膜色素上皮细胞	需要通过人胚胎干细胞进一步分化,无论使用何种胚胎干细胞,其原始来源均是人类胚胎
200980103921.8	2016-05-11	权利要求和说明书提及"已创建的人胚胎干细胞系"	虽然申请人删除了说明书中从人胚胎直接取得人胚胎干细胞和胚胎种系细胞的描述,但是所有人类胚胎干细胞的分离制备过程中必然要使用人类胚胎
200910224980.2	2016-06-08	权利要求和说明书均涉及"由已建立的人胚胎干细胞(hES)分化而获得的细胞群"	虽然有关于"已建立的细胞系"的记载,但这仅仅是本申请胚胎干细胞来源的一个非限制性实例而已
201410427856.7	2019-11-15	权利要求中提及人胚胎干细胞是已经建系的人类胚胎干细胞、未分化的或分化早期的正常染色体核型的人类胚胎干细胞	所述"未分化的或分化早期的正常染色体核型的人胚胎干细胞"的获得涉及破坏人类胚胎,说明书中包括了建系的以及未建系的,不能唯一确定均使用购买的材料进行
201080021110.6	2017-07-14	权利要求中提及"定向产生心脏组织的细胞可选自胚胎干细胞",并且可以为人胚胎干细胞	人胚胎干细胞违反社会公德

续表

专利申请号	驳回日期	驳回专利说明	审查员审查意见
201410284828.4	2017-12-19	权利要求和说明书中均涉及“提取人胚胎干细胞总 RNA,逆转录获取 cDNA”	人类胚胎干细胞的获得有悖于人类伦理道德
201180058293.3	2018-04-17	由胚胎干细胞产生心肌细胞的方法,包括:(a)培养胚胎干细胞,以获得培养物……	以人胚胎干细胞作为原料,本申请说明书和权利要求书中均涉及人类胚胎的工业或商业目的应用
201210132088.3	2018-07-06	权利要求和说明书均涉及在无血清培养基中培养包含人胚胎干细胞的细胞培养物	无法证明 MA01、MA03 等细胞系属于已确立的且通过商业途径可购买的人胚胎干细胞系
201510405013.1	2019-10-08	权利要求 3 出现“所述人干细胞包括人基质干细胞、人内皮祖细胞、人神经干细胞或人胚胎干细胞”	人胚胎干细胞违反社会公德
201510198437.5	2019-12-06	权利要求中提及细胞株为各种带有导致人类遗传性心肌病基因突变的人类胚胎干细胞和人类诱导多能干细胞	说明书和权利要求多处记载了利用“人胚胎干细胞”制备获得制备人类遗传性心肌病——多能干细胞

（二）人类胚胎干细胞相关专利授权决定

2000～2019年，部分人类胚胎干细胞相关专利授权决定汇总见表5－2。

表5－2　部分人类胚胎干细胞相关专利授权决定

专利申请号	授权公告日	授权专利说明	备注
200680055596.9	2013－05－29	限定了干细胞不是人胚胎干细胞	—
201310047417.9	2015－03－11	限定干细胞为非人干细胞	—
201410456261.4	2017－03－01	权利要求具体限定是H9细胞系	—
201310222217.2	2014－12－10	权利要求未具体限定来源，说明书限定是H9	发明点不在于胚胎干细胞，权利要求中的“胚胎干细胞”仅是培养基的用途限定
201010135099.8	2015－01－21	权利要求未具体限定来源，说明书限定具体商业来源	发明点不在于胚胎干细胞，权利要求中的“胚胎干细胞”仅是培养基的用途限定

（三）人类胚胎干细胞相关复审决定

2000～2019年，部分人类胚胎干细胞相关复审决定汇总见表5－3。

表 5-3　部分人类胚胎干细胞相关复审决定

专利申请号	复审决定日	申请人主张	复审委员会观点	复审决定
03816184.2	2012-05-29	复审请求人修改了说明书标题，将“人胚胎干细胞”修改为“灵长类动物多能干细胞”，在权利要求1、14、28、42、47中增加技术特征：“所述已建立的细胞系不包括直接分解自人胚胎或胚泡的pPS细胞或胚胎干细胞”	实施例直接采用了人类胚胎干细胞H1和H7细胞系，说明书中已经删除了从人胚胎组织中获得人胚胎干细胞的内容	授权
201210020574.6	2017-01-09	已经进一步排除了人胚胎干细胞	除H7、H9外，还包括了其他人胚胎干细胞系，如hESCyt-25	授权：权利要求和说明书仅保留H7和H9
200980163164.3	2017-06-30	修改为“已建系的人类多能干细胞”，不应无限溯源	没有证据表明亚洲2号、3号是成熟且已商业化的品系	驳回：说明书仍不符合条件
201210132088.3	2017-08-07	(1)各来源的人胚胎干细胞均能用于本发明。 (2)对原材料的获得方式不宜无限溯源	没有证据表明MA01、MA03、ACT30、ACT-4是成熟且已商业化的品系	驳回
201180034111.9	2017-10-30	受精第12周后称为胎儿，人胎儿不属于人胚胎	“人胚胎”包括任何来源或形式的胚胎	授权：申请人删除相关表达

续表

专利申请号	复审决定日	申请人主张	复审委员会观点	复审决定
201080015975.1	2017-11-16	使用的京都大学人胚胎成纤维细胞是可以从商业来源获得的	说明书中没有明确记载京都大学提供的是成熟且已商业化的品系	驳回
201410427856.7	2019-02-21	本申请涉及的技术方案适合所有胚胎源的干细胞	整个申请文件中并没有记载所使用的人胚胎干细胞的具体来源	驳回
201380055588.4	2019-07-08	不涉及使用或者操作人胚胎的任何步骤,而是一种检测发育条件的变化和/或异常的方法	说明书中仍然涉及大量直接对人胚胎进行自动化检测的技术内容和技术方案	驳回

通过将2000~2019年授权专利(包括复审后授权)与驳回专利进行对比,可以看出,授权专利的权利要求和说明书均排除人胚胎干细胞或者限定具体的成熟且已商业化的品系。并且少量案件在发明点不是人胚胎干细胞时,对权利要求的审查略有放松,但仍要求说明书中记载明确商业来源。以专利申请号为03816184.2的第42698号复审决定为例,具体分析如下:

第42698号复审决定涉及名称为“衍生自人胚胎干细胞的用于脊髓损伤的再髓鞘化和治疗的少突胶质细胞”的第03816184.2号发明专利申请。

经实质审查,国家知识产权局原审查部门于2011年7月5日发出驳回决定，驳回了本发明专利申请，其理由是：权利要求1～51和说明书的全部内容均涉及人胚胎干细胞，需要从人胚胎中获得，属于人胚胎的工业或商业目的，违反社会公德，属于《专利法》第5条规定的不授予专利权的范围。此外，权利要求1～51技术方案中的“多能干细胞”是从非胚胎的组织中分离获得时，需要首先通过非治疗目的的外科手术方法获得人或动物的骨髓或其他组织，不具备《专利法》第22条第4款规定的实用性。

驳回决定所针对的权利要求书1如下：

用于产生神经胶质细胞的体外系统，它包含：已建立的未分化pPS细胞系，和由该细胞系分化的细胞群，该细胞群包含至少80%的表达细胞表面NG2蛋白聚糖的少突胶质细胞前体，但实质上不包含表达细胞表面NeuN的神经元细胞，其中，采用将未分化的pPS细胞在含有促分裂原、甲状腺激素受体的配体和视黄酸受体的配体的培养基中培养的方法获得所述分化的细胞群。

复审请求人修改了说明书标题，将“人胚胎干细胞”修改为“灵长类动物多能干细胞”，在权利要求1、14、28、42、47中增加技术特征：“所述已建立的细胞系不包括直接分解自人胚胎或胚泡的pPS细胞或胚胎干细胞”。复审请求时新修改的权利要求书1如下：

用于产生神经胶质细胞的体外系统，它包含：已建立的未分化pPS细胞系，和由该细胞系分化的细胞群，该细胞群包含至少80%的表达细胞表面NG2蛋白聚糖的少突胶质细胞前体，但实质上不包含表达细胞表面NeuN的神经元细胞，其中，采用将未分化的pPS细胞在含有促分裂原、甲状腺激素受体的配体和视黄酸受体的配体的培养基中培养的方法获得所述分化的细胞群，其中所述已建立的细胞系不包括直接分解自人胚胎或胚泡的pPS细胞或胚胎干细胞。

复审委员会认为：本申请涉及用于产生神经胶质细胞的体外系统、作为该体外系统的一部分的分化的细胞群、生产神经胶质细胞的方法、基于化合物对神经胶质细胞的作用筛选化合物的方法、包含神经胶质细胞的药物组合物，这些技术方案均使用灵长类动物多能干细胞（pPS 细胞）或人胚胎干细胞（hES 细胞）作为原材料。说明书中记载了“本发明的实施也不要求分解人胚胎或胚泡以获得作为生产少突胶质细胞的起始原料的 pPS 或胚胎干细胞。hES 细胞可以从公共保藏单位中已建立的细胞系中得到”，实施例直接采用了人类胚胎干细胞 H1 和 H7 细胞系，说明书中已经删除了从人胚胎组织中获得人胚胎干细胞的内容，可见，本发明所使用的细胞系是已经建立的成熟且已经商品化的细胞系；而且，本申请的权利要求 1～51 也明确排除了直接分解自人胚胎或胚泡的 pPS 细胞或胚胎干细胞相关的技术方案。虽然人胚胎的工业或商业目的应用因为违反社会公德不被允许，但本申请已经删除了这部分内容，仅保留与已建立的成熟且商品化的细胞品系相关的内容，因此不属于《专利法》第 5 条第 1 款规定的不授予专利权的范围。

驳回决定和前置审查意见认为：即使是已建立的人胚胎干细胞系，如 H1 和 H7，也都需要人胚胎，破坏人胚胎获得，违反《专利法》第 5 条的规定。

对此合议组认为：对原材料的获得方式不宜无限溯源。本申请使用的起始材料是人胚胎干细胞系 H1 和 H7，由本领域现有技术和请求人提供的附件 10 可知，H1 和 H7 是最早建立的一批人胚胎干细胞系，2001 年美国政府已许可非营利研究机构 WiCell 向研究者提供 H1 和 H7。因此 H1 和 H7 属于已建立的人胚胎干细胞系，它可以在体外无限增殖，现有技术中存在途径获得该类成熟稳定的细胞系,不宜追究世界上获得首例该细胞系的方式,这样既能限制人胚胎滥用,又将允许利用的人胚胎干细胞系限于成熟且已商品化的品系,客观上既不过度限制科技发展,又不鼓励培育新的人胚胎干细胞系,符合当今中国的社会公德。

基于以上事实和理由(省略针对《专利法》第22条第4款规定的分析),合议组作出撤销国家知识产权局于2011年7月5日对本申请作出的驳回决定。

(四)2020年人类胚胎干细胞相关专利授权决定比较

2020年,也就是《专利审查指南》(2021年版)正式实施前一年,专利审查尺度是否已经放松?从目前来看,答案是肯定的,例如,权利要求书未对人胚胎干细胞来源进行限定的专利申请也获得了授权(如第201510640312.3、201380012437.0、201911133148.1、201610281684.6号专利申请)。(见表5-4)

表5-4 人类胚胎干细胞相关专利授权决定(2020年)

申请号	授权公告日	授权专利说明	备注
201610788218.7	2020-08-04	所述多能干细胞不是人胚胎干细胞	受之前审查尺度影响,原始申请中即对胚胎干细胞进行了限定
201480063250.8	2020-10-09	多能干细胞不是采用涉及改变人类种系遗传特性或涉及用于工业或商业目的的人胚胎的用途的工艺生产的	受之前审查尺度影响,原始申请中即对胚胎干细胞进行了限定
201611167154.5	2020-05-19	权利要求中进一步限定是商品化的人类胚胎干细胞	一通指出不符合《专利法》第5条(一通发文日:2019-01-24)

续表

申请号	授权公告日	授权专利说明	备注
201480027786. 4	2020 - 08 - 21	限定所述人胚胎干细胞得自可购得的已建立人胚胎干细胞系或是未经体内发育的受精 14 天以内的人胚胎干细胞	一通指出不符合《专利法》第 5 条(一通发文日:2018 - 05 - 03)
201510640312. 3	2020 - 05 - 05	权利要求未具体限定来源,说明书限定具体商业来源	—
201380012437. 0	2020 - 06 - 09	权利要求未具体限定来源,说明书中排除人胚胎工业或商业应用	—
201911133148. 1	2020 - 08 - 25	权利要求、说明书均未对人胚胎干细胞作任何限定	发明点不在于胚胎干细胞,而在于装置
201610281684. 6	2020 - 04 - 17	权利要求、说明书均未对人胚胎干细胞作任何限定	人体胚胎干细胞可以使用,例如,chHES - 253 等,但并不限定于此,并且胚胎干细胞可被公众所获得

因此,针对本章开头提到的三个问题,笔者认为:由于《专利审查指南》(2021 年版)第二部分第十章原第 9. 1. 1. 1 节"人类胚胎干细胞"已经删除,如果人胚胎干细胞系的制备和建立过程不需要使用和破坏人胚胎,那么后续人胚胎干细胞本身及其制备方法是有望成为可专利授权客体的。《专利审查指南》修改后,将"未经

体内发育的受精 14 天以内的人类胚胎”排除在外，说明“人胚胎”的范围已经有所缩小。《专利审查指南》修改后，对“人胚胎干细胞”的审查尺度有所放宽，审查员更加关注发明的实质贡献，对于发明点不在于“人胚胎干细胞”的情形，很多审查员并未适用《专利法》第 5 条。

第六章　医药专利中的优先权

优先权是专利制度中的重要概念，于1883年3月20日签订的《保护工业产权巴黎公约》（以下简称《巴黎公约》）中首次提出，具体是指申请人在一个成员国首次提出申请后，在一定期限内就同一主题在其他成员国提出申请的，在后申请视为是在首次申请的申请日提出。

作为《巴黎公约》成员国，我国《专利法》中设置了外国优先权及本国优先权两种制度。《专利法》（2020年版）第29条规定：申请人自发明或者实用新型在外国第一次提出专利申请之日起12个月内，或者自外观设计在外国第一次提出专利申请之日起6个月内，又在中国就相同主题提出专利申请的，依照该外国同中国签订的协议或者共同参加的国际条约，或者依照相互承认优先权的原则，可以享有优先权（外国优先权）。申请人自发明或者实用新型在中国第一次提出专利申请之日起12个月内，或者自外观设计在中国第一次提出专利申请之日起6个月内［相较于《专利法》(2008 年版),新增了外观设计的本国优先权],又向国务院专利行政部门就相同主题提出专利申请的,可以享有优先权(本国优先权)。《专利法实施细则》《专利审查指南》进一步细化了以上规定。同时,《专利审查指南》(2010 年版)在第一部分第一章第 6.2 节规定“申请人要求优先权应当符合专利法第二十九条、第三十条、专利法实施细则第三十一条、第三十二条以及巴黎公约的有关规定”,可见,《巴黎公约》第 4 条关于优先权的规定在我国可以直接适用。

本章针对专利优先权的客体类型、期限、作为优先权基础的首次申请、“相同主题”的判断、部分优先权与多项优先权进行分析,主要聚焦于医药专利,并且对于颇具争议的内容通过案例进行详解。

一、客体类型

《巴黎公约》第 4 条 A 款中规定了专利(patent)、实用新型(utility model)、工业品外观设计(industrial design)三种专利领域中的优先权客体(分别对应于我国专利制度中的发明、实用新型与外观设计)。

享有优先权的总体原则是在后申请的客体应当与作为优先权基础的首次申请的客体相同。但是《巴黎公约》第 4 条 E 款也作了一些灵活规定:向一个成员国提交一份工业品外观设计申请,要求以一份实用新型为基础获得优先权的,优先权期限应当与以工业品外观设计为基础要求优先权的相同。允许在一个成员国提出一份实用新型申请,要求以专利申请为基础获得优先权;反之亦然。

需要注意的是,对于实用新型和专利,《巴黎公约》中规定了“反之亦然”,即它们可以互为优先权基础,但是对于工业品外观设计和实用新型,并未规定“反之亦然”。这其实很容易理解,以我国为例，我国《专利法》第2条第3～4款规定："实用新型，是指对产品的形状、构造或者其结合所提出的适于实用的新的技术方案；外观设计，是指对产品的整体或者局部的形状、图案或者其结合以及色彩与形状、图案的结合所作出的富有美感并适于工业应用的新设计。"实用新型专利文本中含有外观设计所保护的产品形状，提供有相关附图，但是外观设计专利文本中仅有图片/照片和简要说明，并不含有实用新型所保护的适于实用的新的技术方案，因此，实用新型不能以外观设计为基础获得优先权。

具体到我国，《专利法实施细则》（2010年版）第32条第2款中规定："申请人要求本国优先权，在先申请是发明专利申请的，可以就相同主题提出发明或者实用新型专利申请；在先申请是实用新型专利申请的，可以就相同主题提出实用新型或者发明专利申请。"上述规定未涉及外观设计，而且也仅提及本国优先权。但如前所述，《专利法》（2020年版）新增了外观设计的本国优先权，配套的《专利法实施细则修改建议（征求意见稿）》第32条第2款已修改为："发明或者实用新型专利申请的申请人要求本国优先权，在先申请是发明专利申请的，可以就相同主题提出发明或者实用新型专利申请；在先申请是实用新型专利申请的，可以就相同主题提出实用新型或者发明专利申请。外观设计专利申请的申请人要求本国优先权，在先申请是发明或者实用新型专利申请的，可以就附图显示的相同主题提出外观设计专利申请；在先申请是外观设计专利申请的，可以就相同主题提出外观设计专利申请……"以上直接回答了外观设计优先权的问题，也明确了发明专利申请可以作为外观设计优先权的基础（《巴黎公约》未涉及这一点），至于外国优先权，则可以直接适用《巴黎公约》第4条的规定。

二、期限

《专利法》(2020 年版)第 29 条规定了优先权的期限,对于发明和实用新型专利申请,自优先权日起 12 个月;对于外观设计专利申请,自优先权日起 6 个月。《巴黎公约》还规定了“向一个成员国提交一份外观设计申请,要求以一份实用新型为基础获得优先权的,优先权期限应当与以外观设计为基础要求优先权相同”。

对于上述优先权期限,还需要明确起止日期。《巴黎公约》第 4 条 C 款规定:这些期间应自第一次申请的申请日开始;申请日不应计入期间之内。如果期间的最后一日在请求保护地国家是法定假日或者是主管局不接受申请的日子,期间应延至其后的第一个工作日。在我国,无论是《专利法》还是《专利法实施细则》,并没有针对优先权期限的起止日期做详细规定,但《专利法实施细则》第 5 条规定了针对时间期限的一般原则:“专利法和本细则规定的各种期限的第一日不计算在期限内。期限以年或者月计算的,以其最后一月的相应日为期限届满日;该月无相应日的,以该月最后一日为期限届满日;期限届满日是法定休假日的,以休假日后的第一个工作日为期限届满日。”《专利法实施细则》第 5 条作为一般性的规定,优先权期限也应当遵守。

三、作为优先权基础的首次申请

作为优先权基础的首次申请,顾名思义,其应当是“首次”。《巴黎公约》第 4 条 A 款规定:“与正规的国家申请相当的任何申请,应被承认为产生优先权。其中,正规的国家申请是指在有关国家中足以确定提出申请日期的任何申请,而不问该申请以后的结局如何。”这意味着,作为优先权基础的申请,除了应是“首次”,还应是“正规”申请。我国《专利审查指南》(2010 年版)第二部分第三章第 4. 1. 1 节中规定:“享有外国优先权的发明创造与外国首次申请审批的最终结果无关,只要该首次申请在有关国家或政府间组织中获得了确定的申请日,就可作为要求外国优先权的基础。”根据上述规定,在“有关国家或政府间组织中获得了确定的申请日”的申请即认为是“正规”的申请。

关于“首次”,《巴黎公约》第 4 条 C 款第(4)项规定:“在本联盟同一国家内就第(2)项所称的以前第一次申请同样的主题所提出的后一申请,如果在提出该申请时前一申请已被撤回、放弃或拒绝,没有提供公众阅览,也没有遗留任何权利,而且如果前一申请还没有成为要求优先权的基础,应认为是第一次申请,其申请日应为优先权期间的开始日。在这以后,前一申请不得作为要求优先权的基础。”将《巴黎公约》关于“首次申请”的其他规定与以上“破格”条款结合,如满足如下六个条件,在后申请可以“破格”为首次申请:①在后申请与首次申请针对相同的主题;②在后申请与首次申请在同一成员国提出;③在后申请在首次申请之后的 12 个月或 6 个月之内提出;④在提出在后申请之前,首次申请已经撤回、放弃或者驳回,没有供公众阅览,也没有遗留任何权利;⑤首次申请尚未被用作过要求优先权的基础;⑥在首次申请和在后申请之间的时间间隔中,该申请人也没有向其他成员国提出过申请。由于上述条件非常苛刻,实践中很难遇到“破格”的情况。

我国《专利审查指南》(2010 年版)第二部分第八章第 4. 6. 2 节记载了三项优先权核实内容:(1)作为要求优先权的基础的在先申请是否涉及与要求优先权的在后申请相同的主题;(2)该在先申请是否记载了同一主题的首次申请;(3)在后申请的申请日是否在在先申请的申请日起 12 个月内。可见,“首次”属于必要条件,只不过在大部分案件中,关注焦点都在于“相同主题”的判断,很少从“首次”的角度去考虑。如果能够证明作为优先权基础的在先申请并非“首次”公开“相同主题”,那么该在先申请就不能作为要求优先权的基础,案涉专利将不能享有优先权。为此,《专利审查指南》(2010 年版)第二部分第八章第 4.6.2 节还专门举了一个例子:一件申请 A 以申请人的另一件在先申请 B 为基础要求优先权,在对申请 A 进行检索时审查员找到了该申请人的又一件在申请 A 的申请日和优先权日之间公布的专利申请文件或公告的专利文件 C,文件 C 中已公开了申请 A 的主题,且文件 C 的申请日早于申请 A 的优先权日,即早于申请 B 的申请日,因此可以确定在先申请 B 并不是该申请人提出的记载了申请 A 的相同主题的首次申请,因此申请 A 不能要求以在先申请 B 的申请日为优先权日。

对“首次申请”的核实,最为典型的案例是武田制药阿格列汀系列专利无效案,具体涉及 ZL200680042417.8(母案)、ZL201210399309.3(分案)、ZL201210332271.8(分案)三件专利。在该系列案件中,三件专利的申请日相同,并都要求享有 US60/717558 和 US60/747273 的优先权。无效请求人提交了证据 4(WO2005/095381),证据 4 是专利权人于涉案专利最早优先权日之前提交、在最早优先权日和申请日之间公开的专利申请。请求人主张证据 4 已记载了与涉案专利相同主题的发明,作为涉案专利优先权基础的在先申请并非首次申请,涉案专利的优先权不成立,由此涉案专利的权利要求相对于证据 4 不具备新颖性。最终,专利复审委员会认为证据 4 记载了与两分案相同的技术方案(相同主题的判断将在下面详细论述),宣告两专利无效。之后武田制药提起了行政诉讼,2020 年 10 月 26 日北京知识产权法院针对 ZL201210399309.3、

ZL201210332271.8两件专利相关的行政纠纷案作出一审判决［(2019)京73行初9748号、(2019)京73行初9751号］，维持了专利复审委员会的无效决定。

四、"相同主题"的判断

"相同主题"的判断是优先权制度中的重点和难点。

什么是"主题"？《专利审查指南》(2010年版)第二部分第八章第4.6.2节中规定，进行上述第(1)项(本部分本章节)核实，即判断在后申请中各项权利要求所述的技术方案是否清楚地记载在上述在先申请的文件(说明书和权利要求书，不包括摘要)中。为此，审查员应当把在先申请作为一个整体进行分析研究，只要在先申请文件清楚地记载了在后申请权利要求所述的技术方案，就应当认定该在先申请与在后申请涉及相同的主题。简言之，对在后申请来说，所谓"主题"是指在后申请的各项权利要求所要求保护的技术方案。对在先申请来说，所谓"主题"是指在先申请整个申请文件所公开的内容，其中包括说明书、附图和权利要求书。

什么是"相同"？《专利审查指南》(2010年版)第二部分第三章第4.1.2节中规定"专利法第二十九条所述的相同主题的发明或者实用新型，是指技术领域、所解决的技术问题、技术方案和预期的效果相同的发明或者实用新型"。看到上述定义，很容易联想到发明或实用新型的新颖性判断标准。《专利审查指南》(2010年版)第二部分第三章第3.1节中规定"如果其技术领域、所解决的技术问题、技术方案和预期效果实质上相同，则认为两者为同样的发明或实用新型"。优先权中是"相同"，新颖性中是"实质上相同"，本书认为，这可以明显看出优先权判断中要求更为严格，其排除了新颖性判断中被视为"同样的发明或实用新型"的"上位概念和下位概念”、“惯用手段的直接置换”和“数值范围交叉或部分重叠”等情况。

根据《专利审查指南》(2010 年版)第二部分第八章第 4.6.2 节中的规定:如果在先申请对上述技术方案中某一或者某些技术特征只作了笼统或者含糊的阐述,甚至仅仅只有暗示,而要求优先权的申请增加了对这一或者这些技术特征的详细叙述,以至于所属技术领域的技术人员认为该技术方案不能从在先申请中直接和毫无疑义地得出,则该在先申请不能作为在后申请要求优先权的基础。“直接和毫无疑义地得出”是修改超范围相关规定中的典型用语,而审查实践中,判断基准也确实是参照《专利审查指南》关于“对权利要求的修改是否超范围”的实质要求来进行。

考虑到“相同主题”的重要性,下面结合几个具体案例进一步进行说明。

案例一　治疗妇科疾病的栓剂及其制备工艺①

被诉决定系专利复审委员会针对双升公司就长生公司拥有的专利号为 03143332.4、名称为“治疗妇科疾病的栓剂及其制备工艺”的发明专利(以下简称本专利)所提无效请求作出的。本专利权利要求 1 请求保护一种治疗妇科疾病的栓剂,其特征在于:其由下述原料制成:苦参 200 ~ 1000g,百部 100 ~ 500g,蛇床子 100 ~ 500g,仙鹤草 100 ~ 500g,紫珠 100 ~ 500g,白矾 5 ~ 20g,硼酸 10 ~ 100g,冰片 5 ~ 20g,樟脑 5 ~ 20g,加甘油明胶基质制成。

证据 13 为本专利作为优先权基础的在先申请,其公开了一种

① 参见北京知识产权法院行政判决书,(2019)京 73 行初 7334 号。

治疗妇科疾病的栓剂，其特征在于：其组分用量为：苦参 200 ~ 1000g，百部 100 ~ 500g，蛇床子 100 ~ 500g，仙鹤草 100 ~ 500g，紫珠 100 ~ 500g，白矾 5 ~ 20g，硼酸 10 ~ 100g，冰片 5 ~ 20g，樟脑 5 ~ 20g，加甘油明胶基质制成。

双升公司认为本专利的权利要求 1 将优先权文本中的"其组分用量为"修改为"由下述原料制成"，其他技术特征未做修改。优先权文本中的"组分"是指产品的直接组成部分；本专利中的"由下述原料制成"，是指采用下述原料制备而成，该原料并非栓剂的直接组成部分。在二者并不相同的情况下，本专利权利要求 1 与优先权文本中的技术方案并不相同，并且双升公司表示存在将上述中药材打粉处理后制作栓剂的可能。

优先权中所谓的相同，并不意味着文字记载和叙述方式完全一致，而应该以本领域技术人员的角度去判断是否相同。就本案而言，优先权文本中采用的表述为"其组分用量为"，因该组分是"一种治疗妇科疾病的栓剂"的组分，而该技术方案中的各种组分是中药材，上述中药材如果不经处理基本上无法直接制作栓剂，因此，本领域技术人员不会将上述组分理解为栓剂的直接组成部分，而会将其理解为制备栓剂的原料。该案件中，北京知识产权法院基本也持上述观点，最终驳回了原告双升公司的诉讼请求。

案例二　烟酰胺类衍生物的甲磺酸盐 A 晶型及其制备方法和应用[①]

被诉决定系专利复审委员会针对江苏恒瑞公司就上海宣创公

① 参见北京知识产权法院行政判决书，(2017)京 73 行初 9107 号。

司拥有的专利号为201510398190.1、名称为“烟酰胺类衍生物的甲磺酸盐A晶型及其制备方法和应用”的发明专利(以下简称本专利)提出的无效宣告请求所作出的。

本案中,上海宣创公司认为,本专利优先权文本公开了阿帕替尼甲磺酸盐晶型A的制备、确认及效果,其与本专利的晶型A完全一样。本专利与优先权是相同主题的同一发明,通过晶型A的XRPD指纹图谱已经能够确认本专利的晶型A,包括其一水合物的性质,二者属于相同主题的发明,可以享有优先权。而专利复审委员会及江苏恒瑞公司均认为,权利要求3保护的技术方案并未在优先权文件中记载,根据优先权文本记载的信息,无法得到其晶体为一水合物甲磺酸盐的技术内容,尽管对于化合物晶体而言XRPD图谱通常具有指纹性,但是在水合物的场合,具有相同XRPD衍射峰的水合物晶体并不必然具有相同的水含量并属于相同的水合物,且所述水含量范围与一水合物并非一一对应,本专利权利要求3的“一水合甲磺酸盐”与实施例具体制备的晶型并非等价的。因此,权利要求3不能享受优先权。

优先权制度是为方便专利申请人在不同国家和地区申请专利提供便利的程序性设计,必须受先申请原则的限制,在优先权日以后所作的任何改进,包括扩大保护范围和增加新的技术特征等,都不能享受在先申请的优先权,以避免这一制度为申请人带来不应有的利益,损害社会公众利益。就本案而言,本专利权利要求3相对于优先权文件增加了关于“一水合甲磺酸盐”的内容。“一水合甲磺酸盐”是指每1摩尔甲磺酸盐含有1摩尔水,其含水量是确定的一个具体点值,根据甲磺酸阿帕替尼分子量为493.58可计算出一水合甲磺酸盐的含水量应为18/(493.58+18)≈3.52%,权利要求3

限定为“一水合甲磺酸盐”相当于是在证据1(在先申请)的基础上进一步限定了具体的含水量,但是证据1中并未记载具有该含水量的甲磺酸盐晶体,证据1实施例1~实施例3所制得晶体的含水量均与之存在较大差异,因此“一水合甲磺酸盐”属于在证据1的基础上新增加的技术内容。由于非化学计量类水合物是本领域中常见现象,证据1中的含水量范围与一水合物并非唯一对应关系,本专利权利要求3将不明确的比例关系限定为明确的比例关系,不属于从证据1记载的内容中能够直接、毫无疑义得到的技术内容。最终,法院认定权利要求3不能享受在先申请证据1的优先权。

案例三 阿格列汀系列[①]

回到前面已提及的武田制药阿格列汀系列专利无效案。该案的关键点在于:三件专利(一件母案,两件分案)的优先权基础是否为“首次”申请,如证据4(涉案专利最早优先权日之前提交、在最早优先权日和申请日之间公开的专利申请)为首次申请,则三件专利不享有其主张的US60/717558和US60/747273两项专利的优先权。因此,判断要点成为:证据4是否与三件专利属于相同主题(隐含的逻辑是:如果属于,则证据4为首次申请,专利权人主张的优先权基础因不是首次申请而不成立)。

ZL200680042417.8(母案)权利要求1请求保护配制成单剂量形式的药物组合物,其中该单剂量形式含有5毫克和250毫克

① 参见北京知识产权法院行政判决书,(2019)京73行初9748号;北京知识产权法院行政判决书,(2019)京73行初9751号。

之间的化合物 I，化合物 I 具有下式结构：

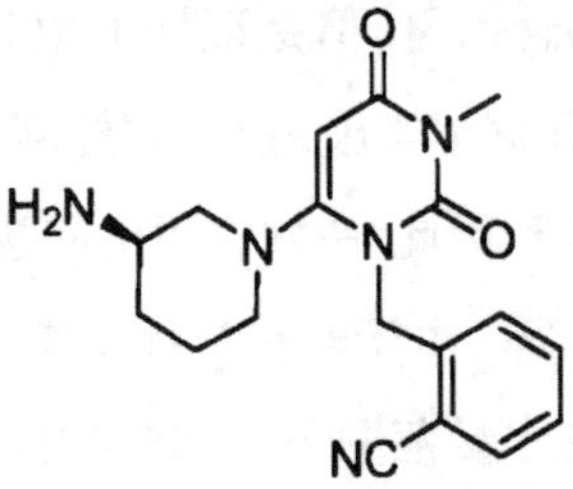

ZL201210399309.3（分案）权利要求 1 请求保护化合物 I 在制备药物组合物中的用途，所述药物组合物通过口服给予日剂量为 5 毫克至 250 毫克的化合物 I 用于治疗Ⅱ型糖尿病，其中化合物 I 具有下式结构（结构式同上）。

ZL201210332271.8（分案）权利要求 1 请求保护药物组合物，其包含具有下式结构的化合物 I（结构式同上）和药学上可接受的载体，其中化合物 I 以药学上可接受的盐或游离碱的形式存在，并且以 5 毫克至 250 毫克的日剂量给药。

证据 4（WO2005/095381，涉案专利最早优先权日之前提交的在先申请）从整体上给出了化合物 I 或其可药用盐是选择性 DPP－Ⅳ抑制剂、能用于治疗包括糖尿病在内的相关疾病，且可以添加辅料制备成适用于口服给药的药物组合物的技术内容，但其并未公开单剂量/日剂量形式含有 5 毫克至 250 毫克的化合物 I。

对于两件分案，北京知识产权法院认为“日剂量为 5 毫克至 250 毫克”属于用药特征，其仅体现于医生的用药过程，对于药物的组成和结构没有限定作用，也不会对制药用途权利要求中涉及的药物制备过程特征或适应症特征产生限定作用，因此对保护范围没有实质影响。法院最终认定“证据 4 构成本专利保护方案的相同主题的首次申请，本专利权利要求 1 不能享有两件在先申请的优先权”(与专利复审委员会的观点相同)。

对于母案(截至 2021 年 6 月 13 日,并未检索到该案的诉讼信息),无效程序中,合议组认为权利要求 1 中限定的“单剂量形式”是一种产品限定而非给药方法,其区别于包含多个剂量适合多次给药的多剂量形式的产品,因此,证据 4 没有披露与本专利权利要求 1 相同的主题,不能影响权利要求 1 享有的优先权。

以上决定涉及了关于医药用途发明的一项特殊规定。《专利审查指南》(2010 年版)第二部分第十章第 5.4 节规定:“对于涉及化学产品的医药用途发明,其新颖性审查应考虑以下方面:……(4)给药对象、给药方式、途径、用量及时间间隔等与使用有关的特征是否对制药过程具有限定作用。仅仅体现在用药过程中的区别特征不能使该用途具有新颖性。”

阿格列汀系列专利无效案还有一个值得探讨的地方,即在后申请增加新的实验数据对优先权的影响。该案中,证据 4 的说明书中记载了本发明化合物表现出选择性 DPP－4 抑制活性,对 DPP－4 的表观抑制常数(Ki)在约 10－9M 至约 10－5M 的范围内。ZL200680042417.8(母案)及 ZL201210399309.3(分案)、ZL201210332271.8(分案)说明书中除了验证 DPP－4 抑制活性外,还进一步针对新诊断的Ⅱ型糖尿病患者展开临床试验,使用本发明化合物的三个剂量水平进行双盲、安慰剂对照、重复剂量、多中心研究,证实了降血糖效果;并针对小鼠开展了本专利化合物与吡格列酮、本专利化合物与伏格列波糖药物联用的研究,显示出优异的降血糖效果。专利复审委员会和法院均认为本领域技术人员结合常识并根据证据 4 的整体记载足以确认,具有 DPP－4 抑制活性意味着可以通过抑制 DPP－4 对 GLP－1 的裂解,从而刺激胰岛素分泌、抑制高血糖素分泌等机制来降低血糖,进而用于治疗Ⅱ

型糖尿病。因此,将证据4作为一个整体进行分析,本领域技术人员能够确认,包含化合物4的药物组合物适用于Ⅱ型糖尿病的治疗。即新增实验数据是对证据4已验证阿格列汀技术效果的进一步丰富和完善,二者技术效果未发生"质"或"量"的变化,未产生新的技术效果,因此这不影响优先权的认定。

五、部分优先权与多项优先权

《巴黎公约》第4条F款规定:"本联盟的任何国家不得由于申请人要求多项优先权(即使这些优先权产生于不同的国家),或者由于要求一项或几项优先权的申请中有一个或几个要素没有包括在作为优先权基础的申请中,而拒绝给予优先权或拒绝专利申请,但以在上述两种情况都有该国法律所规定的发明单一性为限。"

我国《专利法实施细则》第32条第1款规定:"申请人在一件专利申请中,可以要求一项或者多项优先权;要求多项优先权的,该申请的优先权期限从最早的优先权日起计算。"

我国《专利审查指南》第二部分第三章第4.1.4节有关于外国多项优先权和外国部分优先权的规定:(1)要求多项优先权的专利申请,应当符合《专利法》第31条及《专利法实施细则》第34条关于单一性的规定。(2)作为多项优先权基础的外国首次申请可以是在不同的国家或政府间组织提出的……如果中国在后申请记载的一项技术方案是由两件或者两件以上外国首次申请中分别记载的不同技术特征组合成的,则不能享有优先权。(3)要求外国优先权的申请中,除包括作为外国优先权基础的申请中记载的技术方案外,还可以包括一个或多个新的技术方案。

我国《专利审查指南》第二部分第三章第4.2.4节有关于本国多项优先权和本国部分优先权的规定,并明确了《专利法实施细则》第32条第1款的规定不仅适用于外国多项优先权,也适用于本国多项优先权。

在核实部分优先权和多项优先权时,仍然应当判断在后申请中各项权利要求所述的技术方案是否清楚地记载在上述在先申请的文件(说明书和权利要求书,不包括摘要)中,以权利要求中具有并列选择关系的技术方案作为优先权核实的最小单位。但是在涉及马库什权利要求时,范围内所包含的每个具体实施方式是否均应被认定为单独的技术方案,部分优先权如何认定仍然是难点,下面本书结合具体案例进行说明。

该案涉及名称为“核苷酸类似物”、专利号为97197460.8的发明专利,专利权人为吉联亚公司(由吉里德科学公司变更而来)。[1] 吉联亚公司因发明专利权无效宣告请求行政纠纷一案,不服北京知识产权法院(2015)京知行初字第1297号行政判决,向北京市高级人民法院提起上诉。该案的审理焦点涉及马库什权利要求优先权的认定问题。

专利复审委员会认为本专利的授权公告文本与其声称的优先权文件之间至少存在如下区别:(1)两个通式(Ia)的基本结构不同。本专利权利要求1中的式Ia为A-O-CH2-P(O)[-OC(R2)2OC(O)X(R)a](Z)……“C”可以同时连接两个均不为H的基团;而优先权文件中的式Ia为A-CH(R2)OC(O)X(R)n-Z……相同位置上的“C”上仅能连接一个不为H的基团,可见,本专利的式Ia和优先权文件中的式Ia不同。(2)两个通式(Ia)使用的取代基定义不同。(3)本专利权利要求3定义取代基R时涉及了多种取代或未取代的基团,而优先权文件中相应的通式化合物

① 参见北京市高级人民法院行政判决书,(2017)京行终1806号。

(1)定义的 R 仅包括 C1 ~ C10 烷基。基于上述理由,专利复审委员会认为本专利权利要求 1 和 3 不能享有 US 08/686,838 的优先权。

北京知识产权法院的观点是马库什这一概括式权利要求所保护的仅应是各可选项所具有的基本相同的共性,至于各具体选择项同时具有其各自特性,以及该特性使不同选择项在相配合时可能出现的不同的技术效果,均非专利权人的技术贡献。因此,将马库什权利要求中各可选项中进行不同排列组合最终得出的各具体化合物不能当然视为若干单独的技术方案,马库什权利要求亦并非必然是多个并列技术方案的集合。在对马库什权利要求进行优先权核实时,原则上应以整个权利要求,而非该权利要求中所包括的具体化合物作为对比依据。就本案而言,北京知识产权法院认定吉联亚公司关于马库什权利要求应被视为若干并列技术方案的集合的理由不能成立。

北京市高级人民法院则认为马库什权利要求不同于一般的概括式权利要求,例如,上位概念的概括、连续数值范围的概括。马库什权利要求是为了解决无法抽象为某一特定上位概念的概括形式而设立的权利要求的类型,因此,其与上位概念概括的抽象程度和概括程度均有不同。基于马库什权利要求的特殊性,在特定情况下,不排除马库什权利要求包含数量有限且清晰可分的并列选择关系的技术方案,此时,马库什权利要求可以享受部分优先权。对马库什权利要求进行部分优先权核实时,可以遵循以下方法:首先,确定主张优先权的技术方案在后专利申请的马库什权利要求中是否可分,例如,如果这种拆分方式使主张优先权的部分或者拆分后部分相当于数个具体的化合物,则不宜认为该技术方案是可分的,除非这些具体化合物是专利申请文件已经明确记载的。其次,确定主张优先权的技术方案是否为优先权文件的直接的毫无疑义的记载和披露,并判断主张优先权的技术方案是否超出优先权文件的记载。就本案而言,北京市高级人民法院认为专利复审委员会仅以本专利权利要求1、3公开的马库什通式结构与优先权文件公开的马库什通式结构存在差别就认定两者不是相同主题,未考虑马库什权利要求的特性,未区分马库什权利要求中可能包含的并列选择关系的技术方案,其相关认定不当。

专利97197460.8的申请日为1997年7月25日,北京市高级人民法院的裁判日期为2017年12月19日,此时专利权期限已经届满,后续并未检索到专利复审委员会就该无效宣告请求重新作出决定。另外,在该案裁判仅一天之后(2017年12月20日),最高人民法院就(2016)最高法行再41号作出判决,该案对理解北京市高级人民法院、最高人民法院对马库什权利要求的定性具有重要影响,因此也一并予以分析。

该案涉及申请日为1992年2月21日、名称为"用于治疗或预防高血压症的药物组合物的制备方法"的第97126347.7号发明专利,专利权人为第一三共株式会社。本专利授权公告的权利要求书为:(1)一种制备用于治疗或预防高血压的药物组合物的方法,该方法包括将抗高血压剂与药物上的可接受的载体或稀释剂混合,其中抗高血压剂为至少一种如下所示的式(Ⅰ)化合物或其可用作药用的盐或酯,其中:R1代表具有1~6个碳原子的烷基……

无效程序中,第一三共株式会社进行了如下修改:(1)删除了权利要求1中"或其可作药用的盐或酯"中的"或酯";(2)删除了权利要求1中R4定义下的"具有1~6个碳原子的烷基";(3)删除了权利要求1中R5定义下除羧基和式COOR5a[其中R5a为

(5－甲基－2－氧代－1,3－二氧杂环戊烯－4－基)甲基]外的其他定义。专利复审委员会只接受上述修改情形(1)。

北京市第一中级人民法院在案件审理中认定对马库什权利要求中马库什要素的删除并不直接等同于并列技术方案的删除，不符合2002年修订的《专利法实施细则》第68条的规定。

北京市高级人民法院持不同观点，其认为允许修改的界限在于不得使修改后的权利要求成为说明书中未载明的具体化合物，否则，就会使针对马库什权利要求的选择发明失去存在的基础。无论在专利授权审查程序中，还是在无效程序中，均应当允许专利申请人或专利权人删除任一变量的任一选择项，这种删除属于技术方案的删除。结合前述(2017)京行终1806号案，可以看出北京市高级人民法院认为马库什权利要求包含具有并列选择关系的技术方案，能否修改关键在于判断修改后是否相当于保护说明书中未载明的具体化合物，如果是则不能修改，(潜台词是)如果不是则允许修改(由于优先权是按照修改超范围的标准，因此具有类比性)。

而最高人民法院认定马库什权利要求应当被视为马库什要素的集合，而不是众多化合物的集合。通常而言，马库什要素应当理解为具有共同性能和作用的一类化合物。如果认定马库什权利要求所表述的化合物是众多化合物的集合，就明显与单一性要求不符，因此二审判决(北京市高级人民法院的判决)认为马库什权利要求属于并列技术方案不妥，应当予以纠正。允许对马库什权利要求进行修改的原则应当是不能因为修改而产生新性能和作用的一类或单个化合物，但是同时也要充分考量个案因素。如果允许专利申请人或专利权人删除任一变量的任一选择项，即使该删除使权利要求保护范围缩小，不会损伤社会公众的权益，但是由于是否会因此产生新的权利保护范围存在不确定性，不但无法给予社会公众稳定的预期，也不利于维护专利确权制度稳定。

在上述案件中，最高人民法院否定了北京市高级人民法院认为马库什权利要求属于并列技术方案的观点，明确了马库什权利要求应当被视为马库什要素的集合。并提出专利权是对某项权利的垄断，专利权人所享有的权利范围越大，社会公众所受的限制也就越多，因此，从公平角度出发，对马库什权利要求的解释应当从严。

是否允许对马库什权利要求进行修改以及关于本书所讨论的是否允许主张优先权，归根结底是如何平衡专利权人利益与社会公众利益的问题。北京市高级人民法院之所以允许一定条件的修改，是因为其考虑到“由于现有技术范围广泛，任何人均不可能检索到所有的现有技术。如果将授权后的马库什权利要求视为一个整体技术方案而不允许删除任一变量的任一选择项，那么专利权人获得的专利权势必难以抵挡他人提出的无效请求。专利权人无法预料专利申请日前是否存在某个落入专利保护范围的具体技术方案，那么其获得的专利非常容易被宣告无效，所谓马库什权利要求就失去其存在的意义”。而专利复审委员会和北京知识产权法院则考虑“如果允许任意删除，专利权人可以通过删除不同层级、不同数量的可变量或可选项之后构建得到新的中间范围的马库什权利要求。允许任一变量的任一项修改实际上给出了马库什化合物专利申请撰写有一项权利要求就足矣的导向，而且也使社会公众利益受损”。

第七章　医药专利创造性判断中的“商业成功”

“商业成功”是专利创造性判断的辅助因素之一。《专利审查指南》明确规定，发明是否具备创造性，通常应当根据第二部分第一章第3.2节所述的审查基准（“三步法”）进行审查。应当强调的是，当申请属于以下情形时，审查员应当予以考虑，不应轻易作出发明不具备创造性的结论……其中，“发明在商业上获得成功”即为情形之一。

以上对“商业成功”作为专利创造性判断辅助因素的定位也在司法实践中予以遵循。国家知识产权局与胡某、深圳市恩普电子技术有限公司实用新型专利权无效行政纠纷案[①]（以下简称超声检测仪案）中，最高人民法院指出，对技术方案创造性的评价，一般会从对现有技术作出贡献的角度出发，采取相对客观的“三步法”判断方

---

① 参见最高人民法院行政判决书（2012）行提字第8号。

式,判断要求保护的技术方案是否对现有技术构成了实质上的"贡献",从而决定是否对其授予专利权。当采取"三步法"难以判断技术方案的创造性或者得出技术方案无创造性的评价时,从社会经济的激励作用角度出发,商业上的成功就会被纳入创造性判断的考量因素。

既然"应当"予以考虑,实践中又在多少案件中被实际考虑?未被考虑的原因是什么?企业应如何基于商业成功主张创造性?本书针对医药领域案件,对这些问题予以解答。

一、涉及商业成功的医药领域案件

经初步检索及人工筛选,共获得 22 件涉及商业成功的医药领域行政诉讼案件及 29 件无效案件(见表 7－1)。

表 7－1　涉及商业成功的医药领域案件

案号	商业成功相关证据	商业成功认可度[1]	与专利关联性[2]
(2012)知行字第 75 号	各种有关科技/财富成长的企业排名、近 5 年的公司财务收入、"克必信"药品的收入、各种有关卡比斯特公司销售业绩的评论/报道、"克必信"药品开发和营销许可的报道等	认可	不认可
(2016)最高法行申 2158 号	盐酸达泊西汀治疗早泄的临床研究进展相关论文、"必利劲"发力中国市场以及药品销售排行榜的网络文章等	认可	不认可
(2018)最高法行申 4176 号	Spiolto ® Respimate ®的销售量、市场份额,Striverdi ® Respimate ®的上市情况,各种有关 COPD、噻托溴铵/奥达特罗、治疗效果的评论/报道等	涉及两个药品,一个认可,一个不认可	不认可

续表

案号	商业成功相关证据	商业成功认可度	与专利关联性
(2011)行提字第8号	专利实施许可、专利侵权纠纷;产品市场和商业价值分析	不认可	不认可
(2016)最高法行申3214号	产品说明书、销售数据、获奖报道等	认可	不认可
(2020)最高法知行终258号	临床试验进展、政府资助、癌症范围广、效果好	不认可	不认可
(2013)高行终字第1602号	本发明解决了长期以来未解决的问题,具有预料之外的效果,并且显示出潜在的商业成功	未评述	未评述
(2017)京行终3668号	未提供具体证据	未评述	未评述
(2016)京行终1448号	解决了长期以来未解决的技术难题,目前该药被推荐为艾滋病的一线用药	不认可	不认可
(2017)京行终2871号	涉案发明解决了本领域长期渴望解决但始终未能成功的技术难题,但没有证据	未评述	未评述
(2008)高行终字第524号	未提供商业成功证据,一审中曾提到:有关证人证言等对阿伦膦酸药品业绩的证明	未评述	未评述
(2015)高行(知)终字第309号	产品说明书、销售数据、获奖报道等证据	认可	不认可
(2017)京行终3046号	提供《替换稀有密码子提高HBsAg在CHO细胞中的表达量》等6篇文献(主要涉及技术问题方面,非市场证据)	不认可	不认可

续表

案号	商业成功相关证据	商业成功认可度	与专利关联性
(2011)高行终字第 1737 号	未提供具体证据	不认可	不认可
(2018)京 73 行初 4315 号	未提供具体证据,泛泛提及商业成功:最终合成产物替格瑞洛在商业上获得了巨大的成功,且这种成功正是由替格瑞洛与最接近现有技术之间的区别技术特征带来的	未明确	不认可
(2018)京 73 行初 753 号	销售业绩等	未评述	未评述
(2018)京 73 行初 12238 号	提及优越的临床效果	不认可	不认可
(2016)京 73 行初 5923 号	反证 6 表明本专利的菌毛株制成的制剂取得了巨大的商业成功	未评述	未评述
(2008)一中行初字第 399 号	有关证人证言等对阿伦膦酸药品业绩的证明	未明确	不认可
(2016)京 73 行初 985 号	未提供具体证据,提及涉案发明解决了本领域长期渴望解决但始终未能成功的技术难题	未评述	未评述
(2011)一中知行初字第 348 号	未提供具体证据	不认可	不认可
(2007)一中行初字第 540 号	该药物被有关当局批准作为不能手术切除的恶性胸膜间皮瘤的一线治疗药物;《癌症进展杂志》介绍了培美曲塞单药或联合化疗的Ⅱ期和Ⅲ期临床研究等	未评述	未评述

续表

案号	商业成功相关证据	商业成功认可度	与专利关联性
第 27371 号无效决定	未提供具体证据	不认可	不认可
第 27550 号无效决定	年度审计报告、广西增值税专用发票、安徽增值税专用发票、桂林中南药业有限公司出库单	未评述	未评述
第 16125 号无效决定	反证 4:CN101822743A 发明专利申请公开说明书(复印件共 16 页),用于证明本专利取得了商业上的成功	未评述	未评述
第 49805 号无效决定	仑伐替尼的研发上市取得巨大的商业成功	未评述	未评述
第 23363 号无效决定	专利许可、2013 年半年报、相关期刊文章的报道	认可	不认可
第 23217 号无效决定	2010 年度销售额 Top200 商标名药物排序表,产品上市相关信息;FDA 批准的相关信息;其他人/组织/机构的赞扬	认可	不认可
第 45734 号无效决定	没有具体证据,仅强调产品上市解决了人们一直渴望解决但始终未能获得成功的技术难题,并在商业上获得成功	未评述	未评述
第 27258 号无效决定	荣获专利金奖、销售额、各种新闻报道、2014 年中国潜力企业榜、新药证书	认可	认可
第 40511 号无效决定	药品销售额等	不认可	不认可
第 10569 号无效决定	有关证人证言等对阿伦膦酸药品业绩的证明	未评述	未评述

续表

案号	商业成功相关证据	商业成功认可度	与专利关联性
第 38489 号无效决定	中国专利优秀奖等各种获奖证书;国家科学技术进步证书;新药证书;医院提供的产品用户使用意见;市场份额、增长率等的报道	不认可	不认可
第 38074 号无效决定	左旋奥硝唑作为一类新药成功上市同时被评为重点新产品、重大专项项目等	未评述	未评述
第 38076 号无效决定	左旋奥硝唑作为一类新药成功上市同时被评为重点新产品、重大专项项目等	未评述	未评述
第 9158 号无效决定	国家药品监督管理局国家药品标准(新药试行标准转正式标准)颁布件(2001)国药标字 Z－29 号(药品名称:养血清脑颗粒)	未评述	未评述
第 37674 号无效决定	恩杂鲁胺的相关新闻报道;财务业绩、获奖情况等	认可	不认可
第 38507 号无效决定	对恩杂鲁胺研究团队的表彰、研究状况的综述等	不认可	不认可
第 9197 号无效决定	提及证据 3 公开的化合物无论是在技术上还是在商业上均未获得成功,而本专利的化合物获得了极大的成功	不认可	不认可
第 25379 号无效决定	专利产品年销售额已达到 1000 多万元	未明确	不认可
第 29543 号无效决定	专利实施许可合同和请求人对该专利产品进行宣传的报纸	不认可	不认可
第 20990 号无效决定	在世界卫生组织发布的艾滋病治疗指南和中国艾滋病诊疗指南中均被推荐为一线治疗方案	不认可	不认可

续表

案号	商业成功相关证据	商业成功认可度	与专利关联性
第 22791 号无效决定	在世界卫生组织发布的艾滋病治疗指南和中国艾滋病诊疗指南中均被推荐为一线治疗方案	不认可	不认可
第 22284 号无效决定	在世界卫生组织发布的艾滋病治疗指南和中国艾滋病诊疗指南中均被推荐为一线治疗方案	不认可	不认可
第 29450 号无效决定	专利产品已经得到产业化实施并上市销售;国家食品药品监督管理局药物临床试验批件等	不认可	不认可
第 10960 号无效决定	未提供具体证据	未评述	未评述
第 36326 号无效决定	获得第 21 届专利金奖;新药证书;题为“2012 年中国十大重磅处方药名单”的网络新闻报道;国家重点新产品证书;江苏省经济和信息化委员会新技术鉴定意见	未评述	未评述
第 33738 号无效决定	艾普拉唑 2015 年获得的收益	认可	不认可
第 26772 号无效决定	未提供具体证据	未评述	未评述
第 7602 号无效决定	双唑泰泡腾片各类奖励证书等	未评述	未评述
第 49520 号无效决定	未提供具体证据	不认可	不认可

[1]此处商业成功区别于专利法意义上的商业成功,仅指确实有商业上的成功存在,而不论其原因是否与专利技术对应。

[2]“关联性”指商业上的成功是否与案涉专利对应/相关联。

这 51 个案件中,认可商业成功的 9 件(区别于专利法意义上的商业成功，仅指确实有商业上的成功存在，而不论其原因是否与专利技术对应），而最终得到支持的仅1件。

该唯一得到支持的案件（第27258号无效决定）涉及发明名称为“新型作为酪氨酸激酶抑制剂的稠合的喹唑啉衍生物”、申请号为03108814.7的专利，专利权人为贝达药业股份有限公司。请求人针对案涉专利提出无效宣告请求，专利权人提供荣获专利金奖、销售额、各种新闻报道、2014年中国潜力企业榜、新药证书等证据证明专利化合物商业上获得成功，进而论证专利化合物具备创造性。合议组认为就专利权利要求9所保护的化合物特别是权利要求9的最后一个化合物（埃克替尼）而言，该药品于2011年6月获得新药证书、8月上市，当年销售额即为6000万元人民币，两年后年销售额则近5亿元人民币，由此可见，该药品确实于短时间内在商业上获得成功，故埃克替尼于短时间内在商业上获得成功也佐证了本发明化合物具有创造性，佐证了本发明的发明构思相对于现有技术是有贡献的。该案件还提到，“由于药物化学领域是严重依赖技术支持、技术革新的领域，只有研发出确实安全有效的药物时，所述药物才能被批准上市才能被广大病患所接受，进而产生相应的商业效益”。由此可见，医药领域主张“商业成功”对创造性的支撑是可行的。①

既然可行，以“商业成功”佐证专利创造性，为什么总是不成功呢？

---

① 有趣的是，在第38507号无效决定中，专利权人也提供了商业成功的证据，并且引用第27258号案件以支持自己的主张，合议组认为，“反证9（第27258号案件）和审理的案件情形不同，反证9的化合物本身就具备创造性，在此基础上讨论了其商业成功是源于技术原因，从而可以佐证其具备创造性，而不是仅以商业成功作为判断创造性的标准”。

二、"商业成功"的认定

《专利审查指南》及司法判例对如何判断商业成功给出了指引。

《专利审查指南》规定:"当发明的产品在商业上获得成功时,如果这种成功是由于发明的技术特征直接导致的,则一方面反映了发明具有有益效果,同时也说明了发明是非显而易见的,因而这类发明具有突出的实质性特点和显著的进步,具备创造性。但是,如果商业上的成功是由于其他原因所致,例如,由于销售技术的改进或者广告宣传造成的,则不能作为判断创造性的依据。"

在贝林格尔英格海姆法玛两合公司与国家知识产权局驳回复审行政纠纷案(以下简称奥达特罗案)①中,最高人民法院指出,相比相对客观的"三步法"而言,对商业成功的审查应当秉持相对严格的标准。当申请人主张其发明获得了商业上的成功时,应当审查以下方面内容:其一,相关证据能否证明与发明对应的技术方案取得了商业上的成功。其二,该商业上的成功是否源于发明的技术方案相对现有技术作出改进的技术特征,而非其他因素所导致。相应地,必须对发明取得商业成功的原因进行分析,排除销售策略或广告宣传等技术特征之外的其他因素对发明取得商业成功的影响,只有在发明的技术方案与现有技术的区别技术特征之间存在直接的因果关系的情形下,才能反推发明的技术方案是非显而易见的,从而认定发明具有创造性。

总结《专利审查指南》相关规定以及最高人民法院的观点,并

---

① 参见最高人民法院再审审查与审判监督行政裁定书,(2018)最高法行申4176号。

基于对案件的梳理和分析，笔者认为，证明“商业成功”需要满足以下四个条件：(1)存在商业上的成功(以下简称条件1)；(2)商业上的成功与发明的技术方案有对应性(以下简称条件2)；(3)商业上的成功源于发明的技术方案相对现有技术作出改进的技术特征(以下简称条件3)；(4)合理排除其他原因如销售技术或者广告宣传的影响(以下简称条件4)。

以下将结合4个医药领域案件进行具体说明。

案例一 达托霉素案

达托霉素(Daptomycin)是卡比斯特(Cubist)公司开发的环脂肽类抗生素。2003年年底，美国FDA经过快速审理程序批准注射用达托霉素(商品名cubicin，克必信)，临床用于治疗由革兰氏阳性敏感菌株引起的并发性皮肤及皮肤结构感染。2014年默沙东以95亿美元收购卡比斯特公司，获得克必信产品。根据公开资料，克必信2016年全球销售额超过10亿美元。

达托霉素最早是由礼来公司研发，但礼来公司在临床研究中发现当使用达托霉素治疗深度细菌感染的患者时，高频率给药治疗一段时间后，部分患者会出现短暂的肌肉无力和疼痛等不良反应，并产生附带的骨骼肌毒性，无法开展临床应用。卡比斯特公司接手后继续开发，通过低频率高浓度方式给药能够将患者的骨骼肌毒性降低到最低限度。基于该研发成果，卡比斯特公司于1999年9月24日向国家知识产权局申请了名为“抗生素的给药方法”的发明专利，并于2004年5月19日获得授权，专利号为99812498.2。

请求人于2008年6月4日向专利复审委员会提出专利权无

效宣告请求。专利复审委员会于 2009 年 4 月 7 日作出宣告第 99812498.2 号发明专利权全部无效的决定。① 无效决定作出后，卡比斯特公司向北京市第一中级人民法院提起行政诉讼，②一审败诉后又向北京市高级人民法院提起上诉，但二审驳回上诉，维持原判。③ 2012 年，卡比斯特公司向最高人民法院申请再审。④

最高人民法院认可卡比斯特公司提交的近 5 年公司财务收入、"克必信"药品收入、各种有关卡比斯特公司销售业绩的评论/报道等证据，认为其能够证明"克必信"药品已取得商业上的成功，即满足条件 1。

克必信是用于治疗细菌感染的药物，其有效成分为潜霉素（达托霉素），而案涉专利保护的是潜霉素在制备用于治疗有此需要的患者细菌感染的药剂中的用途，商业上的成功与发明的技术方案有对应性，即满足条件 2。

对于条件 3，应当首先找出"发明的技术方案相对现有技术作出改进的技术特征"，其次再去判断商业上的成功是否源于改进。就达托霉素案而言，案涉专利权利要求 1 主张"潜霉素在制备用于治疗有此需要的患者细菌感染而不产生骨骼肌毒性的药剂中的用途，其中用于所述治疗的剂量是 3～25mg/kg 的潜霉素，其中重复给予所述的剂量，其中所述的剂量间隔是每隔 24 小时一次至每 48 小时一次（无效宣告过程中，专利权人修改后的权利要求）"。现有技术——证据 6 公开了在 2mg/kg 每 24 小时的剂量下，潜霉素显示出有效治疗多种革兰氏阳性感染，在 3mg/kg 每 12 小时的剂

① 第 13188 号无效决定。

② 参见北京市第一中级人民法院行政判决书，(2009)一中行初字第 1847 号。

③ 参见北京市高级人民法院行政判决书，(2010)高行终字第 547 号。

④ 参见最高人民法院行政判决书，(2012)知行字第 75 号。

量下注意到偶发的副作用,并公开了潜霉素的抗菌机理。因此,权利要求1与证据6的区别在于“不产生骨骼肌毒性”和“其中所述治疗的剂量是3~25mg/kg的潜霉素,其中重复给予所述的剂量,其中所述的剂量间隔是每隔24小时一次至每48小时一次”。

然而,根据《专利审查指南》的有关规定,给药对象、给药方式、途径、用量及时间间隔等仅仅体现用药过程的特征不构成对权利要求的限定。因此,该案中,最高人民法院最终认定“不产生骨骼肌毒性”和“其中所述治疗的剂量……每48小时一次”没有限定作用,因而也就不可能认定这些特征做出了贡献,即未满足条件3。

结合本书前面对达托霉素发展历史的介绍,可以发现卡比斯特公司“通过低频率高浓度方式给药能够将患者的骨骼肌毒性降低到最低限度”是有贡献的,如果《专利审查指南》未限制给药对象、给药形式、给药剂量、时间间隔等对权利要求的限定作用,本案或许有不同的结果。

案例二　达泊西汀案

达泊西汀是一种短效选择性5-羟色胺再摄取抑制剂(SSRIs),化学名为S-(+)-N,N-二甲基-a-[2-(萘氧基)乙基]苯甲胺。药物原理是通过抑制5-羟色胺再吸收,增加突触间隙5-HT活性,从而延迟射精冲动,治疗早泄,被誉为“延时伟哥”,适用于治疗18岁至64岁男性早泄(PE)患者。

达泊西汀最早由礼来公司开发,2003年被出售给强生公司,并于2004年以治疗早发性射精的适应症向FDA申报审批,但达泊西汀仍未获得FDA批准。除美国外,达泊西汀已在全球32个国家和地区正式上市，在中国的商品名为“必利劲”，也是唯一获得批准治疗 PE 适应症的药物。

APBI 公司是专利号为 00815313.2、名称为“利用快速起效的选择性 5－羟色胺再摄取抑制剂来治疗性功能障碍的方法”发明专利的专利权人。授权公告的权利要求书 1 为：达泊西汀或其可药用盐在生产用于治疗或控制哺乳动物性功能障碍的药物中的应用。

请求人于 2012 年 5 月 23 日向专利复审委员会提出专利权无效宣告请求。无效过程中，APBI 公司将权利要求 1 修改为“达泊西汀或其可药用盐在生产用于治疗或控制哺乳动物性功能障碍的药物中的应用，其中所述药物是口服固体剂型”。专利复审委员会于 2012 年 12 月 27 日作出宣告专利权全部无效的决定。无效决定作出后，APBI 公司向北京市第一中级人民法院提起行政诉讼，[①] 一审败诉后又向北京市高级人民法院提起上诉，但二审驳回上诉，维持原判。[②] 2016 年，APBI 公司向最高人民法院申请再审。[③]

APBI 公司再审申请中提交第三组证据（证据 7～10）用于证明案涉专利取得了商业上的成功。证据主要涉及盐酸达泊西汀治疗早泄的临床研究进展相关论文、“必利劲”发力中国市场以及药品销售排行榜的网络文章等。最高人民法院认可“必利劲”药品取得商业成功，即满足条件 1。

案涉专利保护达泊西汀或其可药用盐在生产用于治疗或控制哺乳动物性功能障碍的药物中的应用，而“必利劲”是批准治疗 PE 适应症的药物，有效成分为达泊西汀，商业上的成功与发明的技术

---

① 参见北京市第一中级人民法院行政判决书，(2013)一中知行初字第 3245 号。

② 参见北京市高级人民法院行政判决书，(2014)高行终字第 1706 号。

③ 参见最高人民法院行政判决书，(2016)最高法行申 2158 号。

方案具有对应性,即满足条件2。

对比文件1公开了包括达泊西汀或其可药用盐、达泊西汀分离的异构体或其盐在内的物质或组合物在治疗疾病的方法中的用途。其所公开的达泊西汀治疗早泄、性功能障碍的技术方案中,还公开了早泄的定义以及治疗可获得的效果(虽然对比文件1中并列技术方案数量庞大,但不影响其公开了所述技术方案)。权利要求1与对比文件1的区别在于剂型的选择等。

仅就区别特征“口服固体剂型”而言,通过“三步法”很难认定具有创造性贡献。如果申请人主张商业成功作为辅助因素以佐证创造性,则需证明商业成功源于“口服固体剂型”,在提交证据时至少需要提交口服固体剂型与非口服固体剂型的销售数据对比等。同时还需要注意条件4的满足,即注意合理排除其他原因如销售技术或者广告宣传的影响。本案中,申请人并未提交比对数据,也未合理排除其他原因,最高人民法院最终认定“不能证明该商业成功是由于本发明中对权利要求有具体限定作用的、使其区别于现有技术的技术特征直接导致的”。

案例三 来那度胺案

来那度胺是由美国赛尔金(Celgene)公司开发的抗肿瘤药物,化学名为3-(7-氨基-3-氧代-1H-异吲哚-2-基)哌啶-2,6-二酮,具有抗肿瘤、免疫调节和抗血管生成等多重作用。来那度胺最早于2005年被FDA批准用于治疗骨髓增生异常综合征,随后2007年被FDA批准用于多发性骨髓瘤,到2013年,又被FDA批准用于套细胞淋巴瘤。随着适应症的不断拓宽,销售额也一路飙升,2016年销售额为69.74亿美元,2017年销售额是81.87

亿美元,2018 年销售额达到 96.85 亿美元。

来那度胺的化学结构与沙利度胺相似。沙利度胺在 20 世纪 50 年代至 60 年代初期在全世界广泛使用,它能够有效地阻止女性怀孕早期的呕吐,但也妨碍了孕妇对胎儿的血液供应,导致大量"海豹畸形婴儿"出生("反应停"事件),因此沙利度胺被禁用了四年多。后研发人员不断对沙利度胺进行结构改进,通过将沙利度胺左边的邻苯二甲酰亚胺用异吲哚啉酮取代,并在 4 - 位引入氨基得到了来那度胺。

基于上述研发成果,赛尔金公司于 1997 年 7 月 24 日向国家知识产权局申请了名称为"取代的 2 - (2,6 - 二氧哌啶 - 3 - 基) - 邻苯二甲酰亚胺和 - 1 - 氧异二氢吲哚及降低肿瘤坏死因子 α 的方法"的发明专利,并于 2003 年 8 月 6 日获得授权,专利号为 97180299.8。授权公告的权利要求 1 保护下式所示的化合物。

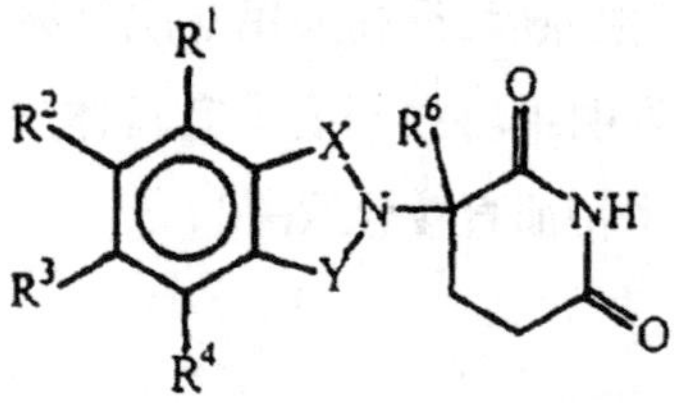

从公开资料来看,该专利先后被杜兆东、北京淦航医药科技有限公司、南京卡文迪许生物工程技术有限公司提出专利权无效宣告请求。

针对南京卡文迪许生物工程技术有限公司提出的无效宣告请求,专利复审委员会作出宣告专利权全部无效的决定。无效决定作出后,赛尔金公司向北京市第一中级人民法院提起行政诉讼,一审败诉后又向北京市高级人民法院提起上诉,但二审驳回上诉,维持原判。[1] 2016 年,赛尔金公司向最高人民法院申请再审。[2]

赛尔金公司再审申请中提交产品说明书、销售数据、获奖报道等证据用于证明案涉专利取得了商业上的成功(裁判文书中未详细公布具体的证据)。来那度胺市场空间巨大,属于“重磅炸弹”级药物,商业上无疑是成功的,即满足条件 1。

案涉专利为来那度胺的化合物专利,商业上的成功与发明的技术方案有对应性,即满足条件 2。

现有技术——证据 6 公开了具体化合物沙利度胺和沙利度胺的衍生物 EM－12。证据 6 还公开沙利度胺或沙利度胺衍生物可以控制 TNF－α 的异常浓度。案涉专利权利要求 1 相对于证据 6 公开的化合物 EM－12 的区别特征仅在于权利要求 1 指向的具体化合物在异二氢吲哚环的 4 位上具有氨基取代基。

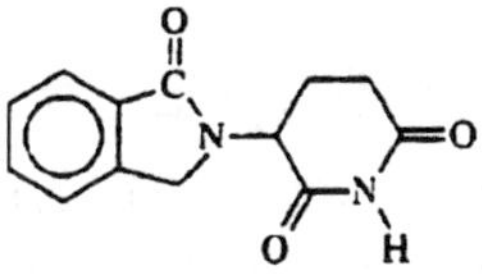

EM-12

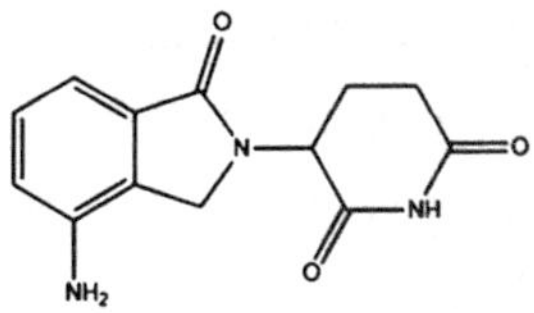

来那度胺

最高人民法院认为,在证据 6 已经公开 EM－12 的基础上,为获得结构类似、活性相当的替代化合物,有动机根据证据 6 通式化合物部分公开的内容在 4 位上引入氨基取代基,这属于常规的结构修饰。如前所述,当采取“三步法”否定了技术方案的创造性时,商业上的成功应当被纳入创造性判断的考量因素。由于裁判文书中未详细公布具体的证据,我们无法判断赛尔金公司是否提供证据以证明案涉专利权利要求 1 相对于证据 6 的区别技术特征

---

① 参见北京市高级人民法院行政判决书,(2015)高行(知)终字第 00309 号。

② 参见最高人民法院行政裁定书,(2016)最高法行申 3214 号。

与商业成功之间具有关联性，从裁判结果来看，答案应该是否定的。值得思考的是，EM－12 很可能是未进行商业化的药物，再考虑沙利度胺的"不成功"，来那度胺的商业成功难道不是因区别技术特征带来的吗？

案例四　奥达特罗案

奥达特罗是由贝林格尔英格海姆法玛两合公司（以下简称贝林格尔公司）研发的用于治疗慢性阻塞性肺疾病（COPD）及哮喘的新分子实体。化学名为 6－羟基－8－{(1R)－1－羟基－2－{[2－(4－甲氧基苯基)－1,1－二甲基乙基]氨基}乙基}－2H－1,4－苯并噁嗪－3(4H)－酮。2014 年 7 月 31 日在美国上市，商品名为 Striverdi Respimat。

奥达特罗作为 β2 受体激动剂能够提高气道平滑肌细胞内 cAMP 水平，通过松弛气道平滑肌实现气管舒张的作用，已成为目前主要的慢性阻塞性肺疾病治疗药物。贝林格尔公司还将奥达特罗与噻托溴铵联合使用，商品名为 Stiolto Respimat（在中国称为思合华®能倍乐®），两种药物可实现机制互补，协同增效，进一步改善慢性阻肺的气流受限，从而帮助患者更顺畅的呼吸。

目前，全球范围内哮喘患者约有 3.34 亿人，COPD 患者约有 3.28 亿人。COPD 是中国第三大慢性疾病，有近 1 亿患者。呼吸系统疾病的药物全球市场超过 200 亿美元，而 Striverdi Respimat、Stiolto Respimat 为其中的畅销药。

贝林格尔公司于 2003 年 11 月 11 日向国家知识产权局申请了名称为"用于治疗慢性阻塞性肺病的新药物"的发明专利，申请号为 200380103094.5，2009 年提出分案申请 200910266327.2。

2012 年 6 月 1 日国家知识产权局驳回了该分案申请,贝林格尔公司提起复审,2014 年 12 月 10 日专利复审委员会作出维持决定。后贝林格尔公司向北京市第一中级人民法院提起行政诉讼,后又向北京市高级人民法院提起上诉,二审驳回上诉,维持原判。[①] 2018 年,贝林格尔公司向最高人民法院申请再审。[②]

贝林格尔公司再审申请中提交两组证据用于证明案涉专利取得了商业上的成功。证据主要涉及 Spiolto ® Respimate ®的销售量、市场份额, Striverdi ® Respimate ®的上市情况,各种有关 COPD、噻托溴铵/奥达特罗、治疗效果的评论/报道等。最高人民法院认可 Spiolto ® Respimate ®药品获得商业上的成功,即满足条件 1。

案涉专利申请权利要求 1 请求保护的式 1a 化合物奥达特罗,仅是 Spiolto 中两种活性成分之一。最高人民法院认为,贝林格尔公司证明 Spiolto 获得商业成功的证据都是针对两种活性成分联合用药之后取得的效果,现有证据不能证明贝林格尔公司所主张的 Spiolto 的商业成功是奥达特罗直接导致的,即商业上的成功与发明的技术方案不对应,不满足条件 2。

本案中值得注意的是贝林格尔公司还有一款上市药品 Striverdi,其唯一活性成分为奥达特罗,与发明的技术方案完全对应,然而贝林格尔公司并未提供 Striverdi 有关的充足证据来证明商业上取得成功。

通过以上分析,可以看出,国家知识产权局及法院对商业成功的认定均秉持严格的标准,这对专利申请人或权利人的举证提出了很高的要求。那么,如何举证呢?

---

① 参见北京市高级人民法院行政判决书,(2017)高行终第 3668 号。

② 参见最高人民法院行政裁定书,(2018)最高法行申 4176 号。

三、"商业成功"举证建议

本书认为,可以从证明"商业成功"需要满足的四个条件入手。

1. 证明存在商业上的成功

较为直接的证据有药品销售量、销售金额、市场份额、审计报告、财报等;辅助证据有新闻/期刊/论文等的评论/报道;专利许可/实施情况;获奖情况;政府资助情况;临床进展/批件;其他人/组织/机构的赞扬/推荐等。

值得注意的是,最高人民法院在前述超声检测仪案中提到"成功与否应当由该发明或者实用新型所代表的技术或产品相比其他类似的技术或产品在同行业所占的市场份额来决定,单纯的产品销售并不能代表已经取得商业上的成功",这说明除非提供的销售量/销售金额数值非常大,使裁判者对商业上获得成功没有疑虑,否则最好同时提供参比数据。

2. 证明商业上的成功与发明的技术方案有对应性

一个药品会涉及化合物专利(通式化合物、药学上可接受的盐、活性代谢产物、前药、手性药物光学异构体、中间体等)、晶型专利(单晶、多晶、共晶、无定型等)、组合物专利、用途专利(用途、新适应症等)、制剂专利、检测/分析专利、制药设备等,提交证据时需要整体考虑案涉专利具体保护什么样的技术方案,根据技术方案来筛选证据。例如,新适应症专利,笼统的销售数据恐难以证明与新适应症的一一对应关系。又如,前述奥达特罗案,上市药品 Striverdi 与专利的对应性明显好于 Spiolto,准备证据时自然应当侧重于 Striverdi 的销售量、销售金额、市场份额、专项审计报告等。

3. 证明商业上的成功源于发明的技术方案相对现有技术作出改进的技术特征

这一证明要件具有相当的难度,比如前述来那度胺案,如何去证明“在异二氢吲哚环的4位上引入氨基取代基”这一改进技术特征对商业上的贡献?如果市场上存在活性成分为EM-12的药品,则较为容易,通过提交一系列来那度胺与EM-12药品的对比数据(包括销量、药品定价、药效、副作用、市场份额、增长率、对患者生活方式的改变、获批的范围、销售的地域范围等)能够较为清楚的证明。如果不存在活性成分为EM-12的药品,则一旦提交其他参比对象,很可能裁判者会认为即使证明相对于其他参比对象取得了成功,也仍然无法证明商业上的成功源于改进的技术特征。本书认为,对于不可能完成的证明内容,裁判者不应过于苛责。一般而言,市场上同靶点或相同适应症的药物远不止一个,通过横向比较结构类似的化合物,纵向比较同靶点、同适应症的药物,并尽可能地多角度展开比对,则有可能被接受。

另外,竞争对手、仿制药厂商在新药申请、市场宣传等方面可能会披露对药品市场价值的看法,尤其是无效宣告请求人的一些自认,可以作为补充证据。

4. 合理排除其他原因如销售技术或者广告宣传的影响

在目前梳理出的51个案件中,基本没有案件详细论述销售技术或者广告宣传的影响。一个新药品上市,必然会进行一定的市场营销,本书认为,这本身并没有什么问题。所谓合理排除其影响,从证据的角度来说,可以比较医药市场通常的营销强度,同等水平的竞争对手推广的手段、费用,同靶点、同适应症药物的营销情况等,如果并未采取特殊的营销策略,也没有使用显著高的推广费用,但却取得了非常高的市场份额、快速的市场增长率等,则可以合理排除销售技术或者广告宣传的影响。

第八章　遗传资源来源披露义务

一、遗传资源与生物剽窃

遗传资源是国家战略性资源，同时也是现代社会发展农业、生物及医药产业的基础，通过直接或间接的方式维系着地球上每一个生命的延续。《生物多样性公约》(CBD)第2条将遗传资源定义为“具有实际或潜在价值的遗传材料”，并将遗传材料定义为“来自植物、动物、微生物或其他来源的任何含有遗传功能单位的材料”。其中，遗传功能是指生物体通过繁殖将性状或者特征代代相传的能力。遗传功能单位是指生物体的基因或者具有遗传功能的DNA或者RNA片段。[①] 因此，简言之，遗传资源是“具有实际或潜在价值的，来自植物、动物、微生物或其他来源的任何含有DNA或RNA的材料”。

---

① 我国《专利审查指南》第二部分第一章第3.2节。

遗传资源巨大的经济价值引发了“生物剽窃”(Biopiracy)。1997 年,印度学者 Vandana Shiva 出版了专著《生物剽窃:自然和知识的掠夺》(*Biopiracy, The Plunder of Nature and Knowledge*),对生物剽窃从经济、政治、环境和法律等诸多角度加以论述。从而使这一概念正式成为学术研究的对象。

“生物剽窃“,也可称为“生物海盗”,通常被用来描述非法获取及利用生物资源或传统知识的行为,这种行为包含两个方面:(1)未获得提供国同意而获取和/或利用生物资源或相关传统知识。(2)未与提供国分享惠益或未公平分享惠益。

“生物剽窃”并不是被广为接受的法律术语,关于遗传资源获取与惠益分享的国际讨论中,通常会用“盗用”(Misappropriation)这一委婉的说法指代生物剽窃。①

盗用在普通法体系中是不正当竞争法的一部分,指不当借用或欺骗性占用委托给某人看管但实际为他人所拥有的资金或财产。例如,2009 年《斯里兰卡保护传统知识法律框架》草案的第 3 条将“盗用”定义为“(i)违反本法条款,获取、占用或使用传统知识;(ii)获取、占用或使用传统知识者明知或不可能不知或因疏忽而不知传统知识是借助不正当手段获取、占用或使用的,仍从获取、占用或使用传统知识中获取利益;(iii)任何违反诚实做法从传统知识获取不公平或不公正利益的商业行为”。②

世界知识产权组织的知识产权、遗传资源、传统知识和民间文

---

① 在知识产权领域,《布莱克法律词典》将“盗用”定义为普通法民事侵权行为,利用一个组织为获利收集和传播的非版权信息或思想,进行针对该组织的不公平竞争,或复制其创作者尚未要求或取得作品专有权的著作。盗用的要素是:(1)原告必须为获取该信息投入了时间、金钱或努力;(2)被告必须为获取该信息而作出同样投入;(3)原告需因为此类占有而遭受竞争损害。

② 《斯里兰卡保护传统知识法律框架》(工作文件 – 第 1 版)2009 年 1 月。

学艺术政府间委员会(Intergovernmental Committee on Intellectual Property and Genetic Resources, Traditional Knowledge and Folklore,IGC)提出了“盗用”一词的两种备选方案(方括号代表成员国的不同意见)①:

备选方案1:“盗用”是指[根据[原产国或提供国的][国家立法]],在未得到[有权对此种[获取][利用]给予[这种]同意者][主管机构]的[自由][事先知情]同意的条件下,[获取][利用]遗传资源、[其衍生物][和][或][相关传统知识][遗传资源相关传统知识]。

备选方案2:“盗用”是指使用他人的遗传资源、[其衍生物]和/或[相关传统知识][遗传资源相关传统知识],而遗传资源或相关传统知识是用户通过不正当手段或破坏信用、违反提供国国内法从持有人处取得的。因遗传资源、[其衍生物]和/或[相关传统知识][遗传资源相关传统知识]的持有人未采取合理保护措施而通过阅读出版物、购买、独立发现、反向工程和无意披露等合法手段获得的遗传资源、[其衍生物]和/或[相关传统知识][遗传资源相关传统知识],其使用不是盗用]。

备选方案1将事先知情同意作为定义的根本要素,与生物剽窃更为相符。相比之下,方案2并非直接针对惠益分享,而且提出了过多的例外情形,因此方案1得到绝大多数发展中国家的拥护。

关于生物剽窃的案例有很多。通过对第三世界网络、国际遗传资源保护行动联盟、科学与发展网络、2006年美国埃德蒙研究所和非洲生物安全研究中心共同发表的《走出非洲:获取和分享利

---

① WIPO/GRTKF/IC/29/4,关于知识产权与遗传资源的合并文件第二次修订稿。

益的奥秘》(*Out of Africa: Mysteries of Access and Benefit-Sharing*)等相关国际机构和国际非政府组织关于生物剽窃的调查报告、新闻报道和评论等资料,一项研究汇编了化妆品、医药、农业、工商业等多个领域的108个生物剽窃案例。[①] 在这108个案例中,医药领域所占份额最高,达54%;农业及化妆品领域次之,分别占20%和19%;工商业及其他占7%。绝大多数利用者来自发达国家,其中涉及美国的有64例。108个案例中,只查到6个案例包含惠益分享证据,其余案例都没有惠益分享协议、证据和相关资料,有些虽然签订了惠益分享协议,但却缺乏实质性内容。这108个案例中,12个案例发生在中国,其利用对象均为中国传统农作物和药用植物遗传资源,包括大豆、高粱、苦瓜、青蒿、银杏、三尖杉、喜树、括楼、胡椒、旱莲草、东方泽泻和五月茶等,主要用于培育高产作物品种、开发生物燃料、医药及护肤品,这些案例都没有惠益分享信息。

二、遗传资源获取与惠益分享

遗传资源获取与惠益分享(Access and Benefit Sharing,ABS)剑指生物剽窃,是CBD首先提出的概念,其建立在遗传资源是国家主权的前提下。

遗传资源曾一度被认为是人类共同遗产。1983年,联合国粮食与农业组织(Food and Agriculture Organization of the United Nations,FAO)建立了植物遗传资源委员会。该委员会通过了《植物遗传资源国际承诺》(International Undertaking on Plant Genetic

① 参见王艳杰、武建勇、赵富伟等:《全球生物剽窃案例分析与中国应对措施》,载《生态与农村环境学报》2014年第2期。

Resources)，旨在“确保具有现实或潜在经济和/或社会意义的植物遗传资源，尤其是农作物，将被开发、保存、评估，并且用于植物育种及其他研究目的”。《植物遗传资源国际承诺》的基础假设就是“植物遗传资源是人类共同遗产，因此应被无限制地获取”。既然是共同遗产，自然不能被赋予财产权利，不能被个人或国家所有。在这种开放体系下，植物遗传资源少量样品，例如，种子的跨国获取通常是不受限制的，生物剽窃此时便无从谈起。

然而，生物技术在20世纪80年代的迅速发展，使遗传资源的经济价值凸显。遗传资源丰富的发展中国家与遗传资源利用能力强的发达国家产生了严重的利益冲突，争议的本质是针对遗传资源的控制权。共同遗产理念下的遗传资源自由获取使提供遗传资源的发展中国家无法从中受益，同样也使发达国家对遗传资源及其利用成果主张知识产权保护显得不那么名正言顺。一番利益博弈后，这种冲突在20世纪90年代新建的“国家主权＋知识产权”的权利秩序中被暂时消融。

1992年，CBD确认了遗传资源国家主权原则。第3条规定“依照联合国宪章和国际法原则，各国具有按照其环境政策开发其资源的主权权利，同时亦负有责任，确保在它管辖或控制范围内的活动，不至于对其他国家的环境或国家管辖范围以外地区的环境造成损害”。第15.1条再次强调“确认各国对其自然资源拥有的主权权利，因而可否取得遗传资源的决定权属于国家政府，并依照国家法律行使”。

主权是最高权威，是国家具有的独立自主地处理自己的对内和对外事务的最高权力。对于遗传资源提供国来说，国家主权意味着其具有自由开发和利用本国管辖权范围内遗传资源的权利，有权禁止损害国家利益的遗传资源获取行为，有权分享因遗传资源利用而产生的惠益。

CBD 第 15. 5 条规定“遗传资源的取得须经提供这种资源的缔约国事先知情同意……”第 15. 7 条规定“每一缔约国应……以期与提供遗传资源的缔约国公平分享研究和开发此种资源的成果以及商业和其他方面利用此种资源所获的利益。这种分享应按照共同商定的条件”。这就是遗传资源获取与利用的“事先知情同意”、“共同商定条件”及“公平分享惠益”三大原则。

事先知情同意是指为了利用遗传资源而提前取得这种资源提供国的批准同意。世界自然保护联盟在《生物多样性公约指南》中对遗传资源获取与惠益分享中事先知情同意的关键要素进行了界定:(1)事先:在遗传资源获取发生之前;(2)知情:以关于遗传资源利用为基础的、足以使遗传资源提供方了解其含义的真实信息;(3)同意:政府、利益相关者或权利人根据国内法做出的明确赞同的表示。①

共同商定条件是指在订立遗传资源开发合同时,缔约双方(遗传资源的利用者和提供者)协商确定资源获取和惠益分享的各种条件,②例如,利用者应当以何种方式进行遗传资源的收集、研究和商业化利用等。共同商定条件原则主要是为了确保遗传资源提供者在遗传资源的利用活动中有充分的参与决策权,以保障自身利益。

公平分享惠益是指任何基于利用遗传资源所产生的惠益都应

① 参见秦天宝:《论遗传资源获取与惠益分享中的事先知情同意制度》,载《现代法学》2008 年第 3 期。

② 《生物多样性公约》(1993 年)第 15 条第 4 款规定:取得经批准后,应按照共同商定的条件并遵照本条的规定进行。

在遗传资源利用者和提供者之间进行公平分享。[①] 本质上是遗传资源利用者因利用遗传资源而对提供者进行任何形式的补偿(或者说是给予报酬),包括货币惠益和非货币惠益。[②]

不仅 CBD,2001 年的《粮食和农业植物遗传资源国际条约》(International Treaty on Plant Genetic Resources for Food and Agriculture,ITPGRFA)也提出了惠益分享的概念。ITPGRFA 的宗旨与 CBD 相一致,区别主要在于前者限定于粮食和农业植物遗传资源,其第 1 条即明确:“为可持续农业和粮食安全而保存并可持续地利用粮食和农业植物遗传资源以及公平合理地分享利用这些资源而产生的利益。” ITPGRFA 正式将农民权以法律条文的形式在全球范围内予以确认。按照 FAO 的定义,农民权是指农民,特别是原产地和生物多样性中心的农民,基于他们过去、现在和将来在保存、改良和提供植物遗传资源中所作的贡献而产生的权利。ITPGRFA 要求各缔约方应当适当地根据其国内立法,采取措施保护和促进农民权,包括:(1)保护与粮食和农业植物遗传资源相关的传统知识;(2)公平地分享植物遗传资源利用所产生的惠益;(3)有权参加国家关于植物基因资源的保护和可持续利用方面政策的决策。

2002 年 4 月的《波恩准则》列举了获取和惠益分享可能带来的以下惠益:

(1)货币惠益可能包括但不限于:每收集或以其他方式获得

---

① 《生物多样性公约》(1993 年)第 16 条第 3 款规定:要求各缔约国采取立法、行政或政策性措施,以期与提供遗传资源的缔约国公平分享研究和开发此种资源的成果以及商业和其他方面利用此种资源所获的利益。这种分享应按照共同商定的条件和国内立法进行。

② UNEP/CBD/COP/6/DEC/Ⅵ/24.

一件样本的费用;预付款;里程碑付款;特许使用费;商业化许可费;为支持生物多样性的保存和可持续利用向信托基金支付的特别费用;双方议定的工资和优惠待遇;研究基金;合资企业;共同拥有相关的知识产权。

(2)非货币惠益可能包括但不限于:共享研究与开发成果;在科研与开发项目特别是生物技术研究活动中合作并作出贡献,尽可能在提供者所在国家进行;参与产品开发;在教育和培训中合作并作出贡献;进入异地遗传资源设施、访问数据库;特别是转让如何利用遗传资源的知识和技术,包括生物技术或者与生物多样性保持与可持续利用相关的技术;加强向发展中国家当事方及经济转型国家当事方的技术转让,促进遗传资源来源国的技术发展。同时加强土著和地方社区保存与可持续利用基因资源的能力;机构的能力建设;用于加强遗传资源利用管理和执法能力的人力和物质资源;提供方全面参与和遗传资源相关的培训,培训尽可能在提供者所在地举行;取得与生物多样性保持和可持续利用相关的科学信息,包括生物资源资料库和分类研究信息;对地方经济的贡献;在考虑提供国国内遗传资源利用情况的基础上,针对优先需要如健康和粮食保障进行的研究;获取和惠益分享协议及随后的合作活动可能带来的机构与专业联系;粮食和生计保障方面的惠益;社会认可;相关知识产权的共同所有权。

遗传资源获取与惠益分享制度对于资源丰富的发展中国家意义重大。首先,作为资源提供国的发展中国家可以公平地从遗传资源及传统知识的商业化过程中获益,除获取资金外,更有助于能力建设;其次,惠益的分享使资源提供者有更大的热情和动力保护资源,保育土地、生物和海洋,有利于维护生物多样性,使生态系统更具弹性;最后,制度的建立和执行是对以现代知识产权制度为代表的过度注重保护西方现代知识的一种矫正，将有利于形成一种新的更加公平、更加互相尊重的国际经济秩序。

三、遗传资源来源披露义务的由来

要贯彻遗传资源获取与惠益分享制度，不仅需要各国制定相关的国内法律、法规或政策来具体实施，也需要对遗传资源的获取与惠益分享情况进行监控。在实际的遗传资源获取与利用中，遗传资源多从土著、地方社区获取，这些地区大多贫困落后，当地人民受自身知识水平及眼界限制，往往没有意识到遗传资源潜在的经济价值，更不用说主动参与获取遗传资源与惠益分享活动。

因此，2005 年 CBD 第六次缔约方大会提出，如知识产权申请的主题涉及或在技术开发中使用了遗传资源，邀请缔约国在申请中鼓励公开遗传资源的提供国，以监控遗传资源的获取与利用①。

在此背景下，遗传资源来源披露义务开始被 CBD、世界知识产权组织、世界贸易组织等广泛讨论起来，包括我国、印度、巴西在内的发展中国家也纷纷立法予以落实。

从目前各国的立法情况来看，遗传资源来源披露义务可以分为狭义和广义两种。狭义的“遗传资源来源披露义务”关注的是遗传资源本身的来源，是指在与遗传资源相关的专利申请中，申请人应当在申请文件中披露所涉遗传资源的来源信息，如不履行披露义务，将导致专利申请被驳回、已授权专利无效或被撤销，或其他行政、民事、刑事制裁后果。② 广义的“遗传资源来源披露义务”

---

① Access and benefit-sharing as related to genetic resources, WIPO-IGC COP 6 Decision Ⅵ/24.

② 参见邓富国、曹俊、李珍萍：《我国基因资源地源披示制度的构建与完善——以各国立法规则模式为切入点》，载《政治与法律》2009 年第 2 期。

要求的披露内容更广泛,不仅包括遗传资源的来源信息,还包括遗传资源来源的合法性信息,即事先知情同意及惠益分享证据的披露。

需要指出的是,遗传资源来源披露义务的功能除监控遗传资源获取与利用,增加获取与惠益分享的透明度外,还有助于提示现有技术的来源,使审查员基于数据库的现有技术检索变得容易一些,减少漏检可能,进而减少不当授权。

在世界知识产权组织的讨论中,瑞士代表团将遗传资源来源披露的政策目标归纳为“4T”:

(1)透明(Transparency):提高遗传资源和传统知识获取与利用在获取和惠益分享方面的透明度。

(2)追踪(Traceability):允许遗传资源和传统知识的提供者跟踪其资源或知识在产生专利之发明的研究与开发中的使用情况。

(3)现有技术(Technical prior art):有助于专利审查员和法官将与遗传资源或传统知识有某种关系的发明认定为现有技术,简化现有技术数据库检索。尤其适用于传统知识相关现有技术。

(4)互信(Mutual Trust):提高获取和惠益分享所涉各方利益相关者,包括发展中国家和发达国家、土著和当地社区、私营企业和研究机构之间的互信,这将强化获取和惠益分享制度与专利制度之间的相互支持。

四、国际公约提供的立法空间

(一)《生物多样性公约》

1.《生物多样性公约》相关规定

《生物多样性公约》谈判过程中,如何对待知识产权一直是各方争议的焦点问题之一。发展中国家认为,现有的知识产权制度阻碍了技术向发展中国家的转让,无视世世代代农民对植物遗传资源所做出的贡献,而这种贡献是世界粮食安全的基础,因此反对把知识产权保护扩展到植物新品种及基于遗传资源开发的其他产品,建议 CBD 作出限制知识产权获得的条款。发达国家则认为,知识产权保护将促进技术转让,促进对遗传资源利用方面的投资,鼓励生物多样性保护。

最终的 CBD 文本只有第 16 条"技术的取得和转让"直接与知识产权相关:(1)每一缔约国认识到技术包括生物技术,且缔约国之间技术的取得和转让均为实现本公约目标必不可少的要求,因此承诺遵照本条规定向其他缔约国提供和/或便利其取得并向其转让有关生物多样性保护和持续利用的技术或利用遗传资源而不对环境造成重大损害的技术。

(2)以上第 1 款所指技术的取得和向发展中国家转让,应按公平和最有利条件提供便利,包括共同商定时,按减让和优惠条件提供或给予便利,并于必要时按照第 20 条和第 21 条设立的财务机制。此种技术属于专利和其他知识产权的范围时,这种取得和转让所根据的条件应承认且符合知识产权的充分有效保护。本款的应用应符合以下第 3 ~ 5 款的规定。

(3)每一缔约国应酌情采取立法、行政或政策措施,以其根据共同商定的条件向提供遗传资源的缔约国,特别是其中的发展中国家,提供利用这些遗传资源的技术和转让此种技术,其中包括受到专利和其他知识产权保护的技术,必要时通过第 20 条和第 21 条的规定,遵照国际法,以符合以下第 4、5 款规定的方式进行。

(4)每一缔约国应酌情采取立法、行政或政策措施,以期私营部门为第 1 款所指技术的取得、共同开发和转让提供便利,以惠益于发展中国家的政府机构和私营部门,并在这方面遵守以上第

1～3款规定的义务。

(5)缔约国认识到专利和其他知识产权可能影响本公约的实施,因而在这方面遵照国家立法和国际法进行合作,以确保此种权利有助于而不违反本公约的目标。

尽管标题是关于技术的获取和转移,但第16条的规定似乎适用更广泛,其意味着知识产权的产生并非来自CBD本身,该规定强调了知识产权和CBD目标之间的联系。

另外,CBD第1条"目标"规定:"本公约的目标是按照本公约有关条款从事保护生物多样性、可持续利用其组成部分以及公平合理分享由利用遗传资源而产生的惠益,实现手段包括遗传资源的适当取得及有关技术的适当转让,但需顾及对这些资源和技术的一切权利,以及适当提供资金。"根据这一条款,"所有权利"可被理解为包含知识产权,技术转让是实现CBD目标的手段之一,知识产权则是技术转让的一个重要方面。

还有一个重要规定是第8(j)条,"依照国家立法,尊重、保存和维持土著和地方社区体现传统生活方式而与生物多样性的保护和持续利用相关的知识、创新和实践并促进其广泛应用,由此等知识、创新和实践的拥有者认可和参与并鼓励公平地分享因利用此等知识、创新和做法而获得的惠益"。

第22(1)条定义了CBD与其他公约,包括知识产权公约之间的联系"本公约的规定不得影响任何缔约国在任何现在国际协定下的权利和义务,除非行使这些权利和义务将严重破坏或威胁生物多样性"。

CBD中与遗传资源获取与惠益分享相关的规定也与知识产权相关。CBD第15条规定:

1.确认各国对其自然资源拥有的主权权利,因而可否取得遗传资源的决定权属于国家政府，并依照国家法律行使。

2. 每一缔约国应致力创造条件，便利其他缔约国取得遗传资源用于无害环境的用途，不对这种取得施加违背本公约目标的限制。

3. 为本公约的目的，本条以及第十六条和第十九条所指缔约国提供的遗传资源仅限于这种资源原产国的缔约国或按照本公约取得该资源的缔约国所提供的遗传资源。

4. 取得经批准后，应按照共同商定的条件并遵照本条的规定进行。

5. 遗传资源的取得须经提供这种资源的缔约国事先知情同意，除非该缔约国另有决定。

6. 每一缔约国使用其他缔约国提供的遗传资源从事开发和进行科学研究时，应力求这些缔约国充分参与，并于可能时在这些缔约国境内进行。

7. 每一缔约国应按照第十六条和第十九条，并于必要时利用第二十条和第二十一条设立的财务机制，酌情采取立法、行政或政策性措施，以期与提供遗传资源的缔约国公平分享研究和开发此种资源的成果以及商业和其他方面利用此种资源所获的利益。这种分享应按照共同商定的条件。

CBD 第 19(2)条规定："每一缔约国应采取一切可行措施，以赞助和促进那些提供遗传资源的缔约国，特别是其中的发展中国家，在公平的基础上优先取得基于其提供资源的生物技术所产生成果和惠益。此种取得应按共同商定的条件进行。"

以上内容有关遗传资源利用方面的技术研究、开发、转让，均可能涉及知识产权的获得与运用。

由于知识产权对遗传资源利用产生的影响，可以认为知识产权还与执行 CBD 第 10 条有关，该条请缔约国应尽可能并酌情在国家决策过程中考虑生物资源的保护和持久使用，采取关于使用生物资源的措施，以避免或尽量减少对生物多样性的不利影响。

CBD 第 14(b)条请缔约国应尽可能并酌情"采取适当安排，以确保其可能对生物多样性产生严重不利影响的方案和政策的环境后果得到适当考虑"。要执行这项规定就很可能需要对知识产权政策进行审查以确定其是否可能产生严重不利影响，如果结果是肯定，则可能需要进行进一步评估。

2.《生物多样性公约》缔约方大会

CBD 与知识产权有关的规定笼统。因此，在以后的缔约方大会上，知识产权问题经常成为讨论的焦点之一，主要的几个决定如下：

(1)第二次缔约方大会Ⅱ/12 决定

第二次缔约方大会Ⅱ/12 决定是一个动员性质的决定。该决定请执行秘书：

①与世界贸易组织秘书处联络，向它通报 CBD 的各项目标和现行工作情况，并请世界贸易组织秘书处协助为缔约国会议编制旨在查明 CBD 与 TRIPs 之间的相互配合和相互关系的文件。缔约国第三次会议将在此文件的基础上审议如何为正在世界贸易组织的贸易与环境问题委员会内进行的谈判提供可能的投入。

②与所有利益相关者特别是私营部门及土著和地方社区进行协商，以便了解这些团体的各种需要和关注；只有在这些团体参与的情况下，所作出的合作性安排才能在努力实现 CBD 各项目标的过程中具有切实的意义和取得实际的效果。

③着手初步研究和分析知识产权体系对生物多样性的保护

和持久使用以及以公正的方式分享从其利用中获得的各种惠益所产生的影响，以便更好地了解 CBD 第 16(5)条所涉及的各种问题。此种研究应着重于下列各项内容：探索知识产权与保全和保存土著和地方社区的传统知识和习惯做法之间的关系；知识产权在鼓励以公正的方式分享由利用这些知识和做法产生的惠益方面可能发挥的作用；请各国政府和其他利益相关者涉及知识产权在技术转让过程特别是在生物技术转让过程中的作用的案例研究。

(2)《波恩准则》

1998 年召开的 CBD 第四次缔约方大会通过了有关 ABS 问题的第 8 号决定，要求建立一个由政府指定、考虑地区平衡的专家组，为获取与惠益分享探讨各种途径，包括原则、准则，以及能较好处理获取与惠益分享安排的行为法则。

1990 年 10 月在哥斯达黎加召开了该专家组的第一次会议。与会者讨论了在共同商定条件下 ABS 的各种选择方案，达成了以下共识：获取遗传资源须得到提供方"事先知情同意"；使用方与提供方之间"共同商定条件"；尽可能满足提供方的"资料需求与能力建设"。①

2000 年 5 月召开的 CBD 第五次缔约方大会在 V/26 决定中，提出重新召集 ABS 专家工作组会议，对第一次专家工作组会议提出的特别问题进行进一步的讨论。第五次缔约方大会还决定成立不限名额的特设工作组，为第六次缔约方大会就 ABS 议题编制指南和探讨其他途径。2001 年 10 月 22 ~ 26 日在德国波恩召开的

① 参见薛达元：《遗传资源获取与惠益分享：背景、进展与挑战》，载《生物多样性》2007 年第 5 期。

“获取和惠益分享问题不限名额特设工作组会议”上达成《波恩准则》。《波恩准则》的目标是:提供缔约方和利益有关者一个透明的框架来促进获取遗传资源和公平分享惠益;特别是向发展中国家,尤其是最不发达的国家和小岛屿发展中国家提供能力建设,以确保有效谈判和实施获取与惠益分享的安排;加强资料交换所机制;帮助各缔约国建立保护土著社区知识、创新和实践的机制及获取与惠益分享制度。

《波恩准则》第16(d)条规定:在其管辖下拥有遗传资源利用者的缔约方应酌情采取法律、行政或政策措施,支持遵守获得提供此种资源的缔约方的知情同意并遵守共同商定的关于遗传资源的条件。这些国家除其他外,似可考虑以下措施:采取措施,鼓励在申请知识产权使披露遗传资源的来源国以及土著和地方社区传统知识、创新和做法的来源。

《波恩准则》第43条规定:“可以把下列组成部分作为和谈式协定中的指导性参数,还可以把这些基本组成部分作为关于共同商定条件的基本规定:……(c)对知识产权的使用作出的规定,包括规定:进行联合研究、有义务实施对所获得的发明享有的任何权利、或提供共同同意的使用许可;(d)根据贡献的程度共同拥有知识产权的可能性。”

另外,《波恩准则》在谈到关于获取和惠益分享的共同商定条件时,这样表述知识产权在遗传资源的获取和惠益分享合同安排中的作用:合同性协议可以对知识产权的使用作出规定,包括开展联合研究、实施通过发明取得的权利的义务、通过共同同意提供许可证的义务,以及根据贡献程度共同拥有知识产权的可能性。材料转让协议中应当考虑是否可以申请知识产权;如可以,条件是什么,产权(包括知识产权)是否可以转让或转移。

(3)第六次缔约方大会Ⅵ/24决定

第六次缔约方大会Ⅵ/24决定已经聚焦于通过遗传资源来源披露义务,建立知识产权与ABS之间的联系。该决定请各缔约方和各国政府在一项申请或在其与开发阶段利用了遗传资源的时候,鼓励为该发明提出的知识产权申请中披露遗传资源的来源国,以便可以有助于监测对批准获取这些资料时所依据的事先知情同意和共同商定条件的遵守情况;还请各缔约方和各国政府在一项申请涉及或于开发阶段利用了土著社区和地方社区与保护和可持续利用生物多样性有关传统知识、创新和做法的时候,鼓励在为该发明提出的知识产权申请中披露这些传统知识、创新和做法的来源。

(4)第七次缔约方大会Ⅶ/19决定

该决定请世界知识产权组织审查申请知识产权时遗传资源的获取与披露规定的相互关系方面的措施,同时确认生物多样性公约在国际生物多样性问题特别是建议的国际原产地/出产地/法律上的来源地证书提出的知识产权问题上的主导作用,作为政府间遗传资源、传统知识和民间传说知识产权委员会的任务期限延长后加快工作的一部分,其中包括:①关于拟议的披露规定示范条款的备选方案;②专利申请程序中关于披露规定的启动机制的备选方案;③对申请人的奖励措施的备选方案;④查明由世界知识产权组织管理的各项条约披露规定运作情况的影响。

(5)第八次缔约方大会Ⅷ/4决定

该决定提出了一项立法建议(方括号代表成员国的不同意见):知识产权申请的客体如果[涉及或使用了][是直接以]遗传资源[和/或其衍生物和产品]以及/或相关传统知识[为基础],应在申请中披露此种遗传资源[和/或其衍生物]以及/或相关传统知识的原产地国家或来源国,[并提供证据证明,已根据资源提供国的本国法律执行了关于事先知情同意和惠益分享的规定]。

(6)《名古屋议定书》

2010年10月18日至29日举行的CBD第十次缔约方大会专门成立了"非正式磋商组",就ABS问题中的未解决问题进行最后磋商。最终,在主席国日本推动下,各方最终达成一项"平衡"案文。该会议通过了具有里程碑意义的《名古屋议定书》①。联合国秘书长为《名古屋议定书》的保存人,于2011年2月2日至2012年2月1日在纽约联合国总部将其开放供签署。

《名古屋议定书》旨在"为公正和公平地分享利用遗传资源,包括通过适当获取遗传资源和适当转让相关的技术,所产生的惠益,同时亦顾及对于这些资源和技术的所有权利,并提供适当的资金,从而对保护生物多样性和可持续地利用其组成部分作出贡献"。

《名古屋议定书》谈判中的一个极具争议性的问题是:缔约方根据第15条负担的采取措施的一般义务是否应当被遗传资源利用者或有关利用遗传资源的具体义务所补充。② 发展中国家认为,遗传资源的交易和利用情况需要受到遗传资源利用活动所在的国家有关部门的监测和检查,否则利用者没有足够的动力遵守遗传资源提供国所规定的ABS义务。而且,利用者需要提供一个涵盖具体遗传资源的国际公认的遵守证明书(Internationally recognized certificate of compliance)。发展中国家强烈建议强制性

① 参见徐靖、李俊生、薛达元等:《〈遗传资源获取与惠益分享的名古屋议定书〉核心内容解读及其生效预测》,载《植物遗传资源学报》2012年第9期。

② 《名古屋议定书》第15条。

地建立事先确定的“检查点”(Checkpoints),如专利局。发达国家强烈反对建立检查点、确立有法律约束力的披露义务以及提供国际公认的遵守证明书等建议。发达国家认为,这些建议不具有伸缩性、成本昂贵、无法奏效,而且会在专利制度中增加新的不确定性并引发抑制创新活动的危险。冲突妥协的结果是检查点和国际公认的遵守证明书两个概念出现在第 17 条中,但没有提及任何具体检查点或“披露义务或要求”①。

(二)世界知识产权组织

世界知识产权组织的知识产权、遗传资源、传统知识和民间文学艺术政府间委员会是讨论知识产权与遗传资源联系的主要平台。IGC 成立于 2000 年,背景是遗传资源及相关传统知识商业价值的逐渐凸显,遗传资源相关知识产权迅速扩张,遗传资源及相关传统知识传统富集的国家意识到国内 ABS 立法未受到尊重,其遗传资源和传统知识被某些知识产权申请人滥用。IGC 的目标是议定一部或多部国际法律文书,以确保遗传资源、遗传资源相关传统知识及传统文化表现形式(TCE)得到有效保护。

IGC 是一个开放、活跃的论坛,截至 2017 年 6 月,IGC 共召开了 34 次大会。减少专利错误授予、增加知识产权系统的透明度及增强世界知识产权组织所管理的条约与其他国际法律文书的相互支持、相互补充是讨论的焦点。

1. 减少专利错误授权

针对第一个焦点,即减少专利错误授权,世界知识产权组织建议建立一键式数据库检索系统,可以帮助审查员更有效率地进行

---

① 张小勇:《遗传资源国际法问题研究》,知识产权出版社 2017 年版,第 134 ~ 135 页。

涉及遗传资源和遗传资源相关传统知识的现有技术检索或参考资料,同时防止第三方不当查询其内容。所建议系统中的可检索数据库由每个参与的世界知识产权组织成员国掌握和维护。数据库由一个世界知识产权组织门户网站和成员国的数据库组成,这些数据库与门户网站建立连接。每个参与的世界知识产权组织成员国将在其认为必要时对其领土内遗传资源和遗传资源相关非秘密传统知识的信息进行汇总,并把这些信息存储于一个或多个数据库中(可以改造现有数据库,也可以新建数据库)。

把开发数据库的责任留给每个成员国,可以让每个成员国充分考虑各种敏感问题,如习惯法、确定有关利害关系方和他们提供信息的意愿与条件以及在声称对共同遗传资源享有权利的多个利害关系方之间进行协调等。在开发国家数据库时,成员国在将传统知识和来自部落领地的遗传资源放入数据库之前,应当与领土内的有关土著利益有关方协商。关于数据库的格式,应由世界知识产权组织开发一种向数据库中登录数据的基本格式,但要考虑现有技术或参考资料可允许的格式(如书面/口头形式)可能依各国的专利法律和实践不同而不同。例如,数据库中的条目应包括遗传资源的名称和简述,以及用于标识该遗传资源的代码。对于图书或期刊等出版物中提到的遗传资源,出版物的著录数据也应当收入数据库。政府间委员会的未来工作可以包括为数据库中的信息开发一种统一、可互操作的格式。每个参与的成员国应当在数据库中提供简单的文本检索功能。对于不能开发这种检索程序的国家,可以向其提供技术援助。例如,可以由世界知识产权组织提供共用检索程序形式的技术援助。

世界知识产权组织门户将配备两项基本功能:(1)一项让审查员能够直接访问参与的成员国数据库的功能;(2)另一项让审

查员能够从被访问数据库中检索数据的功能。审查员只需访问世界知识产权组织门户网站,输入检索公式,即可立即获得从所有参与的成员国数据库中取得的检索结果。这种检索结果可被用作专利申请的现有技术或参考资料,让审查员能够更轻松地判断一项专利申请的客体是否缺乏新颖性。审查员在驳回一项待审申请时只需指向数据库中的必要信息,因此信息泄露的危险性极小。

2. 增加知识产权系统透明度

针对第二个焦点,即增加知识产权系统的透明度,遗传资源披露义务是解决这一问题的建议之一。目前 IGC 讨论遗传资源问题形成的最新草案文本主要是其在 2016 年第二十九次会议上汇总的《关于知识产权与遗传资源的合并文件第二次修订稿》(Consolidated Document Relating to Intellectual Property and Genetic Resources Rev. 2)(方括号反映了成员国的不同意见):

[第 1 条]

文书的客体

1.1[本国际法律文书应/应当适用于任何[源自][利用][直接基于]遗传资源、[其衍生物]和[相关传统知识][遗传资源相关传统知识]的[知识产权][专利]权或[申请][提出权利要求的发明]。][本文书适用于遗传资源、[其衍生物]和[相关传统知识][遗传资源相关传统知识]。]

[第 2 条]

文书的范围

2.1[本文书提供措施][支持]通过[知识产权][专利]制度,[防止遗传资源、[其衍生物]和[相关传统知识][遗传资源相关传统知识]被盗用。][包括][防止不是由专利申请人或专利权人发明的或者与遗传资源、[其衍生物]和[相关传统知识][遗传资源相关传统知识]相比没有创造性的遗传资源、[其衍生物]和[相关传统知识][遗传资源相关传统知识]获得专利。]]

[第3条]

[公开要求

3.1[知识产权][专利]申请的[客体][提出权利要求的发明][包括利用][直接基于][有意识地源自]遗传资源、[其衍生物]和/或[相关传统知识][遗传资源相关传统知识]的,各方应/应当要求申请人:

(a)公开[原产国[和]][,不明的,]遗传资源、[其衍生物]和/或[相关传统知识][遗传资源相关传统知识]的来源。

(b)[酌情按[知识产权][专利]局的国内法要求,提供与遵守ABS要求,包括PIC,[尤其是土著[人民]和当地社区的PIC]有关的相关信息。]

(c)来源和/或原产国不明的,有关声明。

3.2公开要求不[应/应当]对[知识产权][专利]局规定核实公开内容的义务。[但要求[知识产权][专利]局对[知识产权][专利]申请人提供有效指导,说明怎样符合公开要求,并为申请人提供机会,以从[知识产权][专利]局取得已符合公开要求的肯定性决定。]

3.3收到声明的[专利][知识产权]局应/应当实行一种简单的通知程序。[将CBD/ITPGRFA的信息交换所机制等确定为中心机构,[知识产权][专利]局应/应当向其发送可用信息即可。]

3.4[各方应/应当在公布时使被公开的信息可为公众所用。]

3.5[自然界中存在的或从其中分离出的遗传资源[及其衍生物]不应/应当被视为[发明][知识产权],因此不得向其授予[知识产权][专利]权利。]

[第4条]

[例外与限制

4.1 与遗传资源、[其衍生物]和[相关传统知识][遗传资源相关传统知识]有关的[知识产权][专利]公开要求不应/应当适用于下列内容：

(a)[所有[人类遗传资源][取自人的遗传资源],[包括人类病原体];]

(b)[衍生物];

(c)[商品];

(d)[公有领域的传统知识];

(e)[位于国家管辖范围[和经济区]以外的遗传资源];以及

(f)[在[《生物多样性公约》生效]之前[1993年12月29日之前][取得][获取]的所有遗传资源。]

4.2[成员国不应/应当将本文书中的公开要求施加于本文书生效前提交的[知识产权][专利]申请,[但早于本文书已有国内法的除外]。]]

[第5条]

[与[PCT]和[PLT]的关系

5.1 应/应当对[PCT]和[PLT]进行修正,[增加][促使[PCT]和[PLT]的缔约各方在其国家立法中规定]一项遗传资源、[其衍生物]和[相关传统知识][遗传资源相关传统知识]原产地和来源的强制公开要求。修正还应/应当要求确认事先知情同意、根据与原产国共同商定的条件进行惠益分享的证据。]

[第6条]

制裁与补救办法

6.1 每个[缔约方][国家]应/应当实行适当、有效和适度的法律与行政措施，处理不遵守第3条第1款的情况，[其中包括争议解决机制]。在符合国内立法的前提下，制裁与补救办法[应/应当][可以][除其他外包括]是：

(a)授权前。

(i)在符合公开要求前，防止进一步处理[知识产权][专利]申请。

(ii)[知识产权][专利]局[根据国内法]认为申请被撤回。

(iii)防止或拒绝授予[知识产权][专利]。

(b)授权后。

(i)就未能公开公布司法判决。

(ii)[就损害赔偿处以罚金或适当补偿，包括支付版税。]

(iii)根据案情，依照国内法，可以考虑其他措施[包括撤销]。

6.2[未能履行公开要求的，[在没有欺诈的情况下，]不应影响已授予的[知识产权][专利权]的有效性或可执行性。]

从文本中遍布的方括号可以看出，成员国之间意见分歧严重，几乎所有的内容都未能达成共识。成员国的分歧主要集中在以下几个方面：(1)披露义务仅在专利制度中设置，还是应扩展到其他知识产权制度？(2)披露义务的启动要件是源自、利用还是直接基于遗传资源？是源自、利用、直接基于遗传资源，还是应包括衍生物、相关传统知识、遗传资源相关传统知识？(3)仅要求公开遗传资源来源，还是需要再公开遵守提供国ABS要求的其他信息，如事先知情同意和惠益分享证据？(4)对人类遗传资源的利用是否触发披露义务？(5)违反披露义务的后果是专利申请被驳回、损害赔偿，还是影响已授权专利权/知识产权的有效性等？

事实上，不仅如此，成员国之间连最基本的政策目标也未达成共识。美国坚持认为披露义务应是防止利用了遗传资源或相关传统知识,但不具有新颖性或创造性的发明被错误授予专利权,确保专利局掌握适当可用信息,不赞成将透明度作为一项目标。巴西认为政策目标应为提高知识产权制度的透明度,确保其与保护遗传资源的其他国际公约互补,以及避免错误授予专利。印度则强调防止盗用遗传资源。在政策目标仍未达成共识的前提下,可以想见,谈判必将艰苦卓绝、旷日持久。

(三)世界贸易组织

《与贸易有关的知识产权协议》(TRIPs)是关贸总协定乌拉圭回合中达成的涉及世界贸易的28项单独协议中有关知识产权保护的重要协议之一,于1994年4月15日由各国代表在摩洛哥的马拉喀什签字,并于1995年1月1日起生效,由同时成立的世界贸易组织管理。TRIPs是迄今为止,国际上所有有关知识产权的国际公约和条约中,参加方最多、内容最全面、保护水平最高、保护程度最严密的一项国际协定。

TRIPs设立了知识产权保护的最低要求。第7条明确了其目标:"知识产权的保护和实施应有助于促进技术革新及技术转让和传播,有助于技术知识的创造者和使用者的相互利益,并有助于社会和经济福利及权利与义务的平衡。"

TRIPs第8(2)条规定:"只要与本协定的规定相一致,可能需要采取适当措施以防止知识产权权利持有人滥用知识产权或采取不合理地限制贸易或对国际技术转让造成不利影响的做法。"

TRIPs第27.3(b)条规定:"除微生物外的植物和动物,以及除非生物和微生物外的生产植物和动物的主要生物方法。但是,各成员应规定通过专利或一种有效的特殊制度或通过这两者的组合来保护植物品种。本项的规定应在《WTO协定》生效之日起四年后进行审议。”第 71 条相关内容改为：“TRIPs 理事会应在第六十五条第二款所指的过渡期期满后，审议本协定的实施情况。理事会应在考虑实施过程中所获经验的同时，在该日期后二年内、并在此后以同样间隔进行审议。理事会还可按照有理由修改或修正本协定的任何新的发展情况进行审议。”

TRIPs 第 71 条“审查和修正”一节规定：“1. 与贸易有关的知识产权理事会应在上述第 65 条第 2 款所述及的过渡期期满之后，对本协议的履行情况进行审查。理事会应参考在履行中获得的经验在过渡期期满之日 2 年后对本协议的履行情况进行审查，并在此后每隔两年审查一次。理事会也可根据可能成为对本协议进行修改或修正之理由的任何有关的新情况进行审查。”

CBD 成员国中的大多数也是 TRIPs 成员国，这为寻求 CBD 和 TRIPs 的相互支持和避免冲突提供了强大动力。TRIPs 一直在探讨知识产权与生物多样性之间的复杂关系。然而，尽管第 27.3(b)条、第 71.1 条预留了可能的立法空间，但并没有使问题简单化。以美国为代表的发达国家坚持认为讨论知识产权与生物多样性保护关系问题的平台不应该是世界贸易组织，而应该是世界知识产权组织。一些发展中国家则认为，鉴于 TRIPs 的强制性，世界贸易组织是讨论这一问题更为合适的平台。

发展中国家的诉求非常具体，就是在专利申请中设置遗传资源及传统知识来源，以及事先知情同意和惠益分享证据的披露义务。2011 年 4 月 19 日，世界贸易组织公布了《加强 TRIPs 和 CBD 相互支持的决议草案》(Draft Decision to Enhance Mutual Supportiveness between the TRIPs Agreement and the Convention on Biological Diversity)。该草案由中国、巴西、哥伦比亚、厄瓜多尔、印度尼西亚、秘鲁、泰国、非加太集团(ACP Group)、非洲国家集团

(African Group)共同提出。

《加强 TRIPs 和 CBD 相互支持的决议草案》指出:谨记 TRIPs、CBD、《名古屋议定书》的原则、目标和定义;重申国家拥有其生物资源的国家主权;强调 TRIPs 和 CBD 应互相支持,而不是背道而驰①;回想公平和平等地分享因利用遗传资源而产生的利益是 CBD 的三大核心目标之一;强调确保遗传资源和/或相关传统知识的利用必须遵循提供遗传资源和/或相关传统知识的成员国中与获取和惠益分享相关的立法的需要,即遵守 CBD 从此资源的来源国或成员国中获取的遗传资源;注意《名古屋议定书》第 17 条规定的成员国应酌情采取措施监控并加强遗传资源利用的透明度,包括酌情指定有效的检查点以收集或接收在任何阶段的研究、开发、创新、商业化前、商业化中有关遗传资源利用的信息;注意 TRIPs 理事会在总干事的主持下就将知识产权申请保护的发明所利用的遗传资源和/或相关传统知识的强制性来源披露要求引入 TRIPs 进行的广泛的讨论;承认 TRIPs 第 29 条的公开要求在缺少遗传资源和/或相关传统知识的公开时是不完整的;承认建立此类专利申请的强制性披露义务有助于防止遗传资源的窃取,以及加强遗传资源和/或相关传统知识利用的透明度。

《加强 TRIPs 和 CBD 相互支持的决议草案》提出在 TRIPs 中增加第 29bis 条"遗传资源和/或相关传统知识的来源披露":

"1. 为在本协议与生物多样性公约之间建立共同支持,成员国应考虑到本协议、生物多样性公约、关于获取遗传资源和公平公正地分享其利用所产生之惠益的名古屋议定书的目标、定义和原

---

① CBD 的第 16.5 条和《名古屋议定书》第 4 条规定了"与国际协定和文书的关系"。

则，尤其是其有关获取的知情同意，以及公平、平等分享惠益的规定。

2. 如果专利申请的客体涉及遗传资源和/或相关传统知识的利用，成员国应要求申请人公开：(i)遗传资源提供国，即遗传资源的来源国或依照 CBD 获得遗传资源和/或相关传统知识的国家；(ii)在遗传资源和/或相关传统知识提供国中的来源。成员国还应要求申请人提供国际遵约证书(IRCC)[①]复印件。如果 IRCC 在提供国不适用，申请人应提供遵守遗传资源和/或相关传统知识提供国法律要求的事先知情同意及公平分享惠益的相关信息，即遗传资源来源国或依照 CBD 获得遗传资源和/或相关传统知识的国家。

3. 成员国应在专利申请公开或授权(以先到者为准)时同时公布根据本条第二款披露的消息。

4. 成员国应实施合适、有效、适当的措施以便对不遵守本条第二款规定的义务采取有效行动。不遵守本条第二款规定的披露义务，专利申请不应继续。

5. 如果在专利授权后发现申请人未披露本条第二款规定的消息，或者提交虚假及欺骗性信息，或者有证据显示对遗传资源和/或传统知识的利用违反遗传资源和/或相关传统知识提供国，即遗传资源来源国或依照 CBD 获得遗传资源和/或相关传统知识的国家的法律，成员国应予以处罚，可以包括行政处罚、刑事处罚、罚金，以及充分的损害赔偿。成员国可以针对违反本条第二款规定的义务采取其他措施与处罚，包括无效。”

---

① 《名古屋议定书》第 17.3 条规定：国际公认的遵守证书应可资证明，其所涵盖的遗传资源是按照事先知情同意获得并订立了共同商定条件，以符合提供事先知情同意的缔约方的获取和惠益分享国内立法或监管要求。

如同IGC未取得实质进展，这一显然有利于发展中国家的第29bis条的落实并不乐观。

然而，尽管国际公约进展缓慢，经过这么多年的充分讨论，反对遗传资源来源披露义务的发达国家也未能从CBD、世界知识产权组织管理的公约，以及TRIPs中找到可以明确反对遗传资源来源披露义务的法律依据，这暗示了成员国广阔的国内立法空间。事实上，不仅我国，很多国家也的确在本国法中设置了遗传资源来源披露义务。

五、典型国家遗传资源来源披露义务

在遗传资源来源披露义务这一问题上，世界各国形成了界限分明的三大阵营。

第一阵营拥有丰富的遗传资源，但是遗传资源利用能力弱。这些国家支持遗传资源来源披露，希望以此监控遗传资源利用，并得以分享惠益。属于这一阵营的国家包括我国、印度、巴西、菲律宾、秘鲁、南非等。

第二阵营支持在国际公约及本国法中贯彻CBD目标，但是在具体条款的设置中，如违反遗传资源来源披露义务的后果，与第一阵营国家有很大分歧。欧洲国家，如挪威、意大利、德国属于这一阵营。

第三阵营不支持任何形式的遗传资源来源披露义务，认为遗传资源获取与惠益分享问题不能与专利制度联系起来，这些问题应该由国家ABS法或合同法予以解决。支持者以美国、日本为代表。

具体见表8-1。

表 8-1　典型国家遗传资源来源披露义务

国别	启动要件	披露内容	违反披露义务的后果
巴西	发明利用来自巴西领土、大陆架或专属经济区内的遗传资源	遗传材料和遗传知识与相关传统知识的来源;遗传资源管理委员会的授权信息(编号和日期)	警告;罚款;暂停注册、专利、许可或授权;取消注册、专利、许可或授权;扣押包含遗传组分的样本、收集或加工过程中使用的工具或因相关传统知识信息而获得的产品等
埃及	发明涉及生物、或动植物产品、或传统医药、农业、工业或工艺品知识、文化或环境遗产	证明发明人根据阿拉伯埃及共和国的法律进入来源,通过合法的方式获取材料的文件	视为撤回申请
印度	说明书提及生物材料	生物材料的来源和地理来源	专利申请异议;撤销专利权;罚金;刑罚
菲律宾	知识产权申请所包含客体的开发过程中利用或基于任何生物多样性、遗传资源或材料、相关的传统知识以及土著知识、体系和实践	生物多样性、遗传资源或材料、相关的传统知识以及土著知识、体系和实践;一级来源;二级来源,当没有已知的一级来源信息时	遗传资源获取与利用协议的撤销或无效,已收集材料的没收,在菲律宾获取生物资源的永久禁令。所述违规行为将在国内或国际媒体上公布,并应报至国际和地区监管机构。其他国内法规定的刑事、行政和民事制裁

续表

国别	启动要件	披露内容	违反披露义务的后果
南非	发明基于本土生物资源、遗传资源或传统知识或用途	使用本土生物资源、遗传资源或传统知识或用途的权利或授权的证明，包括许可证副本；获得事先知情同意的证据（如果适用）；材料转让协议的证明（如果适用）；利益分享协议的证明（如果适用）；发明的共有权证明（如果适用）	驳回专利申请；撤销专利权
安第斯共同体	发明源于成员国的遗传资源或其衍生产品	获取协议的注册号，并提供副本	丧失优先权；专利权无效
欧盟	发明基于植物或动物来源的生物材料或使用了该材料	材料的地理来源信息	无
瑞典	发明涉及植物或动物来源的生物材料或使用了该材料	材料的地理来源信息	无
瑞士	发明直接基于遗传资源	遗传资源来源信息	故意做出虚假陈述应承担最高100,000瑞士法郎的罚款
意大利	发明基于动物或植物来源的生物材料	生物材料的来源国；人类遗传材料提供者的事先知情同意	无

续表

国别	启动要件	披露内容	违反披露义务的后果
挪威	发明涉及或使用生物材料	材料的提供国及原始来源国;如果提供国的国家法要求获取生物材料或使用传统知识应经事先同意,申请应说明是否已获得此类同意;人类遗传材料提供者的事先知情同意	提供虚假证词的,判处两年以下监禁或处以罚金。对于任何帮助和教唆其提供虚假证言的人给予相同处罚
比利时	发明开发基于植物或动物来源的生物材料	材料的地理来源信息	无
丹麦	发明涉及或使用植物或动物来源的生物材料	材料的地理来源信息	无
德国	发明基于动物或植物来源的生物材料或使用该材料	材料的地理来源信息	无

从以上汇总表可以看出:(1)第一阵营国家对违反披露义务的法律后果规定更为严厉,除驳回专利申请、专利权撤销或无效外,还可能包含罚款、刑罚、违法行为公示、禁止参加研究活动等。(2)对于制定了ABS专门法的国家,如巴西、南非,ABS法与专利法可以良好互动。ABS法规定专利申请应获得遗传资源管理部门的许可,专利法则规定专利申请应提供遗传资源管理部门出具的许可证等授权证明。由于许可证的颁发往往涉及事先知情同意、共同商定条件、惠益分享规划等,因此对遗传资源提供者利益的保护更为全面。(3)第二阵营多为欧盟成员国,在国内贯彻《欧盟生物技术指令》呈现很大的相似性。违反披露义务一般没有法

律后果,或者至少不涉及专利权的获得与稳定。

六、我国遗传资源来源披露义务与实施现状

作为 CBD 缔约国,为了履行公约义务,并且遗传资源来源披露义务的设置也显然有利于我国利益,2008 年,我国《专利法》引入遗传资源来源披露义务,具体条文如下:

(一)相关法律规定

1.《专利法》

第 5 条规定:对违反法律、社会公德或者妨害公共利益的发明创造,不授予专利权。对违反法律、行政法规的规定获取或者利用遗传资源,并依赖该遗传资源完成的发明创造,不授予专利权。

第 26 条规定:申请发明或者实用新型专利的,应当提交请求书、说明书及其摘要和权利要求书等文件。请求书应当写明发明或者实用新型的名称,发明人的姓名,申请人姓名或者名称、地址,以及其他事项。说明书应当对发明或者实用新型作出清楚、完整的说明,以所属技术领域的技术人员能够实现为准;必要的时候,应当有附图。摘要应当简要说明发明或者实用新型的技术要点。权利要求书应当以说明书为依据,清楚、简要地限定要求专利保护的范围。依赖遗传资源完成的发明创造,申请人应当在专利申请文件中说明该遗传资源的直接来源和原始来源;申请人无法说明原始来源的,应当陈述理由。

2.《专利法实施细则》

第 26 条第 1 款规定:专利法所称遗传资源,是指取自人体、动物、植物或者微生物等含有遗传功能单位并具有实际或者潜在价值的材料;专利法所称依赖遗传资源完成的发明创造,是指利用了遗传资源的遗传功能完成的发明创造。

第44条规定:《专利法》第34条和第40条所称初步审查,是指审查专利申请是否具备《专利法》第26条或者第27条规定的文件和其他必要的文件,这些文件是否符合规定的格式,并审查下列各项:发明专利申请是否明显属于《专利法》第5条、第25条规定的情形,是否不符合《专利法》第18条、第19条第1款、第20条第1款或者本细则第16条、第26条第2款的规定,是否明显不符合《专利法》第2条第2款、第26条第5款、第31条第1款、第33条或者本细则第17条至第21条的规定……国务院专利行政部门应当将审查意见通知申请人,要求其在指定期限内陈述意见或者补正;申请人期满未答复的,其申请视为撤回。申请人陈述意见或者补正后,国务院专利行政部门仍然认为不符合前款所列各项规定的,应当予以驳回。

第53条规定:依照《专利法》第38条的规定,发明专利申请经实质审查应当予以驳回的情形是指:(1)申请属于《专利法》第5条、第25条规定的情形,或者依照《专利法》第9条规定不能取得专利权的;(2)申请不符合《专利法》第2条第2款,第20条第1款,第22条,第26条第3款、第4款、第5款,第31条第1款或者本细则第20条第2款规定的……

第65条规定:依照《专利法》第45条的规定,请求宣告专利权无效或者部分无效的,应当向专利复审委员会提交专利权无效宣告请求书和必要的证据一式两份。无效宣告请求书应当结合提交的所有证据,具体说明无效宣告请求的理由,并指明每项理由所依据的证据。前款所称无效宣告请求的理由,是指被授予专利的发明创造不符合《专利法》第2条,第20条第1款,第22条,第23条,第26条第3款、第4款,第27条第2款,第33条或者本细则第20条第2款、第43条第1款的规定,或者属于《专利法》

第5条、第25条的规定,或者依照《专利法》第9条规定不能取得专利权。

第109条规定:国际申请涉及的发明创造依赖遗传资源完成的,申请人应当在国际申请进入中国国家阶段的书面声明中予以说明,并填写国务院专利行政部门制定的表格。

就依赖遗传资源完成的发明创造申请专利的,申请人应当在请求书中予以说明,并填写国务院专利行政部门制定的表格。

3.《专利审查指南》

第一部分第一章第5.3节涉及遗传资源的申请:就依赖遗传资源完成的发明创造申请专利,申请人应当在请求书中对于遗传资源的来源予以说明,并填写遗传资源来源披露登记表,写明该遗传资源的直接来源和原始来源。申请人无法说明原始来源的,应当陈述理由。对于不符合规定的,审查员应当发出补正通知书,通知申请人补正。期满未补正的,审查员应当发出视为撤回通知书。补正后仍不符合规定的,该专利申请应当被驳回。

第二部分第一章第3.2节根据《专利法》第5条第2款不授予专利权的发明创造:根据《专利法》第5条第2款的规定,对违反法律、行政法规的规定获取或者利用遗传资源,并依赖该遗传资源完成的发明创造,不授予专利权。根据《专利法实施细则》第26条第1款的规定,专利法所称遗传资源,是指取自人体、动物、植物或者微生物等含有遗传功能单位并具有实际或者潜在价值的材料;专利法所称依赖遗传资源完成的发明创造,是指利用了遗传资源的遗传功能完成的发明创造。

在上述规定中,遗传功能是指生物体通过繁殖将性状或者特征代代相传或者使整个生物体得以复制的能力。

遗传功能单位是指生物体的基因或者具有遗传功能的DNA

或者 RNA 片段。

取自人体、动物、植物或者微生物等含有遗传功能单位的材料，是指遗传功能单位的载体，既包括整个生物体，也包括生物体的某些部分，例如，器官、组织、血液、体液、细胞、基因组、基因、DNA 或者 RNA 片段等。

发明创造利用了遗传资源的遗传功能是指对遗传功能单位进行分离、分析、处理等，以完成发明创造，实现其遗传资源的价值。

违反法律、行政法规的规定获取或者利用遗传资源，是指遗传资源的获取或者利用未按照我国有关法律、行政法规的规定事先获得有关行政管理部门的批准或者相关权利人的许可。例如，按照《畜牧法》和《畜禽遗传资源进出境和对外合作研究利用审批办法》的规定，向境外输出列入中国畜禽遗传资源保护名录的畜禽遗传资源应当办理相关审批手续，某发明创造的完成依赖于中国向境外出口的列入中国畜禽遗传资源保护名录的某畜禽遗传资源，未办理审批手续的，该发明创造不能被授予专利权。

对于依赖遗传资源完成的发明创造，审查员还应当审查申请人是否提交了专利局制定的遗传资源来源披露登记表，该遗传资源来源披露登记表中是否说明了该遗传资源的直接来源和原始来源；对于未说明原始来源的，是否说明了理由。

第二部分第十章第 9.5.1 节对于术语的解释：专利法所称遗传资源的直接来源，是指获取遗传资源的直接渠道。申请人说明遗传资源的直接来源，应当提供获取该遗传资源的时间、地点、方式、提供者等信息。专利法所称遗传资源的原始来源，是指遗传资源所属的生物体在原生环境中的采集地。遗传资源所属的生物体为自然生长的生物体的，原生环境是指该生物体的自然生长环境；

遗传资源所属的生物体为培植或者驯化的生物体的,原生环境是指该生物体形成其特定性状或者特征的环境。申请人说明遗传资源的原始来源,应当提供采集该遗传资源所属的生物体的时间、地点、采集者等信息。

第二部分第十章第 9.5.2 节对披露内容的具体要求:就依赖遗传资源完成的发明创造申请专利,申请人应当在请求书中对于遗传资源的来源予以说明,并且在专利局制定的遗传资源来源披露登记表(以下简称为登记表)中填写有关遗传资源直接来源和原始来源的具体信息。

申请人对直接来源和原始来源的披露应符合登记表的填写要求,清楚、完整地披露相关信息。如果遗传资源的直接来源为从某个机构获得,例如,保藏机构、种子库(种质库)、基因文库等,该机构知晓并能够提供原始来源的,申请人应当提供该遗传资源的原始来源信息。申请人声称无法说明原始来源的,应当陈述理由,必要时提供有关证据。例如,指明"该种子库未记载该遗传资源的原始来源""该种子库不能提供该遗传资源的原始来源",并提供该种子库出具的相关书面证明。

第二部分第十章第 9.5.3 节对于遗传资源来源披露的审查:在依据《专利法》第 26 条第 5 款和《专利法实施细则》第 26 条第 2 款进行审查时,审查员应当首先仔细阅读说明书和权利要求书,准确理解发明,在此基础上确定发明创造的完成是否依赖于遗传资源以及所依赖的是何种遗传资源。

对于依赖于遗传资源完成的发明创造,审查员应当审查申请人是否提交了登记表。

如果申请人未提交登记表,审查员应当在审查意见通知书中告知申请人补交登记表,通知书中还应当具体指明哪些遗传资源需要披露来源并说明理由。

如果申请人提交的登记表中仅披露了部分遗传资源的来源，审查员应当在审查意见通知书中告知申请人补全登记表，通知书中还应当具体指明需要补充披露来源的遗传资源并说明理由。

如果申请人提交了登记表，审查员应当审查该登记表中是否说明了该遗传资源的直接来源和原始来源；对于未说明原始来源的，是否说明了理由。如果申请人填写的登记表不符合规定，审查员应当在审查意见通知书中指出登记表中存在的缺陷。经申请人陈述意见或者进行修改后仍不符合《专利法》第 26 条第 5 款规定的，审查员应当驳回其专利申请。

需要注意的是，登记表中的内容不属于原说明书和权利要求书记载的内容，因此不能作为判断说明书是否充分公开的依据，也不得作为修改说明书和权利要求书的基础。

通过三要件解构我国遗传资源来源披露义务的相关规定：

(1)启动要件——依赖遗传资源完成的发明创造。

《专利法》规定"依赖遗传资源完成的发明创造"应披露遗传资源的来源，即"利用了遗传资源的遗传功能完成的发明创造"，也就是"对遗传功能单位进行分离、分析、处理等，以完成发明创造，实现其遗传资源的价值"。

综上所述，启动要件应为：发明创造对遗传资源(包含人类遗传资源)的遗传功能单位进行分离、分析、处理等，以完成发明创造，实现其遗传资源的价值。

(2)披露内容——遗传资源的直接来源和原始来源。

若发明创造是依赖于遗传资源完成的，专利申请人在申请流程中在提交一般申请文件的基础上，还需要单独填写《遗传资源来源披露登记表》。该表的内容除包括基本信息外，还需要填写遗传资源的名称、获取途径、直接来源与原始来源。无法说明的，需写明理由，必要时提供证据。例如，说明“该种子库未记载（或不能提供）该遗传资源的原始来源”，并提供相关书面证明。此外，如果直接获取方式为自行采集或委托采集，则须说明该遗传资源的原始来源，并披露至省（市）一级。确实不知道原始来源的，必须说明理由。

披露内容不包括事先知情同意和惠益分享证据。

（3）违反披露义务的后果——专利申请被驳回。

根据《专利法实施细则》第 44 条的规定，违反《专利法》第 26 条第 5 款义务时，国务院专利行政部门应当发出通知要求其陈述意见或补正；申请人期满未答复视为撤回。申请人陈述意见或者补正后，仍不符合规定的应当予以驳回。《专利法实施细则》第 53 条也规定了不符合规定应予以驳回的情形。

另外，根据《专利法实施细则》第 65 条的规定，违反《专利法》第 26 条第 5 款不是请求专利权无效的理由，违反《专利法》第 5 条第 2 款是请求专利权无效的理由。

（二）实施效果

我国遗传资源来源披露义务的实施效果可以从一组数据中看出端倪。从 2009 年 10 月 1 日（遗传资源来源披露义务的正式施行日）至 2013 年 6 月 30 日，7149 份提交到国家知识产权局的专利申请文件包含《遗传资源来源披露登记表》，其中 7111 份申请来自国内，其余申请来自国外。在这些国外申请中，9 份来自韩国，6 份来自美国，6 份来自印度尼西亚，法国、丹麦各 3 份，印度、加拿大、瑞士、德国和芬兰各 1 份。

7149 份申请中，75.70% 的申请是在审查员的要求下才补交了《遗传资源来源披露登记表》，只有 24.30% 的申请自愿提交了表格。在递交了《遗传资源来源披露登记表》的申请中，83.80%的申请被授权，只有1.96%的申请被驳回，其他的或者是自愿撤回，或者是视为撤回。被驳回的申请所基于的驳回理由基本为违反《专利法》第22条（关于新颖性、创造性）及第26条第3款（关于充分公开）的规定，没有一份申请是因违反《专利法》第5条第2款和第26条第5款而被驳回的。[①]

设立遗传资源来源披露义务的目的是监测遗传资源的获取与利用，那么实施效果的评价也应着眼于是否实现了这一立法目的。从以上数据来看，大多数的申请人怠于主动披露，选择交由审查员决定是否需要提交表格。由于专利授权后，违反披露义务不作为无效理由，因此申请人等待审查员发出补正通知书的做法不存在风险。另外，由于陈述理由是很容易满足的要件，就发生了如前所述的"没有一份申请是因违反《专利法》第5条第2款和第26条第5款而被驳回的"。尽管如此，依审查员要求，申请人必须补交专利申请，否则专利申请将被驳回。因此，可以认为，绝大多数"利用了遗传资源的遗传功能完成的发明创造"应在形式上满足"披露遗传资源直接来源和原始来源"。

目前并没有任何数据说明专利申请人的披露有多少是虚假披露或不完全披露，但比较明确的是，即使专利申请人虚假或不完全披露，在专利权已经被授予后，也很难再追究专利权人的法律责任，原因在于：（1）违反《专利法》第26条第5款不构成请求宣告专利权无效的理由；（2）目前并没有除专利法外的法律法规规制遗传资源来源披露，因此也不能依据《专利法》第5条第2款请求

---

① Qingkui Zhang, Dongcheng Pang, *Chinese Patent Law and Protection for Genetic Resources*, Iam-Media (May. 30, 2014), http://www.iam-media.com/Magazine/Issue/66/Management-report/Chinese-patent-law-and-protection-for-genetic-resources.

宣告专利权无效；(3)当遗传资源来源信息的披露未导致“说明书未对发明或者实用新型作出清楚、完整的说明，所属技术领域的技术人员不能够实现”(很多情况下如此)，则也不能据此请求宣告专利权无效。

既然没有严格的法律责任，如实披露遗传资源来源将依赖于专利申请人的自觉。然而，之前爱德华·哈蒙德(Edward Hammond)的研究表明，披露遗传资源来源并不是申请人倾向做出的选择。

设立较为严厉的法律责任，震慑违反披露义务的行为，才能使披露义务被专利申请人认真对待。事实上，绝大多数规定了披露义务的发展中国家也的确规定了严厉的法律后果，如驳回专利申请、撤销/无效专利权、撤销遗传资源获取与利用协议、罚金、刑罚。

最后，也需要指出，申请人怠于履行披露义务与我国立法的模糊性也有关。我国《专利法》规定“依赖”遗传资源完成的发明创造应披露遗传资源的来源，《专利审查指南》进一步将“依赖遗传资源完成的发明创造”定义为“利用了遗传资源的遗传功能完成的发明创造”。“依赖”属于主观性较强的词语，通过进一步定义为“利用”，会带来法律的模糊性，申请人容易无所适从。

七、完善建议

基于国际公约给出的广阔的立法空间，应充分考虑我国作为遗传资源提供国的基本立场，遵循专利制度基本原理，尽量减少对创新的抑制。本书提出我国遗传资源披露义务完善建议如下。

(一)扩展“遗传资源”的定义范围至包含“衍生物”

确定“遗传资源”的定义是立法的前提。作为提供国，应尽可能采取宽泛的定义。与之相反，从不讳言其利用国立场的欧盟在贯彻《名古屋议定书》之前的论证报告中，指出其“并没有明显的理由采纳超出议定书对遗传资源的狭义定义，而扩展到生物资源，或者遗传资源及生物资源，作为遗传资源利用国，采取广义解释将使其利用源于国外的资源时承担额外的负担”。①

我国《专利审查指南》将“遗传资源”定义为“取自人体、动物、植物或者微生物等含有遗传功能单位并具有实际或者潜在价值的材料”，并进一步将“遗传功能单位”定义为“生物体的基因或者具有遗传功能的 DNA 或者 RNA 片段”。按照这一定义，不含遗传功能单位的衍生物显然无法被归类到遗传资源中，进而得到同等保护。

将衍生物纳入来源披露义务的范围显然符合我国利益，符合《名古屋议定书》的规定。因此建议将遗传资源定义为“取自人体、动物、植物或者微生物等含有遗传功能单位或衍生物并具有实际或者潜在价值的材料”。其中，衍生物可直接采纳《名古屋议定书》的定义，即“由生物或遗传资源的基因表达或新陈代谢所产生的天然生物化学化合物，即使其不含有遗传功能单位”。具体而言：

《专利法实施细则》第 26 条修改为：专利法所称遗传资源，是指取自人体、动物、植物或者微生物等含有遗传功能单位或衍生物并具有实际或者潜在价值的材料；专利法所称利用遗传资源完成的发明创造，是指利用了遗传资源的遗传功能完成的发明创造。

《专利审查指南》依据以上条款作出相应修改。

---

① Institute for European Environmental Policy, Ecologic Institute, Germany GHK, United Kingdom, Study to Analyse Legal and Economic Aspects of Implementing the Nagoya Protocol on ABS in the European Union, Final Report, 10 August, 2012. p. 80.

(二)“利用遗传资源”作为披露义务启动要件

各国立法采用了不同的词汇或短语描述发明和遗传资源之间的联系。如涉及(involve,埃及)、提及(mention,印度)、直接基于(directly based on,菲律宾、瑞士)、基于或源于(based on or derive from,南非)、获取或开发自(obtained or developed from,安第斯共同体)、基于(based on,欧盟)、涉及(concern,瑞典)、基于(based on,意大利、德国)、涉及或使用(concerns or uses,挪威)、开发所基于(on the basis of which ... has been developed,比利时)、涉及或使用(relates to or uses,丹麦)。

IGC 第二次意见修改稿中则聚焦于“源自”(derived from)、“有意识地源自”(consciously derived from)、“利用”(utilization of)、“直接基于”(directly based on)四个短语,但是讨论的焦点仅集中在“利用”及“直接基于”。

瑞士代表团是“直接基于”这一概念的主张者,其认为“直接基于”遗传资源或传统知识的发明是指倘若没有该遗传资源或传统知识,就不会存在的发明。IGC 协调人巴格利女士在此基础上,建议“直接基于”遗传资源或传统知识的发明是指发明必须直接利用遗传资源,即依赖于发明人必须实际获取或取得非有形的遗传资源或相关传统知识的具体属性。

对此,巴西代表团表示,“直接基于”概念不明确,会给专利申请人带来不确定性,为义务的触发点增添了主观因素。尼日利亚等代表团支持这一观点,认为添加“直接基于”或“有意识地源自”等主观词语将造成不确定性并且缺乏清晰度。①

---

① WIPO/GRTKF/IC/29/8, Wipo(Jan. 1,2023), http://www.wipo.int/meetings/en/doc_details.jsp?doc_id=339682.

我国《专利审查指南》规定依赖遗传资源完成的发明创造应披露遗传资源的来源。“依赖”对应的英文是“rely on”，仅从字面来看，与 IGC 建议稿“直接基于”（directly based on）接近。IGC 协调人巴格利女士也的确用“依赖”解释“直接基于”。但是《专利审查指南》进一步将“依赖遗传资源完成的发明创造”定义为“利用了遗传资源的遗传功能完成的发明创造”。

“依赖”与“直接基于”同样属于主观性较强的词语，通过进一步定义为“利用”（确切地说，是“利用遗传功能”），会带来法律的更不确定性。例如，将野生种大豆中的目标基因转入栽培种大豆，以使其获得有益性状，那么野生种大豆和栽培种大豆的来源是否都需要披露呢？这一技术方案的本质是对野生种大豆遗传功能的利用，从而实现野生种大豆的价值，显然依赖于野生种，野生种的来源必须披露。但该方案中，栽培种大豆只是作为野生种大豆目标基因的载体存在，换句话说，栽培种具有可替代性，因此这一发明创造很难说是“依赖”于栽培种。然而，野生种大豆的目标基因通过与栽培种的基因组进行重组，在栽培种中得以表达从而显示出其有益性状，这似乎应该属于“利用了遗传资源的遗传功能完成的发明创造”。通过这一案例可以看出，使用“利用”来解释“依赖”带来了法律的不确定性。

“利用”与“直接基于”代表了发明与遗传资源之间的两种不同紧密程度，前者紧密程度低，后者紧密程度高。因此，选择“利用”意味着更多的遗传资源相关发明可以触发披露义务，这也是绝大多数发展中国家支持使用“利用”，而非“直接基于”的重要原因。

将“依赖”遗传资源修改为“利用”遗传资源的第二个理由是，根据上一条建议，即将遗传资源的定义扩展至包含衍生物，再使用

"利用了遗传资源的遗传功能完成的发明创造"作为启动要件大大缩小了可以启动披露义务的范围,不符合我国的立场。

综上所述,建议规定"利用遗传资源完成的发明创造"为来源披露义务触发点。

(三)披露内容包含获取与惠益分享合法证明

IGC讨论的焦点之一为是否需要披露事先知情同意与惠益分享证据。

事先知情同意概念正式具有法律含义主要在两个完全不同的领域:关于医疗程序的要求和危险物质跨界流动的国际条约。最初,事先知情同意适用于个人(医生与患者)或国家(被视为公司法人)之间的关系,限于特定范围（如化学品）和特定时间(对治疗或运输的紧急决定)。[①]

事先知情同意是一项复杂的制度,前文所述的《波恩准则》对事先知情同意的基本原则、基本组成部分、取得程序提出的建议框架也揭示了这一点。惠益分享机制也存在其复杂性。惠益分享因惠益的类型、利益相关者以及各国的具体条件而有不同。惠益分享机制应具备灵活性,根据具体情况差异适用,并由参与惠益分享的合作者共同决定。

正因为事先知情同意和惠益分享的复杂性,巴西和印度制定了专门的ABS法予以规制,不能获得事先知情同意,不能对惠益分配进行安排,则不能获得遗传资源获取及利用的许可,也因此不能针对遗传资源利用成果主张知识产权保护。对于专利授权机关来说,只需审查申请人是否能提供遗传资源获取与利用的许可证

① 参见秦天宝:《论遗传资源获取与惠益分享中的事先知情同意制度》,载《现代法学》2008年第3期。

即可。

对于没有 ABS 法具体规定事先知情同意及惠益分享的国家来说,要求披露事先知情同意及惠益分享证据将使专利授权机构不得不承担起 ABS 主管部门的繁重职责。专利审查员有时专业判断力不足,审查往往耗时耗力。而这些审查成本最终会转移给专利申请,专利申请的成本更会直接地影响申请人的申请意愿,从而最终阻碍专利创新激励机制的正常运行。

因此,我国专利法是否应要求披露事先知情同意和惠益分享证据,需要建立在我国是否有 ABS 相关立法明确事先知情同意和惠益分享的基础上。《征求意见稿》规定了事先知情同意和惠益分享,也使专利法要求披露事先知情同意和惠益分享证据有了基础。

然而,需要指出的是,根据《征求意见稿》,只有获取我国的遗传资源,才需要和提供者达成惠益分享协议。而《专利法》所规定的“利用遗传资源完成的发明创造”并非一定基于我国遗传资源的获取,例如,购买商业化的遗传资源也是常见的遗传资源的获取方式,这必须在规定中予以明确,即仅要求获取并利用我国遗传资源完成的发明创造提交事先知情同意/惠益分享证据。

综上所述,建议披露内容包含事先知情同意/惠益分享证据,可采用与《征求意见稿》统一的描述方式,即获取与惠益分享合法证明。《专利法》第 26 条第 5 款修改为:利用遗传资源完成的发明创造,申请人应当在专利申请文件中说明该遗传资源的直接来源和原始来源;获取并利用我国遗传资源完成的发明创造,申请人还应当出具遗传资源获取与惠益分享合法证明;申请人无法说明原始来源或出具遗传资源获取与惠益分享合法证明的,应当陈述理由。

（四）违反披露义务的后果为惩罚性使用费

IGC讨论的最为焦点的问题是违反遗传资源来源披露义务的后果，以下是几种代表性观点：

尼日利亚、南非、印度、纳米比亚、巴西等代表团以及一些观察员提出必须规定允许专利无效/撤销这种严厉的处罚。①

澳大利亚代表团认为当专利是通过欺诈、虚假或失实陈述获得时，可以宣布专利无效，同时根据TRIPs第32条的规定，应提供对该决定进行司法审查的机会。

挪威代表团认为，在专利申请被授权之前，违反披露义务应导致专利申请被驳回或不能被继续处理。但是在已经授予专利权的情况下，违反披露义务不应影响专利权的有效性或造成已授权专利的不可实施。披露义务的目标之一是确保遗传资源及相关传统知识的利用被公开、事先知情同意要求及获取和惠益分享制度得到尊重，如果违反披露义务导致专利权无效，将使惠益分享不能发生，因为作为惠益分享基础的专利权不存在了，这不符合惠益分享各参与者或整个社会的利益。专利授权后的惩罚手段应仅限于民事和刑事，如对欺诈或提供错误信息的行为处以罚款。

纳米比亚代表团提出了一种无效专利的替代方案，如果专利权人违反披露义务，则将专利权转授或转让给遗传资源或相关传统知识的提供者，使专利权继续保持有效性，从而仍然有可能产生惠益。②

没有专利权就没有惠益分享？这是争论焦点。这一问题可进

① 在IGC的讨论中，一些国家使用撤销（revocation），而非无效（invalidation），但撤销和无效均导致专利权的丧失，在这一点上，这两个字眼并无本质区别。

② WIPO/GRTKF/IC/29/8，Wipo（Mar. 2，2023），http://www. wipo. int/meetings/en/doc_details. jsp?doc_id = 339682.

一步明确为专利技术的商业化是否依赖于专利权的有效性？有的代表团举例指出，如果药品正在销售中，专利无效可能造成仿制药迅速进入市场，专利权人被迫撤出市场或利润急剧下降，利益分享基础丧失。

事实上，对于医药或生物技术产业来说，以上情况的确很可能发生，因为这两个产业对专利制度的依赖性极高，耗资多、研发时间长、成功率低是其研发的共同特点。与这一特点不相对应的是，医药或生物技术产品仿制成本相对很低。因此，在这两个产业中，专利技术的商业化通常必须依赖于专利权的有效性，即没有专利权就没有惠益分享。

然而，即使（目前没有确凿的数据表明各技术领域对专利保护的依赖程度差异）医药和生物技术产业对专利保护的依赖程度高于化妆品、食品与饮料等其他利用遗传资源的产业，通过技术领域的划分来决定是否为无效专利也并不合理。TRIPs 第 27.1 条规定了专利授权的技术领域非歧视条款："专利可授予所有技术领域的任何发明，无论是产品还是方法，只要它们具有新颖性、包含发明性步骤，并可供工业应用。"技术领域的区别从未在根本上影响专利的申请、授权与无效。且不说清晰划分各技术领域的可能性，通过划分技术领域来决定专利无效很可能违反 TRIPs。

通过个案认定专利无效对专利技术商业化的影响也不现实。无论是专利权人，还是遗传资源提供者都将因此面临极重的举证负担。影响专利技术商业化的因素不仅包括专利权是否有效，还可能涉及市场营销策略、公司战略、竞争对手等，而且一项商业化产品也很有可能附着若干项专利，其中一项或几项专利对商业化的影响权重很难客观确定。

另外，针对违反遗传资源披露义务的无效来说，专利权或者有效,或者无效,通常不存在部分无效这样的中间地带,这与基于其他理由,如缺乏新颖性、创造性的无效有所不同。对于后者,专利权人可通过构建有层次的权利要求尽量避免权利要求全部无效的后果。因此,主张专利无效作为惩罚手段的尼日利亚、南非、印度等代表团也认为专利无效只能在极端下适用。

反对将专利无效作为惩罚手段的最后一个理由是:这会带来专利权的不确定性,削弱发明人对权利获得与维持的稳定预期,进而破坏专利制度鼓励创新的本意,影响专利制度的正常运行。

因此,本书认为,专利无效并不是惩罚违反披露义务的恰当手段。当然,违反披露义务必须获得惩罚,否则将使该义务形同虚设。对于纳米比亚代表团提出的专利无效替代方案,即将专利权转授或转让给遗传资源提供者,本书认为这一提议缺乏可行性。首先,遗传资源提供者通常自身并不具备将专利技术商业化的能力与资源,也不具备寻找合适的被许可人及进行许可谈判的能力与资源,因此会阻碍专利技术的推广与应用。其次,这一建议对专利权人的震慑力过于极端。专利无效后,专利技术进入公共领域,专利权人即使不能获得独占性优势,至少可以自由使用。而如果将专利权转让给遗传资源提供者,则原专利权人完全丧失自由使用专利技术的权利。任何产品的商业化必然涉及大量的人力、物力和财力的投入,这种极具破坏性的威慑会使遗传资源利用者选择不去利用这些遗传资源,或者迫使其选择商业秘密等方式予以保护。无论如何,会使惠益分享无从谈起。

对于一些国家将"罚款"作为惩罚手段的做法,本书认为,遗传资源来源披露义务以促进遗传资源惠益分享为最终目的,惠益分享的主体是遗传资源提供者。在我国,罚款是针对专利权人虚假陈述以获得专利权行为的惩罚,属于行政处罚的范畴,罚款应上缴国库。通常情况下,只有遗传资源提供者才可能了解哪些专利违反了披露义务,如果遗传资源提供者不能因此受益,将可能丧失“举报”专利权人违反披露义务的动力,罚款这种惩罚手段容易流于空谈。

在专利制度框架下,本书建议借鉴我国强制许可制度的规定,针对故意未如实履行披露义务的行为,由国家知识产权局裁决专利权人应支付给遗传资源提供者的使用费。[①] 然而,这一使用费的确定与裁决应与强制许可制度有所不同。如果照搬强制许可制度,规定违反遗传资源来源披露义务的后果是必须和遗传资源提供者协商许可费,则专利权人缺乏动力与压力在获取与利用遗传资源之前与提供者协商或在专利申请时如实披露,会更倾向于在“事情败露”后再协商。毕竟是否“败露”取决于一系列不确定因素,例如,提供者是否注意到专利技术利用了遗传资源,以及提供者是否有意愿、有能力寻求惠益分享等。

强制许可制度服务于保障公共利益、促进专利技术传播的特定目的,专利权人基于有效专利权,并且通常不具备恶意,因此《专利法》第 62 条规定使用费应是合理的,并以双方协商为前提,不能达成协议的,才由国家知识产权局裁决。违反遗传资源来源披露义务的使用费数额则应具有惩罚性质,建议为合理使用费(专利权人在获取与利用遗传资源前即征得提供者同意而应支付的合理费用)的 3 ~5 倍,由国家知识产权局直接裁决,不以专利权人和提供者的协商为前提。

---

① 我国《专利法》第 62 条规定:取得实施强制许可的单位或者个人应当付给专利权人合理的使用费,或者依照中华人民共和国参加的有关国际条约的规定处理使用费问题。付给使用费的,其数额由双方协商;双方不能达成协议的,由国务院专利行政部门裁决。

以上建议针对违反遗传资源来源披露义务，且专利已授权的法律后果，与《专利法》第5条第2款，以及第26条第5款相互补充，并不冲突。具体为：在专利申请阶段，如未披露遗传资源直接来源和原始来源并提供获取与惠益分享合法证明的，依据第26条第5款驳回申请；如获取并利用了我国遗传资源，在申请阶段未披露或未如实披露，但专利仍获得授权，则提供遗传资源的单位或个人可以向国务院专利行政部门请求裁决使用费，确定的使用费数额应当为合理使用费的3~5倍；违反法律、行政法规的规定获取我国遗传资源（针对违反披露义务外的其他情形），并利用该遗传资源完成的发明创造，依据第5条第2款不授予专利权。

综上所述，建议在《专利法》的"专利权的保护"一章中增加条款"获取并利用我国遗传资源完成的发明创造，专利权人未在专利申请文件中说明或未如实说明该遗传资源的直接来源和原始来源，并出具遗传资源获取与惠益分享合法证明的，提供遗传资源的单位或个人可以向国务院专利行政部门请求裁决使用费，确定的使用费数额应当为合理使用费的3~5倍"。

附　件

一、典型国家遗传资源披露义务具体规定

国别	相关法律、法规	具体规定(英文)	具体规定(中文)
巴西	《暂行条例》(Provisional Act No. 2,186 - 16, dated August 23,2001)	31. Granting of industrial property rights by the competent bodies over the process or product obtained from samples of genetic heritage components is subject to compliance with this Provisional Act. The person or institution applying for the property rights must inform the origin of the genetic material and the genetic knowledge and the associated traditional knowledge, as appropriate.	31. 职能部门就遗传成分而获得的方法或产品授予工业产权应遵守本暂行条例的规定。申请产权的个人或机构必须酌情声明遗传材料和遗传知识及相关传统知识的来源。

续表

国别	相关法律、法规	具体规定(英文)	具体规定(中文)
		30(1). The administrative violations shall be punished as provided for in the complementary legislation of this Provisional Act, with the following sanctions: Ⅰ – Warning; Ⅱ – Fine; Ⅲ – Seizure of samples of the genetic heritage components and the instruments used in the collection or processing or the products obtained as a result of information on associated traditional knowledge; Ⅳ – Seizure of all products derived from a sample of a genetic heritage component or of associated traditional knowledge; Ⅴ – Suspension of the sale of the product derived from the sample of the genetic heritage component or of the associated traditional knowledge and its seizure; Ⅵ – Embargo of the activity; Ⅶ – Partial or total closure of the business, activity or undertaking; Ⅷ – Suspension of the register, patent, license or authorization; Ⅸ – Canceling of the register, patent, license or authorization; Ⅹ – Loss or reduction of fiscal incentives and benefits granted by the government;	30(1). 依照本暂行条例的补充规定，对行政违法行为依法给予处分： Ⅰ – 警告； Ⅱ – 罚金； Ⅲ – 扣押包含遗传组分的样本、收集或加工过程中使用的工具或因相关传统知识信息而获得的产品； Ⅳ – 扣押来自遗传组分或相关传统知识样本的所有产品； Ⅴ – 暂停销售来自遗传组分或相关传统知识样本的所有产品及其扣押； Ⅵ – 禁止相关活动； Ⅶ – 部分或全部关闭业务、活动或企业； Ⅷ – 暂停注册、专利、许可或授权； Ⅸ – 取消注册、专利、许可或授权； Ⅹ – 政府给予的财政激励和福利的损失或减少；

续表

国别	相关法律、法规	具体规定(英文)	具体规定(中文)
		Ⅺ – Loss or suspension of the right to receive financing from an official financing agency; Ⅻ – Intervention in the establishment; XIII– Prohibition of entering into contracts with the Public Administration for a period of up to five years.	Ⅺ – 丧失或暂停从官方资助机构获得资助的权利; Ⅻ – 介入设立; XIII– 5 年之内禁止与公共管理部门签订合同。
埃及	《知识产权法》(Law No. 82/2002 for the Protection of Intellectual Property Rights) 《知识产权法实施条例》(Executive Regulations of Law 82/2002)	13. Where the invention involves biological, plant or animal product, or traditional medicinal, agricultural, industrial or handicraft knowledge, cultural or environmental heritage, the inventor should have acquired the sources in a legitimate manner.	13. 如果发明涉及生物、植物或动物产品,或传统医药、农业、工业或工艺品知识,文化或环境遗产,发明人应以合法方式获取资源。

续表

国别	相关法律、法规	具体规定(英文)	具体规定(中文)
		14. The Patent Office may, as stipulated in the Regulations, require the applicant to make any amendments or complements which it shall deem necessary to comply with the provisions of Article 13. If the applicant fails to comply within three months of notification, he shall be considered as having withdrawn his application. 3. 3 Where the application relates to an invention or utility model involving plant or animal biological material, traditional medicinal, agricultural, industrial or handicraft knowledge, or cultural or environmental heritage, it shall be accompanied by documentation proving that the inventor has accessed the source from which the material was obtained in a legitimate manner, according to the legislation applicable in the Arab Republic of Egypt.	14. 专利局可依照条例规定,在认为必要时要求申请人做出任何修改或补充以满足第 13 条的规定。如果申请人在收到通知后三个月内仍未满足要求,视为其撤回申请。 3. 3. 如果一件发明或实用新型申请涉及植物或动物生物材料、传统医药、农业、工业或工艺品知识、文化或环境遗产,应同时提交文件证明发明人根据阿拉伯埃及共和国的法律进入来源,通过合法的方式获取材料。

续表

国别	相关法律、法规	具体规定(英文)	具体规定(中文)
印度	《专利法》(Patent Act) 《生物多样性法》(The Biological Diversity Act)	10. 4.(ii). if the applicant mentions a biological material in the specification which may not be described in such a way as to satisfy clauses (a) and (b), and if such material is not available to the public, the application shall be completed by depositing the material to an international depository authority under the Budapest Treaty and by fulfilling the following conditions, namely: (D) disclose the source and geographical origin of the biological material in the specification, when used in an invention. 25. Opposition to the patent. —(1) Where an application for a patent has been published but a patent has not been granted, any person may, in writing, represent by way of opposition to the Controller against the grant of patent on the ground— (j) that the complete specification does not disclose or wrongly mentions the source or geographical origin of biological material used for the invention; (2) At any time after the grant of patent but before the expiry of a period of one year from the date of publication of grant of a patent, any person interested may give notice of opposition to the Controller in the prescribed manner on any of the following grounds, namely —	10. 4.(ii). 如果申请人在说明书中提及的生物材料不能以满足条款(a)和(b)的方式予以描述,并且如果此类材料不能被公众获得,申请应根据布达佩斯条约向国际存管机构寄存材料以完善,并履行下列要求,即: (D)如果在发明中使用,公开说明书中生物材料的来源和地理来源。 25. 对专利的异议:(1)如果专利申请已经公开但尚未授予专利权,任何人可以基于以下理由以书面形式向主管机关提出对专利权授权的异议:(j)完整的说明书未公开或错误记载发明使用的生物材料的来源或地理来源; (2)自专利授权后,但在专利授权公开之日起一年内的任何时间,任何利害关系人可以基于以下理由,以规定方式向主管部门发出异议通知,即:

续表

国别	相关法律、法规	具体规定(英文)	具体规定(中文)
		(j) that the complete specification does not disclose or wrongly mentions the source and geographical origin of biological material used for the invention. 64. Revocation of patents. —(1) Subject to the provisions contained in this Act, a patent, whether granted before or after the commencement of this Act, may, be revoked on a petition of any person interested or of the Central Government by the Appellate Board or on a counter-claim in a suit for infringement of the patent by the High Court on any of the following grounds, that is to say— (p) that the complete specification does not disclose or wrongly mentions the source. 6. (1) No person shall apply for any intellectual property right, by whatever name called, in or outside India for any invention based on any research or information on a biological resource obtained from India without obtaining the previous approval of the National Biodiversity Authority before making such application. Provided that if a person applies for a patent, permission of the National Biodiversity Authority may be obtained after the acceptance of the patent but before the seating of tile patent by the patent authority concerned: Provided further that the National Biodiversity Authority shall dispose of the application for permission made to it within a period of ninety days from the date of receipt thereof.	(j)完整的说明书未公开或错误记载发明使用的生物材料的来源或地理来源。 64. 撤销专利:(1)根据本法的规定,无论在本法生效之前或之后授予,一项专利可以经任何利害关系人请求或中央政府的请求,基于以下理由,由复审委员会或由高等法院在专利侵权诉讼中提起的反诉而撤销,即: (p)完整的说明书未公开或错误记载来源。 6. (1) 无论以何种名义,是否在印度境内,依赖于在印度获得的生物资源的任何研究或信息未能在申请之前获得国家生物多样性管理局的事先同意,任何人都不能申请任何知识产权。如果申请专利,在专利申请由相关专利机构受理之后,但在授权之前,可以获得国家生物多样性管理局的许可;进一步规定国家生物多样性管理局应在收到申请之日起的 90 天内处理许可申请。

续表

国别	相关法律、法规	具体规定(英文)	具体规定(中文)
		(2) The National Biodiversity Authority may, while granting the approval under this section, impose benefit sharing fee or royalty or both or impose conditions including the sharing of financial benefits arising out of the commercial utilization of such rights. (3) The provisions of this section shall not apply to any person making an application for any right under any law relating to protection of plant varieties enacted by Parliament. (4) Where any right is granted under law referred to in sub-section (3), the concerned authority granting such right shall endorse a copy of such document granting the right to the National Biodiversity Authority.	(2)国家生物多样性管理局依照本条授予许可时,可以决定惠益分享费或许可使用费,或两者兼而有之,或决定包含因这些权利的商业化利用而获得的经济利益的分享条件。 (3)本节规定不应适用于任何人依照国会制定的植物品种保护相关的任何法律产生的任何权利提出的申请。 (4)如果根据第3款所指的法律授予了任何权利,授予此项权利的相关机构应向国家生物多样性管理局提交一份授权文件副本。

续表

国别	相关法律、法规	具体规定(英文)	具体规定(中文)
菲律宾	《共和国第10055号法案实施细则与条例》(Implementing Rules and Regulations of Republic Act No. 10055) 《生物勘探守则》(DENR-DA-PCSD-NCIP 2005)	12.3(c). Disclosure of potential IPRs and/or all biodiversity and genetic resource, traditional knowledge, and indigenous knowledge, systems and practices shall be governed by the following rules: i. The RDI shall provide the GFA with a written disclosure on the following: (1) any biodiversity, genetic resources or materials, associated traditional knowledge, and indigenous knowledge, systems and practices utilized in or which formed as basis in the development of the subject matter contained in the IPR application; (2) the primary source of any biodiversity, genetic resources or materials, associated traditional knowledge, and indigenous knowledge, systems and practices utilized in or which formed as basis in the subject matter contained in the IPR application; or (3) the secondary source, if no information about the primary source is available. ii. The disclosure requirement under this section shall apply when the subject matter contained in a national or international IPR application is directly based on any biodiversity, genetic resources or materials, traditional knowledge, and indigenous knowledge, systems and practices to which the RDI has had access to prior to the filing of the IPR application. The subject matter contained in the IPR application must depend on the specific properties of, or must be consciously derived from, such biodiversity and genetic resource or materials, traditional knowledge, and indigenous knowledge, systems and practices.	12.3(c). 潜在知识产权和/或所有生物多样性和遗传资源、传统知识以及土著知识、体系和实践的公开,应遵守下列规定: i. RDI应向GFA提供针对以下事项的书面公开:(1)知识产权申请所包含客体的开发过程中利用或基于的任何生物多样性、遗传资源或材料、相关的传统知识以及土著知识、体系和实践;(2)知识产权申请所包含客体的开发过程中利用或基于的任何生物多样性、遗传资源或材料、相关的传统知识以及土著知识、体系和实践的一级来源;(3)二级来源,如果没有已知的一级来源信息。 ii. 本节下的披露要求应适用于国家或国际知识产权申请所包含的客体直接基于知识产权申请提交前RDI已经获取的任何生物多样性、遗传资源或材料、传统知识以及土著知识、体系和实践。知识产权申请所包含的客体必须依赖于这样的生物多样性、遗传资源或材料、传统知识以及土著知识、体系和实践的特定特性,或必须有意识地源自这样的生物多样性和遗传资源或材料、传统知识以及土著知识、体系和实践。

续表

国别	相关法律、法规	具体规定(英文)	具体规定(中文)
		iii. Where the RDI, for reasons beyond its control, does not have the necessary information to fulfill the disclosure requirement pertaining to any biodiversity, genetic resources or materials, traditional knowledge, and indigenous knowledge, systems and practices, such as, for instance, where a plant stored in a gene bank was collected decades ago and no information about its source exists, the RDI shall submit an affidavit from its researcher/s that the latter do not have the necessary information or that the source is unknown, and state the reasons thereof. The GFA shall review the affidavit to determine if this will constitute compliance with the disclosure requirement under this rule. iv. The GFA that provided the research funds shall be responsible for ensuring that the RDI provides accurate disclosure and complies with the requirements of this Section. v. A national or international IPR application filed by the RDI before the appropriate IP office shall include in the abstract and/or description of said application the same disclosure on biodiversity, genetic resources or materials, associated traditional knowledge, and indigenous knowledge, systems and practices utilized in or which formed as basis in the development of the subject matter contained in the said application, notwithstanding that such disclosure may not be required for the grant or issuance of certificate of IPR registration.	iii. 如果RDI基于其不可控的原因而不具备足够信息履行涉及任何生物多样性、遗传资源或材料、传统知识以及土著知识、体系和实践的披露要求,例如,如果储存在基因银行的植物是多年前收集的且没有关于其来源的信息,RDI应提交其研究人员关于其没有必要信息或来源未知的宣誓书,并且说明理由。GFA应审查宣誓书以决定其是否满足本规则下的披露义务。 iv. 提供研究基金的GFA应负责确保RDI披露正确并满足本节的要求。 v. RDI提交到相应知识产权部门的国家或国际知识产权申请应在所述申请摘要和/或说明书中披露同样的关于所述申请所包含客体的开发过程中利用或基于的任何生物多样性、遗传资源或材料、相关传统知识以及土著知识、体系和实践,尽管这样的披露不是知识产权登记证书的授予和颁发所要求的。

续表

国别	相关法律、法规	具体规定(英文)	具体规定(中文)
		26. 1 The implementing agencies may seek the assistance of the DFA and DOST in monitoring inventions and commercialization undertaken in foreign countries. These Departments shall be notified in writing by the implementing agencies about BUs with foreign entities. The DFA, through its Embassies and Missions abroad, is encouraged to report to the implementing agencies any breach of the BU. In particular, the DFA is encouraged to make representations with concerned foreign authorities particularly on the following aspects: (a) Prevention of biological resources from entering countries without a BU; (b) Requiring disclosure of country of origin (CO) and presentation of BU in patent applications; (c) Facilitation of enforcement of claims against collectors or commercializing entities.	26. 1 执行机构可以寻求外交部和科技部的协助监测发明及在国外进行的商业化。执行机构应书面告知这些部门与外国实体的《生物勘探承诺》。鼓励外交部通过驻外使馆和使团向执行机构报告任何对《生物勘探承诺》的违反。尤其是鼓励外交部与有关外国当局进行交涉,特别关于以下几方面: (a)阻止生物资源进入没有《生物勘探承诺》的国家; (b)要求在专利申请中披露来源国并展示《生物勘探承诺》; (c)促进针对收集者或商业化实体的债权实施。

续表

国别	相关法律、法规	具体规定(英文)	具体规定(中文)
南非	《专利修正法案》(The Patents Amendment Act no. 20 of 2005)	30(3A). Every applicant who lodges an application for a patent accompanied by a complete specification shall, before acceptance of the application, lodge with the registrar a statement in the prescribed manner stating whether or not the invention for which protection is claimed is based on or derive from an indigenous biological resource, genetic resource, or traditional knowledge or use. 30(3B). The registrar shall call upon the applicant to furnish proof in the prescribed manner as to his or her title or authority to make use of the indigenous biological resource, genetic resource, or of the traditional knowledge or use if an applicant lodges a statement that acknowledges that the invention for which protection is claimed is based on or derived from an indigenous biological resource, genetic resource, or traditional knowledge or use. 61(1)(g). that the prescribed declaration lodged in respect of the application for the patent or the statement lodged in terms of section 30(3A) contains a false statement or representation which is material and which the patent knew or ought reasonably to have known to be false at the time when the [declaration] statement or representation was made.	30(3A).提出包含完整说明书的专利申请的申请人必须在申请被接受之前,以规定方式向注册机构提交陈述说明主张保护的发明是否基于或源于本土生物资源、遗传资源或传统知识或用途。 30(3B).注册机构应要求申请人以规定方式提供其使用本土生物资源、遗传资源或传统知识或用途的权利或授权的证明,如果申请人提交声明承认主张保护的发明基于或源于本土生物资源、遗传资源或传统知识或用途。 61(1)(g).就专利申请或根据第30(3A)条提交的声明包含基础性的虚假陈述或申述,并且在陈述或申述做出时,显然知道或应当知道其是虚假的。

续表

国别	相关法律、法规	具体规定(英文)	具体规定(中文)
安第斯共同体	《建立共同体知识产权制度》(Establishing the Common Industrial Property Regime)	26. The application for a patent shall be filed with the competent national office and shall contain the following: (h) where applicable, a copy of the access contract where the products or processes for which a patent is sought have been obtained or developed from genetic resources or products derived therefrom of which any of the member countries is the country of origin; (i) where applicable, a copy of the document accrediting the licensing or the authorization of the use of the traditional knowledge of the indigenous Afro-American or local communities of member countries where the products or processes for which protection is sought have been obtained or developed from such knowledge of which any of the member countries is the country of origin, in accordance with the provisions of Decision 391 and such of its amendments and implementing regulations as are in force; (j) where applicable, the certificate of deposit of biological material.	26. 专利申请应向国家主管机关提出,并且应包含以下内容: (h)在适用的情况下,获取协议副本,如果专利请求保护的产品或方法源自针对作为来源国的任何成员国的遗传资源或其衍生产品的获取或开发; (i)在适用的情况下,关于使用成员国中非裔——美国土著或当地社区的传统知识的授权文件或批准书副本,如果请求保护的产品或方法是依据 391 号决定和其有效的修正案和实施条例的规定,基于作为来源国的任何成员国的此类知识所获得或开发的; (j)在适用的情况下,生物材料保藏证书。

续表

国别	相关法律、法规	具体规定(英文)	具体规定(中文)
		39. If it emerges from the examination as to form that the application does not meet the conditions specified in Articles 26 and 27, the competent national office shall inform the applicant accordingly, so that he may meet those conditions within a period of two months following the date of notification. That period may be extended once by an equal amount at a request of a party without any loss of priority. If, on the expiry of the period specified, the applicant has not met the conditions mentioned, the application shall be considered abandoned and its priority shall be lost. The competent national office shall nevertheless respect the confidentiality of the application. 75. The competent national authority shall decree the absolute invalidity of a patent at any time, either ex officio or at the request of any person, where: (g) where applicable, a copy of the access contract has not been filed where the products or processes to which the patent application relates have been produced or developed with genetic resources or derived products of which any of the member countries is the country of origin.	39. 如果通过审查发现申请不满足第26条、第27条规定的条件,国家主管机关应通知相关申请人,以使申请人可以在收到通知后的两个月内满足条件。经一方当事人请求,该期限可延长一次,并且不丧失优先权。如果规定的期限届满,申请人未满足所述条件,应视为放弃申请,并且丧失优先权。尽管如此,国家主管机关应尊重申请的保密性。 75. 国家主管机关应随时依职权或根据任何人的请求判定专利绝对无效,如果: (g)在适用的情况下,未提交获取协议副本,如果专利申请涉及的产品或方法利用作为来源国的任何成员国的遗传资源或衍生产品而生产或开发。

续表

国别	相关法律、法规	具体规定(英文)	具体规定(中文)
欧盟	《关于生物技术发明法律保护的欧盟指令》(The EU Dire-ctive on the Legal Protection of Biotechnological Inventions)	27. Whereas if an invention is based on biological material of plant or animal origin or if it uses such material, the patent application should, where appropriate, include information on the geographical origin of such material, if known; whereas this is without prejudice to the processing of patent applications or the validity of rights arising from granted patents.	27. 如果发明基于植物或动物来源的生物材料或使用了该材料,专利申请应酌情包含关于该材料的地理来源信息,如果已知;然而这不影响专利申请的处理或已授权专利的权利有效性。
瑞典	《专利条例》(patents regulations)(SFS 2004:162)	5a. If an invention concerns biological material of plant or animal origin or if it uses such material, the patent application shall include information on the geographical origin of such material, if this is known. If the origin is not known, this shall be indicated. Lack of information on the geographical origin or on the knowledge of the applicant regarding the origin is without prejudice to the processing of the patent application or the validity of the rights arising from a patent granted.	5a. 如果发明涉及植物或动物来源的生物材料或使用了该材料,专利申请应包含关于该材料的地理来源信息,如果已知。如果不知道来源,应予以声明。地理来源或与申请相关的知识来源的信息的缺失不影响专利申请的处理或已授权专利的权利有效性。

续表

国别	相关法律、法规	具体规定(英文)	具体规定(中文)
瑞士	《专利法》(Swiss Patent Law, Bundesgesetz über Erfindungspatente)	49. [2]The patent application must contain information on the source: a. of the genetic resource to which the inventor or the patent applicant had access, provided the invention is directly based on this resource; b. of traditional knowledge of indigenous or local communities of genetic resources to which the inventor or the patent applicant had access, provided the invention is directly based on this knowledge. If the source is unknown to the inventor or the patent applicant, the patent applicant must confirm this in writing. 81a. [1] Any person who wilfully provides false information under Article 49a is liable to a fine of up to 100,000 francs. [2] The court may order the publication of the judgment. 138. Within 30 months of the filing or priority date, the applicant must: b. provide information on the source (Art. 49a).	49. [2]专利申请必须包含来源信息: a. 关于发明人或专利申请人已获取的遗传资源,当发明直接基于该资源做出; b. 关于发明人或专利申请人已获取的遗传资源相关的土著或当地社区的传统知识,当发明直接基于该知识做出。 如果发明人或专利申请人不知道来源,专利申请必须以书面形式载明。 81a. [1] 任何人故意做出第49a条下的虚假陈述,应承担最高100,000瑞士法郎的罚金。 [2] 法官可以命令公布判决。 138. 自申请日或优先权日起30个月,申请人必须: b. 提供来源信息(49a)。

续表

国别	相关法律、法规	具体规定(英文)	具体规定(中文)
意大利	《第 78 号法令》(Italian Law No. 78 of 22. 02. 2006)	5. 2. The source of the biological material either of animal or of vegetal derivation, on which an invention is based, is stated at the filing date of the patent application, with reference of the Country of origin, to enable both the verification of the compliance with the legislation regarding import and export of such type of material, and the organism from which the biological material was isolated. 5. 3. when the biological material, that is the object of the invention or is used to carry out the invention, is of human origin, then the patent application must enclose an express prior informed consent by the person from whom it was drawn. 5. 4. a patent application on an invention having as the object or using a biological material that contains a genetically modified microorganism or organism must be accompanied by a declaration warranting that all obligations deriving from national and community provisions concerning such modifications.	5. 2. 在专利申请的提交日声明发明所基于的动物或植物来源的生物材料的来源,参考来源国,以验证关于进出口该类材料以及分离出生物材料的有机体的立法得到遵守。 5. 3. 当作为发明的目标或用于实施发明的生物材料是人源时,专利申请必须包含生物材料所来自的人明示的事先知情同意。 5. 4. 作为目标或使用包含基因改造微生物或有机体的生物材料的发明专利申请必须附有声明,保证与此类改造相关的国家和社区规定的所有义务得到尊重。

续表

国别	相关法律、法规	具体规定(英文)	具体规定(中文)
挪威	《专利法》(The Norwegian Patents Act)《民事刑法典》(Civil Penal Code)	8b. If an invention concerns or uses biological material or traditional knowledge, the patent application shall include information on the country from which the inventor collected or received the material or the knowledge (the providing country). If it follows from the national law in the providing country that access to biological material or use of traditional knowledge shall be subject to prior consent, the application shall state whether such consent has been obtained. If the providing country is not the same as the country of origin of the biological material or the traditional knowledge, the application shall also state the country of origin. For biological material, the country of origin means the country from which the material was collected from its natural environment and, for traditional knowledge, the country in which the knowledge was developed. If the national law in the country of origin requires that access to biological material or the use of traditional knowledge shall be subject to prior consent, the application shall state whether such consent has been obtained. If the information set out in this subsection is not known, the applicant shall state that.	8b. 如果发明涉及或使用生物材料或传统知识,专利申请应包含发明人收集或接受材料或知识的国家的信息(提供国)。如果提供国的国家法要求获取生物材料或使用传统知识应经事先同意,申请应说明是否已获得此类同意。 如果生物材料或传统知识的提供国与来源国不同,申请应说明来源国。对于生物材料,来源国指从其自然环境中收集材料的国家,对于传统知识,指知识在其中发展的国家。如果来源国的国家法要求获取生物材料或使用传统知识应经事先同意,申请应说明是否已获得此类同意。如果不知道本节规定的信息,申请应予以声明。

续表

国别	相关法律、法规	具体规定(英文)	具体规定(中文)
		For biological material, the duty to disclose information under the first and second paragraphs applies even where the inventor has altered the structure of the received material. The duty to disclose information does not apply to biological material derived from the human body. If access to biological material has been provided in pursuance of Article 12.2 and Article 12.3 of the International Treaty of 3 November 2001 on Plant Genetic Resources for Food and Agriculture, a copy of the standard material transfer agreement (MTA) stipulated in Article 12.4 of the Treaty shall be enclosed with the patent application instead of the information stipulated in the first and second paragraphs. Breach of the duty to disclose information is subject to penalty in accordance with the General Civil Penal Code § 166. The duty to disclose information is without prejudice to the processing of patent applications or the validity of rights arising from granted patents. 8c. If an invention concerns or uses biological material from the human body, the patent application shall include information on whether the person from whom the material has been derived has given his/her consent to the use of the biological material, in accordance with the law of 21st February 2003 no 12 about bio banks.	对于生物材料,即使发明人已经改变了接收的材料的结构,第一段和第二段下的信息披露义务仍适用。信息披露义务不适用于源自人体的生物材料。如果已经根据2001年11月3日《粮食和农业遗传资源国际公约》第12.2条和第12.3条的规定获取了生物材料,专利申请应提供该公约第12.4条规定的材料移转协议(MTA)副本,取代第一段和第二段规定的信息。 违反披露信息义务的,依据《民事刑法典》第166条予以处罚。信息披露义务不影响专利申请的处理或已授权专利的权利有效性。 8c. 如果发明涉及或使用源自人体的生物材料,依据2003年2月21日第12号关于生物银行的法案,专利申请应包含生物材料所来自的人是否对生物材料的使用给出他/她的知情同意的信息。

续表

国别	相关法律、法规	具体规定(英文)	具体规定(中文)
		166. Any person who gives false testimony in court or before a notary public or in any statement presented to the court by him as a party to or legal representative in a case, or who orally or in writing gives false testimony to any public authority in a case in which he is obliged to give such testimony, or where the testimony is intended to serve as proof, shall be liable to fines or imprisonment for a term not exceeding two years. The same penalty shall apply to any person who causes testimony known to him to be false to be given by another person in any of the above-mentioned cases, or who aids and abets thereto.	166. 任何人在有义务作证且其证词将作为证据的情况下,在法庭上或公证人前或任何声明中作为案件当事人或法定代表人提交虚假证言,或以口头或书面形式向案件中的任何公共机构提供虚假证词的,判处两年以下监禁或处以罚金。 在上述情况中,对于任何帮助和教唆其提供虚假证言的人给予相同处罚。
比利时	《专利法》(Belgian Patents Act)	15.1(6). the patent application shall contain: a declaration of geographical origin of the biological material of plant or animal origin on the basis of which the invention has been developed, if known. The King can determine the applicable conditions and implementing regulations.	15.1(6). 专利申请应包含:发明开发基于的植物或动物来源的生物材料的地理来源声明,如果已知。国王可以决定适用的情况和实施细则。

续表

国别	相关法律、法规	具体规定(英文)	具体规定(中文)
丹麦	《专利法实施细则》(The Implemen-ting Regulations for the Danish Patent Law)	3(4). If an invention relates to or uses a biological material originating from plants or animals the patent application must comprise information about the geographical origin of the material if the patent applicant has knowledge thereof. If the applicant does not have such knowledge of the geographical origin of the material this must be disclosed in the patent application. Lack of information concerning the geographical origin or the lack of knowledge about this does not have any effect on the prosecution of the application or the validity of any of the rights attached to the issued patent.	3(4).如果发明涉及或使用植物或动物来源的生物材料,专利申请应包含申请人知道的材料地理来源信息。如果申请人不知道材料地理来源,应在专利申请书中公开。缺乏地理来源信息或与此相关的知识不对专利申请的审查或已授权专利的有效性产生任何影响。
德国	《专利法》(Patentgesetz)	34a. If an invention is based on biological material of plant or animal origin or if it uses such material, the patent application should, were appropriate, include information on the geographical origin of such material, if known. This is without prejudice to the processing of patent applications or the validity of rights arising from granted patents.	34a. 如果发明基于动物或植物来源的生物材料或使用该材料,专利申请应酌情包含关于该材料的地理来源信息,如果已知;然而这不影响专利申请的处理或已授权专利的权利有效性。

二、《加强 TRIPS 协议和 CBD 相互支持的决议草案》

具体规定(英文)	具体规定(中文)
Members:	成员国:
Bearing in mind the principles, objectives and definitions of the WTO Agreement on Trade Related Aspects of Intellectual Property Rights (the TRIPS Agreement), of the Convention on Biological Diversity (CBD), and of the Nagoya Protocol on Access to Genetic Resources and the Fair and Equitable Sharing of Benefits Arising from their Utilization (Nagoya Protocol);	谨记 WTO《与贸易相关的知识产权协议》(TRIPS 协议)、《生物多样性公约》(CBD)、《关于获取遗传资源和公平公正地分享其利用所产生之惠益的名古屋议定书》(《名古屋议定书》)的原则、目标和定义;
Reaffirming that States have sovereign rights over their own biological resources;	重申国家拥有其生物资源的国家主权;
Stressing the need for the TRIPS Agreement and the CBD to be implemented in a manner which is mutually supportive and does not run counter to their respective objectives;	强调 TRIPS 协议和 CBD 应互相支持,而不是背道而驰[1];
Recalling that the fair and equitable sharing of benefits arising from the utilization of genetic resources is one of three core objectives of the CBD	回想公平和平等地分享因利用遗传资源而产生的利益是 CBD 的三大核心目标之一;
Stressing the need to ensure that the utilization of genetic resources and/or associated traditional knowledge must comply with the access and benefit-sharing legislation of the Member providing genetic resources and/or associated traditional knowledge, that is, the country of origin of such resources or a Member that has acquired the genetic resources in accordance with the CBD;	强调确保遗传资源和/或相关传统知识的利用必须遵循提供遗传资源和/或相关传统知识的成员国中与获取和惠益分享相关的立法的需要,即遵守 CBD 从此资源的来源国或成员国获取了遗传资源;

续表

具体规定（英文）	具体规定（中文）
Noting that Article 17 of the Nagoya Protocol establishes that Parties shall take measures, as appropriate, to monitor and to enhance transparency about the utilization of genetic resources, including designating effective check-points to collect or receive, as appropriate, relevant information regarding the utilization of genetic resources at, inter alia, any stage of research, development, innovation, pre-commercialization or commercialization; Noting the extensive discussions in the Council for TRIPS and under the aegis of the Director-General on the introduction into the TRIPS Agreement of a mandatory requirement for the disclosure of origin of genetic resources and/or associated traditional knowledge used in inventions for which intellectual property rights are applied for; Recognizing that the disclosure requirement in Article 29 of the TRIPS Agreement is incomplete without the disclosure of origin of genetic resources and/or associated traditional knowledge; Acknowledging that a legal obligation establishing such a mandatory disclosure requirement in patent applications will contribute to prevent both misappropriation of genetic resources and the grant of erroneous patents and also enhance transparency about the utilization of genetic resources and/or associated traditional knowledge; Decide to amend the TRIPS Agreement by inserting a new Article as follows:	注意到《名古屋议定书》第17条规定成员国应酌情采取措施监控并加强遗传资源利用的透明度，包括酌情指定有效的检查点以收集或接收在任何阶段的研究、开发、创新、商业化前、商业化中有关遗传资源利用的信息； 注意到TRIPS理事会在总干事的主持下就将知识产权申请保护的发明所利用的遗传资源和/或相关传统知识的强制性来源披露要求引入TRIPS协议进行了广泛的讨论； 承认TRIPS协议第29条的公开要求在缺少遗传资源和/或相关传统知识的公开时是不完整的； 承认建立此类专利申请的强制性披露义务有助于防止遗传资源的窃取，以及加强遗传资源和/或相关传统知识利用的透明度； 决定修改TRIPS协议，增加以下新条款：

续表

具体规定(英文)	具体规定(中文)
Article 29bis Disclosure of Origin of Genetic Resources and/or Associated Traditional Knowledge 1. For the purposes of establishing a mutually supportive relationship between this Agreement and the Convention on Biological Diversity, Members shall have regard to the objectives, definitions and principles of this Agreement, the Convention on Biological Diversity, and the Nagoya Protocol on Access to Genetic Resources and the Fair and Equitable Sharing of Benefits Arising from their Utilization, in particular its provisions on prior informed consent for access and fair and equitable benefit sharing. 2. Where the subject matter of a patent application involves utilization of genetic resources and/or associated traditional knowledge, Members shall require applicants to disclose: (i) the country providing such resources, that is, the country of origin of such resources or a country that has acquired the genetic resources and/or associated traditional knowledge in accordance with the CBD; and, (ii) the source in the country providing the genetic resources and/or associated traditional knowledge. Members shall also require that applicants provide a copy of an Internationally Recognized Certificate of Compliance (IRCC). If an IRCC is not applicable in the providing country, the applicant should provide relevant information regarding compliance with prior informed consent and access and fair and equitable benefit sharing as required by the national legislation of the country providing the genetic resources and/or associated traditional knowledge, that is, the country of origin of such resources or a country that has acquired the genetic resources and/or associated traditional knowledge in accordance with the CBD.	第29bis条 遗传资源和/或相关传统知识的来源披露 1. 为在本协议与生物多样性公约之间建立共同支持，成员国应考虑到本协议、《生物多样性公约》、《关于获取遗传资源和公平公正地分享其利用所产生之惠益的名古屋议定书》的目标、定义和原则，尤其是其有关获取的知情同意，以及公平、平等分享惠益的规定。 2. 如果专利申请的客体涉及遗传资源和/或相关传统知识的利用，成员国应要求申请人公开：(i)遗传资源提供国，即遗传资源的来源国或依照CBD获得遗传资源和/或相关传统知识的国家；(ii)在遗传资源和/或相关传统知识提供国中的来源。成员国还应要求申请人提供国际遵约证书（IRCC）[2]复印件。如果IRCC在提供国不适用，申请人应提供遵守遗传资源和/或相关传统知识提供国法律要求的事先知情同意及公平分享惠益的相关信息，即遗传资源来源国或依照CBD获得遗传资源和/或相关传统知识的国家。

续表

具体规定(英文)	具体规定(中文)
3. Members shall publish the information disclosed in accordance with paragraph 2 of this Article jointly with the publication of the application or the grant of patent, whichever is made first. 4. Members shall put in place appropriate, effective and proportionate measures so as to permit effective action against the non-compliance with the obligations set out in paragraph 2 of this Article. Patent applications shall not be processed without completion of the disclosure obligations set out in paragraph 2 of this Article. 5. If it is discovered after the grant of a patent that the applicant failed to disclose the information set out in paragraph 2 of this Article, or submitted false and fraudulent information, or it is demonstrated by the evidence that the access and utilization of genetic resources and/or associated traditional knowledge violated the relevant national legislation of the country providing genetic resources and/or associated traditional knowledge, that is, the country of origin of such resources or a country that has acquired the genetic resources and/or associated traditional knowledge in accordance with the CBD, Members shall impose sanctions, which may include administrative sanctions, criminal sanctions, fines and adequate compensation for damages. Members may take other measures and sanctions, including revocation, against the violation of the obligations set out in paragraph.	3. 成员国应在专利申请公开或授权(以先到者为准)时同时公布根据本条第2款披露的消息。 4. 成员国应实施合适、有效、适当的措施以便对不遵守本条第2款规定的义务采取有效行动。不遵守本条第2款规定的披露义务,专利申请不应继续。 5. 如果在专利授权后发现申请人未披露本条第2款规定的消息,或者提交虚假及欺骗性信息,或者有证据显示对遗传资源和/或传统知识的利用违反遗传资源和/或相关传统知识提供国,即遗传资源来源国或依照CBD获得遗传资源和/或相关传统知识的国家的法律,成员国应予以处罚,可以包括行政处罚、刑事处罚、罚金,以及充分的损害赔偿。成员国可以针对违反本条第2款规定的义务采取其他措施与处罚,包括无效。

[1]CBD的第16.5条和《名古屋议定书》第4条规定了"与国际条约和文件的关系"。

[2]《名古屋议定书》第17.3条规定国家公认遵约证书应作为证据,说明其所述遗传资源系依事先知情同意取得,并依照提供遗传资源之缔约方之取得和利益分享国家立法或管制规定订立之共同商定条件。

三、《关于知识产权与遗传资源的合并文件第二次修订稿》

具体规定(英文)	具体规定(中文)
LIST OF TERMS [Associated Traditional Knowledge "Associated traditional knowledge" means knowledge which is dynamic and evolving, generated in a traditional context, collectively preserved and transmitted from generation to generation including but is not limited to know-how, skills, innovations, practices and learning, that [subsist in] [that are associated with] genetic resources.] [Traditional Knowledge Associated with Genetic Resources "Traditional knowledge associated with genetic resources" means substantive knowledge of the properties and uses of genetic resources [and their derivatives] held by indigenous [people[s]] and local communities [and which directly leads to a claimed [invention] [intellectual property]].] [Biotechnology "Biotechnology" [as defined in Article 2 of the Convention on Biological Diversity] means any technological application that uses biological systems, living organisms [or derivatives thereof], to make or modify products or processes for specific use.] [Country of Origin "Country of origin" is the [first] country which possesses genetic resources in in-situ conditions.]	术　语　表 [相关传统知识 "相关传统知识"指充满活力、不断发展、在传统范畴内产生、一代代集体保存和传播的知识,包括但不限于[存在于][与]遗传资源[相关]的诀窍、技能、创新、做法和学问。] [遗传资源相关传统知识 "遗传资源相关传统知识"是指土著[人民]和当地社区持有[并直接导致提出权利要求的[发明][知识产权]]的关于遗传资源[及其衍生物]属性和用途的实质性知识。] [生物技术 "生物技术"[在《生物多样性公约》第2条中的定义]是使用生物系统、生物体[或其衍生物]的任何技术应用,以制作或改变产品或过程以供特定用途。] [原产国 "原产国"是指[首个]拥有处于原生境的遗传资源的国家。]

续表

具体规定(英文)	具体规定(中文)
[[Country Providing] [Providing Country] "Country providing/Providing country" means, [in accordance with Article 5 of the Nagoya Protocol on Access to Genetic Resources and the Fair and Equitable Sharing of Benefits Arising from their Utilization to the Convention on Biological Diversity], a [providing country] [country providing] that is the country of origin or that has acquired the genetic resources and/or that has accessed the traditional knowledge in accordance with the [Convention on Biological Diversity].]	[[提供国] "提供国",[根据《生物多样性公约关于获取遗传资源和公正和公平分享其利用所产生惠益的名古屋议定书》第5条,]是指系原产国的[提供国],或已根据[《生物多样性公约》(CBD)]获得遗传资源和/或获取传统知识的提供国。]
[Country Providing Genetic Resources "Country providing genetic resources" is the country supplying genetic resources collected from in-situ sources, including populations of both wild and domesticated species, or taken from ex-situ sources, which may or may not have originated in that country.]	[提供遗传资源的国家 "提供遗传资源的国家"是指供应遗传资源的国家,此种遗传资源可能取自原生境来源,包括野生物种和驯化物种的种群,或取自非原生境来源,不论是否原产于该国。]
[Derivative "Derivative" means a naturally occurring biochemical compound resulting from the genetic expression or metabolism of biological or genetic resources, even if it does not contain functional units of heredity.]	[衍生物 "衍生物"是指由生物或遗传资源的遗传表现形式或新陈代谢产生的、自然生成的生物化学化合物,即使其不具备遗传的功能单元。]
Ex-Situ Conservation "Ex-situ conservation" means the conservation of components of biological diversity outside their natural habitats.	移地保护 "移地保护"是指将生物多样性的组成部分移到它们的自然环境之外进行保护。
Genetic Material "Genetic material" means any material of plant, animal, microbial or other origin containing functional units of heredity.	遗传材料 "遗传材料"是指来自植物、动物、微生物或其他来源的任何含有遗传功能单位的材料。

续表

具体规定(英文)	具体规定(中文)
Genetic Resources "Genetic resources" are genetic material of actual or potential value. In-Situ Conditions "In-situ conditions" means conditions where genetic resources exist within ecosystems and natural habitats, and, in the case of domesticated or cultivated species, in the surroundings where they have developed their distinctive properties [Article 2, CBD]. [Internationally Recognized Certificate of Compliance "Internationally recognized certificate of compliance" shall mean the instrument foreseen in Article 17.2 of the Nagoya Protocol on Access to Genetic Resources and the Fair and Equitable Sharing of Benefits Arising from their Utilization to the Convention on Biological Diversity.] [Member State "Member State" refers to a member state of the World Intellectual Property Organization.] [Misappropriation Option 1 "Misappropriation" is the [acquisition] [utilization] of genetic resources, [their derivatives] [and] [or] [associated traditional knowledge] [traditional knowledge associated with genetic resources] without the [free] [prior informed] consent of [those who are authorized to give [such] consent] [competent authority] to such [acquisition] [utilization], [in accordance with national legislation] [of the country of origin or providing country].]	遗传资源 "遗传资源"是具有实际或潜在价值的遗传材料。 原生境条件 "原生境条件"是指遗传资源生存于生态系统和自然生境之内的条件;如系驯化或栽培物种,则指它们独特特性形成的环境中的条件[《生物多样性公约》第2条]。 [国际公认的符合规定证明书 "国际公认的符合规定证明书"应指《生物多样性公约关于获取遗传资源和公正和公平分享其利用所产生惠益的名古屋议定书》第17条第2款中规定的文书。] [成员国 "成员国"是指世界知识产权组织的成员国。] [盗　用 备选方案1 "盗用"是指[根据[原产国或提供国的][国家立法]],在未得到[有权对此种[获取][利用]给予[这种]同意者][主管机构]的[自由][事先知情]同意的条件下,[获取][利用]遗传资源、[其衍生物][和][或][相关传统知识][遗传资源相关传统知识]。]

续表

具体规定(英文)	具体规定(中文)
Option 2 [“Misappropriation” is the use of genetic resources, [their derivatives] and/or [associated traditional knowledge] [traditional knowledge associated with genetic resources] of another where the genetic resources or traditional knowledge has been acquired by the user from the holder through improper means or a breach of confidence which results in a violation of national law in a provider country. Use of genetic resources, [their derivatives] and [associated traditional knowledge] [traditional knowledge associated with genetic resources] that has been acquired by lawful means, such as reading publications, purchase, independent discovery, reverse engineering and inadvertent disclosure resulting from the holders of genetic resources, [their derivatives] and [associated traditional knowledge] [traditional knowledge associated with genetic resources] failure to take reasonable protective measures, is not misappropriation.] [Intellectual Property Office] [Patent Office] [“Intellectual property office”] [“Patent office”] means the authority of a Member State entrusted with the granting of [intellectual property rights] [patents]. [[Physical] Access “[Physical] access” to the genetic resource is its possession or at least contact which is sufficient enough to identify the properties of the genetic resource relevant for the [invention] [intellectual property].]	备选方案2 [“盗用”是指使用他人的遗传资源、[其衍生物]和/或[相关传统知识][遗传资源相关传统知识],而遗传资源或传统知识是用户通过不正当手段或破坏信用、违反提供国国内法从持有人处取得的。因遗传资源、[其衍生物]和/或[相关传统知识][遗传资源相关传统知识]的持有人未采取合理保护措施而通过阅读出版物、购买、独立发现、反向工程和无意披露等合法手段获得的遗传资源、[其衍生物]和/或[相关传统知识][遗传资源相关传统知识],其使用不是盗用。] [知识产权局][专利局] [“知识产权局”][“专利局”]是指成员国受委托负责[知识产权][专利]授权的机构。 [获得[实物] “获得”遗传资源的“[实物]”是指占有遗传资源或者至少充分接触遗传资源,足以发现遗传资源与[发明][知识产权]有关的性质。]

续表

具体规定(英文)	具体规定(中文)
[Source Option 1 "Source" refers to any source from which the applicant has acquired the genetic resource other than the country of origin, such as a resource holder, research centre, gene bank or botanical garden. [Option 2 "Source" should be understood in its broadest sense possible: (i) Primary sources, including in particular [Contracting Parties] [Countries] providing genetic resources, the Multilateral System of ITPGRFA, indigenous and local communities; and (ii) Secondary sources, including in particular ex-situ collections and scientific literature.]] [Utilization "Utilization" of Genetic Resources means to conduct research and development [including commercialization] on the genetic and/or biochemical composition of genetic resources, [their derivatives] and [associated traditional knowledge] [traditional knowledge associated with genetic resources] [including through the application of biotechnology] [as defined in Article 2 of the Convention on Biological Diversity].]	[来源 备选方案 1 "来源"指除原产国之外申请人获得遗传资源的任何来源,如资源持有人、研究中心、基因库或植物园。 [备选方案 2 "来源"应当作尽可能广的理解: (i)原始来源,其中尤其包括提供遗传资源的[缔约各方][各国]、粮食及农业组织《粮食和农业植物遗传资源国际条约》(ITPGRFA)的多边制度、土著和当地社区;以及 (ii)二级来源,其中尤其包括非原生境收集品和科学文献。]] [利用 "利用"遗传资源是指对遗传资源、[其衍生物]和[相关传统知识][遗传资源相关传统知识]的遗传和/或生物化学组成进行研究和开发,[包括商业化开发,][其中包括通过使用[《生物多样性公约》第 2 条界定的]生物技术]。]

续表

具体规定(英文)	具体规定(中文)
[PREAMBLE [Ensure [encourage] respect for [sovereign rights] [the rights] of indigenous [people[s]] and local communities [as well as [people[s]] partially or entirely under occupation] over their genetic resources, [their derivatives] and [associated traditional knowledge] [traditional knowledge associated with genetic resources], including the principle of [prior informed consent and mutually agreed terms] and total and effective participation in accordance with international [agreements and] declarations [, in particular the UN Declaration on the Rights of Indigenous Peoples].] Encourage respect for indigenous [people[s]] and local communities. [The [intellectual property] [patent] system shall/should provide certainty of rights for legitimate users and providers of genetic resources, [their derivatives] and/or [associated traditional knowledge] [traditional knowledge associated with genetic resources].] [Recognize the role the [intellectual property] [patent] system plays in promoting innovation, [transfer and dissemination of technology] to the mutual advantage of stakeholders, providers, holders and users of genetic resources, [their derivatives] and[/or] [associated traditional knowledge] [traditional knowledge associated with genetic resources].] [Promote transparency and dissemination of information.]	[序　言 [确保[鼓励]尊重土著[人民]和当地社区[以及部分或全部在占领下的[人民]]对其遗传资源、[其衍生物]和[相关传统知识][遗传资源相关传统知识]的[主权权利][权利],其中包括[事先知情同意、共同商定的条件],以及国际[协定和]声明,[尤其是《联合国土著人民权利宣言》]规定的全面和有效参与的原则。] 鼓励尊重土著[人民]和当地社区。 [[知识产权][专利]制度应/应当为遗传资源、[其衍生物]和/或[相关传统知识][遗传资源相关传统知识]的合法使用者和提供者提供权利的确定性。] [承认[知识产权][专利]制度在促进创新、[技术的转让与推广],使遗传资源、[其衍生物]和[/或][相关传统知识][遗传资源相关传统知识]的利益有关方、提供方、持有人和使用者共同受益中发挥的作用。] [促进透明和信息传播。]

续表

具体规定（英文）	具体规定（中文）
[A global and compulsory system creates a level playing field for industry and the commercial exploitation of [intellectual property] [patents], and also facilitates the possibilities [under Article 15(7) of the CBD] for the sharing of the benefits arising from the use of genetic resources.] [Foster [patent] [industrial property] protection and the development of genetic resources, [their derivatives] and [associated traditional knowledge] [traditional knowledge associated with genetic resources] and encourage international research leading to innovation.] [The disclosure of the source would increase mutual trust among the various stakeholders involved in access and benefit sharing. All of these stakeholders may be providers and/or users of genetic resources, [their derivatives] and [associated traditional knowledge] [traditional knowledge associated with genetic resources]. Accordingly, disclosing the source would build mutual trust in the North-South-relationship. Moreover, it would strengthen the mutual supportiveness between the access and benefit sharing system and the [intellectual property] [patent] system.] [[Ensure] [recommend] that no [patents] [intellectual property] on life forms, including human beings, are granted.]	[建立全球强制性制度为产业界和商业性利用[知识产权][专利]铺平道路，也有助于[根据《生物多样性公约》第 15 条第 7 款的规定]分享因使用遗传资源而产生的惠益。] [加强遗传资源、[其衍生物]和[相关传统知识][遗传资源相关传统知识]的[专利][工业产权]保护和开发，鼓励开展国际研究，实现创新。] [公开来源将增进获取和惠益分享所涉各利益有关方之间的互信。这些利益有关方都可能是遗传资源、[其衍生物]和[相关传统知识][遗传资源相关传统知识]的提供者和/或使用者。因此，公开来源将在北南关系中建立互信。此外，这将强化获取和惠益分享制度与[知识产权][专利]制度之间相互支持的作用。] [[确保][建议]不对生命形式，其中包括人类，授予[专利][知识产权]。]

续表

具体规定(英文)	具体规定(中文)
[Recognize that those accessing genetic resources,[their derivatives] and [associated traditional knowledge] [traditional knowledge associated with genetic resources] in a country shall/should, where required, comply with that country's national law providing protection for the genetic resources, [their derivatives] and [associated traditional knowledge] [traditional knowledge associated with genetic resources].] [[IP][Patent] offices shall/should have a mandatory requirement for disclosure, as elaborated in this international legal instrument, when patenting of genetic resources would cause harm to the interests of indigenous [people[s]] and local communities.] [Reaffirm, in accordance with the Convention of Biological Diversity, the sovereign rights of States over their [natural] [biological] resources, and that the authority to determine access to genetic resources rests with the national governments and is subject to national legislation.]]	[承认在一个国家获取遗传资源、[其衍生物]和[相关传统知识][遗传资源相关传统知识]的人,应/应当在被要求时,遵守该国为遗传资源、[其衍生物]和[相关传统知识][遗传资源相关传统知识]提供保护的国内法。] [当为遗传资源申请专利可能对土著[人民]和当地社区的利益造成损害时,[知识产权][专利]局应/应当有本国际法律文书中详述的强制性公开要求。] [重申《生物多样性公约》规定的各国对其[自然][生物]资源的主权权利,而且决定遗传资源获得的权力属于各国政府,遵守国内立法。]]
POLICY OBJECTIVE[S] [The objective of this instrument is to [contribute to the prevention of] [prevent] the [misappropriation] of genetic resources [their derivatives] and [associated traditional knowledge] [traditional knowledge associated with genetic resources] [through the] [in the context of the] [IP] [patents] rights system by:]	政策目标 [本文书的目标是,用下列办法,[通过][在][知识产权][专利权]制度[的背景中],[为防止][防止]遗传资源[其衍生物]和[相关传统知识][遗传资源相关传统知识]的[盗用][做出贡献]:]

续表

具体规定(英文)	具体规定(中文)
a. Ensuring that [IP] [patent] offices have access to the appropriate information on genetic resources [their derivatives] and [associated traditional knowledge] [traditional knowledge associated with genetic resources] to prevent the granting of erroneous [IP] [patent] rights; b. [Enhancing transparency in the [IP] [patent] [and access and benefit sharing] system]; and, c. [Ensuring] [promoting] [facilitating] [complementarity] [mutual supportiveness] with international agreements relating to the protection of genetic resources [their derivatives] and/or [associated traditional knowledge] [traditional knowledge associated with genetic resources] [and those relating to IP].	a. 确保[知识产权][专利]局能够获取适当的遗传资源、[其衍生物]和[相关传统知识][遗传资源相关传统知识]信息,防止错误授予[知识产权][专利]权; b. [加强[知识产权][专利][及获取和惠益分享]制度的透明度];以及 c. [确保][促进][便利]与遗传资源、[其衍生物]和/或[相关传统知识][遗传资源相关传统知识]有关的国际协定[及与知识产权有关的国际协定]的[互补作用][相互支持作用]。
[ARTICLE 1] SUBJECT MATTER OF INSTRUMENT 1.1 [This international legal instrument shall/should apply to any [IP] [patent] right or [application] [claimed invention] [derived from] [the utilization of] [directly based on] genetic resources, [their derivatives] and [associated traditional knowledge] [traditional knowledge associated with genetic resources]. [This instrument applies to genetic resources, [their derivatives] and [associated traditional knowledge] [traditional knowledge associated with genetic resources].]	[第1条] 文书的客体 1.1[本国际法律文书应/应当适用于任何[源自][利用][直接基于]遗传资源、[其衍生物]和[相关传统知识][遗传资源相关传统知识]的[知识产权][专利]权或[申请][提出权利要求的发明]。][本文书适用于遗传资源、[其衍生物]和[相关传统知识][遗传资源相关传统知识]。]

续表

具体规定(英文)	具体规定(中文)
[ARTICLE 2] [SCOPE OF INSTRUMENT 2.1 [This instrument provides measures to] [support the prevention of misappropriation of genetic resources, [genetic parts and components], [their derivatives] and [associated traditional knowledge] [traditional knowledge associated with genetic resources] through the [IP] [patent] system.] [, including] to [prevent the patenting of genetic resources, [their derivatives] and [associated traditional knowledge] [traditional knowledge associated with genetic resources] that were not invented by the patent applicant or patentee or do not have an inventive step over genetic resources, [their derivatives] and [associated traditional knowledge] [traditional knowledge associated with genetic resources]].] [ARTICLE 3] [DISCLOSURE REQUIREMENT 3.1Where the [subject matter] [claimed invention] within a [IP Rights] [patent] application [includes utilization of] [is directly based on] [is consciously derived from the] genetic resources [their derivatives] and/or [associated traditional knowledge] [traditional knowledge associated with genetic resources] each Party shall/should require applicants to: (a)Disclose the [country of origin [and]] [or if unknown,] source of the genetic resources, [their derivatives] and/or [associated traditional knowledge] [traditional knowledge associated with genetic resources].	[第2条] [文书的范围 2.1[本文书提供措施][支持]通过[知识产权][专利]制度,[防止遗传资源、[其衍生物]和[相关传统知识][遗传资源相关传统知识]被盗用。][包括][防止不是由专利申请人或专利权人发明的或者与遗传资源、[其衍生物]和[相关传统知识][遗传资源相关传统知识]相比没有创造性的遗传资源、[其衍生物]和[相关传统知识][遗传资源相关传统知识]获得专利。]] [第3条] [公开要求 3.1[知识产权][专利]申请的[客体][提出权利要求的发明][包括利用][直接基于][有意识地源自]遗传资源、[其衍生物]和/或[相关传统知识][遗传资源相关传统知识]的,各方应/应当要求申请人: (a)公开[原产国[和]],[不明的],遗传资源、[其衍生物]和/或[相关传统知识][遗传资源相关传统知识]的来源。

具体规定(英文)	具体规定(中文)
(b)[Provide relevant information, as required by the national law of the [IP] [patent] office, regarding compliance with ABS requirements, including PIC, [in particular from indigenous [people[s]] and local communities], where appropriate.] (c) If the source and/or country of origin is not known, a declaration to that effect. 3.2 The disclosure requirement [shall/should] [does] not place an obligation on the [IP] [patent] offices to verify the contents of the disclosure. [But [IP] [patent] offices are required to provide effective guidance to [IP] [patent] applicants on how to meet disclosure requirements, and to provide an opportunity for applicants to obtain from [IP] [patent] offices a positive decision that disclosure requirements have been met.] 3.3 A simple notification procedure shall/should be introduced by the [patent] [IP] offices that receive a declaration. [It would be adequate to identify in particular the Clearing House Mechanism of the CBD/ITPGRFA as the central body to which the [IP] [patent] offices shall/should send the available information.] 3.4 [Each Party shall/should make the information disclosed publically available at the time of publication.] 3.5 [Genetic resources and [their derivatives] as found in nature or isolated therefrom shall/should not be considered as [inventions] [IP] and therefore no [IP] [patent] rights shall/should be granted.]]	(b)[酌情按[知识产权][专利]局的国内法要求,提供与遵守 ABS 要求,包括 PIC,[尤其是土著[人民]和当地社区的 PIC]有关的相关信息。] (c)来源和/或原产国不明的,应作出声明。 3.2 公开要求不[应/应当]对[知识产权][专利]局规定核实公开内容的义务。[但要求[知识产权][专利]局对[知识产权][专利]申请人提供有效指导,说明怎样符合公开要求,并为申请人提供机会,以从[知识产权][专利]局取得已符合公开要求的肯定性决定。] 3.3 收到声明的[专利][知识产权]局应/应当实行一种简单的通知程序。[将 CBD/ITPGRFA 的信息交换所机制等确定为中心机构,[知识产权][专利]局应/应当向其发送可用信息即可。] 3.4[各方应/应当在公布时使被公开的信息可为公众所用。] 3.5[自然界中存在的或从其中分离出的遗传资源及[其衍生物]不应/应当被视为[发明][知识产权],因此不得向其授予[知识产权][专利]权利。]]

续表

具体规定(英文)	具体规定(中文)
[ARTICLE 4] [EXCEPTIONS AND LIMITATIONS 4.1 A [IP] [patent] disclosure requirement related to genetic resources [their derivatives] and [associated traditional knowledge] [traditional knowledge associated with genetic resources] shall/should not apply to the following: (a) [All [human genetic resources] [genetic resources taken from humans] [including human pathogens];] (b) [Derivatives]; (c) [Commodities]; (d) [Traditional knowledge in the public domain]; (e) [Genetic resources from areas beyond national jurisdictions [and economic zones]]; and (f) [All genetic resources [acquired] [accessed] before [entry into force of the Convention on Biological Diversity] [before December 29th 1993].] 4.2 [Member States shall/should not impose the disclosure requirement in this instrument on [IP] [patent] applications filed before entry into force of this instrument [, subject to national laws that existed prior to this instrument].]] [ARTICLE 5] [RELATIONSHIP WITH [PCT] AND [PLT]	[第4条] [例外与限制 4.1 与遗传资源、[其衍生物]和[相关传统知识][遗传资源相关传统知识]有关的[知识产权][专利]公开要求不应/应当适用于下列内容: (a)[所有[人类遗传资源][取自人的遗传资源][,包括人类病原体];] (b)[衍生物]; (c)[商品]; (d)[公有领域的传统知识]; (e)[位于国家管辖范围[和经济区]以外的遗传资源];以及 (f)[在[《生物多样性公约》生效]之前[1993年12月29日之前][取得][获取]的所有遗传资源。] 4.2[成员国不应/应当将本文书中的公开要求施加于本文书生效前提交的[知识产权][专利]申请[,但早于本文书已有国内法的除外]。]] [第5条] [与[PCT]和[PLT]的关系

续表

具体规定(英文)	具体规定(中文)
5.1 The [PCT] and [PLT] shall/should be amended to [include] [enable Parties to the [PCT] and [PLT] to provide for in their national legislation] a mandatory disclosure requirement of the origin and source of the genetic resources, [their derivatives] and [associated traditional knowledge] [traditional knowledge associated with genetic resources]. The amendments shall/should also include requiring confirmation of prior informed consent, evidence of benefit sharing under mutually agreed terms with the country of origin.] [ARTICLE 6] SANCTIONS AND REMEDIES 6.1 [Each [Party] [country] shall/should put in place appropriate, effective and proportionate legal and administrative measures to address non-compliance with paragraph 3.1 [, including dispute resolution mechanisms]. Subject to national legislation, sanctions and remedies [shall/should] [may] [include, inter alia] consist of: Pre-Grant. (i) Preventing further processing of [IP] [patent] applications until the disclosure requirements are met. (ii) A [IP] [patent] office considering the application withdrawn [in accordance with national law]. (iii) Preventing or refusing to grant an [IP right] [patent]. [Post-Grant. (i) Publication of judicial rulings regarding failure to disclose.	5.1 应/应当对[PCT]和[PLT]进行修正,[增加][促使[PCT]和[PLT]的缔约各方在其国家立法中规定]一项遗传资源、[其衍生物]和[相关传统知识][遗传资源相关传统知识]原产地和来源地强制公开要求。修正还应/应当要求确认事先知情同意、根据与原产国共同商定的条件进行惠益分享的证据。] [第6条] 制裁与补救办法 6.1[每个[缔约方][国家]应/应当实行适当、有效和适度的法律与行政措施,处理不遵守第3条第1款的情况[,其中包括争议解决机制]。在符合国内立法的前提下,制裁与补救办法[应/应当][可以][除其他外包括]是: 授权前。 (i)在符合公开要求前,防止进一步处理[知识产权][专利]申请。 (ii)[知识产权][专利]局[根据国内法]认为申请被撤回。 (iii)防止或拒绝授予[知识产权][专利]。 [授权后。 (i)就未能公开公布司法判决。

续表

具体规定(英文)	具体规定(中文)
(ii)[Fines or adequate compensation for damages, including payment of royalties.] (iii) Other measures [including revocation] may be considered depending on the circumstances of the case, in accordance with national law.]] 6.2[Failure to fulfill the disclosure requirement, [in the absence of fraud], shall/should not affect the validity or enforceability of granted [IP] [patent] rights.] [ARTICLE 7] [NO NEW DISCLOSURE REQUIREMENT 7.1[IP] [patent] applicants may only be required to state where the genetic resource can be obtained if that location is necessary for a person skilled in the art to carry out the invention. Therefore no disclosure requirements can be imposed upon patent applicants or patentees for patents related to genetic resources, [their derivatives] and [associated traditional knowledge] [traditional knowledge associated with genetic resources], for reasons other than those related to novelty, inventive step, industrial applicability or enablement.] [DEFENSIVE MEASURES [ARTICLE 8] [DUE DILIGENCE 8.1 Member states shall/should encourage or establish a fair and reasonable due diligence system to ascertain that protected genetic resources have been accessed in accordance with applicable access and benefit sharing legislation or regulatory requirements.	(ii)[就损害赔偿处以罚金或适当补偿,包括支付版税。] (iii)根据案情,依照国内法,可以考虑其他措施[包括撤销]。]] 6.2[未能履行公开要求的,[在没有欺诈的情况下,]不应/应当影响已授予的[知识产权][专利权]的有效性或可执行性。] [第7条] [无新增公开要求 7.1 只有在地点对技术人员实施发明是必要时,才能要求[知识产权][专利]申请人说明可以在何处取得遗传资源。因此除与新颖性、创造性、工业实用性或可据以实施性等有关的原因以外,不得为与遗传资源、[其衍生物]和[相关传统知识][遗传资源相关传统知识]有关的专利向专利申请人或专利权人施加公开要求。] [防御性措施[1] [第8条] [尽职调查 8.1 成员国应/应当鼓励或建立公平合理的尽职调查制度,以确保受保护遗传资源是根据可适用的获取和惠益分享立法或监管要求获取的。

续表

具体规定(英文)	具体规定(中文)
A database shall/should be used as a mechanism to allow monitoring of compliance with these due diligence requirements in accordance with national law. However, member states shall/should not be obliged to establish such databases. Such databases shall/should be accessible to potential patent licensees to confirm lawful chain of title of protected genetic resources upon which a patent is based.] [ARTICLE 9] [PREVENTION OF THE ERRONEOUS GRANT OF PATENTS AND VOLUNTARY CODES OF CONDUCT 9. 1 Member States shall/should: a. Provide legal, policy or administrative measures, as appropriate and in accordance with national law, to prevent patents from being granted erroneously with regard to claimed inventions that include genetic resources [their derivatives] and [associated traditional knowledge] [traditional knowledge associated with genetic resources] where, under national law, those genetic resources, [their derivatives] and [associated traditional knowledge] [traditional knowledge associated with genetic resources]: (i) anticipate a claimed invention (no novelty); or (ii) obviate a claimed invention (obvious or no inventive step). b. Provide legal, policy or administrative measures, as appropriate and in accordance with national law, to allow third parties to dispute the validity of a patent, by submitting prior art, with regard to inventions that include genetic resources, [their derivatives] and [associated traditional knowledge] [traditional knowledge associated with genetic resources].	应/应当使用数据库作为允许对根据国内法遵守这些尽职调查要求的情况进行监督的机制。但是,成员国没有义务建立这种数据库。 这种数据库应/应当允许潜在的专利被许可人访问,以确认专利所基于的受保护遗传资源的合法产权链。] [第9条] [防止错误授予专利和自愿行为守则 9. 1 成员国应/应当 a. 酌情并根据国内法提供法律、政策或行政措施,防止在遗传资源、[其衍生物]和[相关传统知识][遗传资源相关传统知识]依据国内法具有下列属性时,对包含这种遗传资源、[其衍生物]和[相关传统知识][遗传资源相关传统知识]的提出权利要求的发明错误授予专利: (i)先于提出权利要求的发明(不具有新颖性);或者 (ii)使提出权利要求的发明不必要(具有显而易见性或不具有创造性)。 b. 酌情并根据国内法提供法律、政策或行政措施,允许第三方提交现有技术,对包含遗传资源、[其衍生物]和[相关传统知识][遗传资源相关传统知识]的发明专利的有效性提出争议。

续表

具体规定(英文)	具体规定(中文)
c. [Encourage, as appropriate, the development and use of voluntary codes of conduct and guidelines for users regarding the protection of genetic resources, [their derivatives] and [associated traditional knowledge] [traditional knowledge associated with genetic resources].]	c. [酌情鼓励为用户制定并应用有关保护遗传资源、[其衍生物]和[相关传统知识][遗传资源相关传统知识]的自愿行为守则和指导原则。]
d. Facilitate, as appropriate, the creation, exchange, dissemination of, and access to, databases of genetic resources, [their derivatives] and [associated traditional knowledge] [traditional knowledge associated with genetic resources] for use by patent offices.]	d. 酌情为专利局的使用而建立、交流和传播以及查询遗传资源、[其衍生物]和[相关传统知识][遗传资源相关传统知识]数据库提供便利。]
DATABASE SEARCH SYSTEMS	数据库检索系统
9.2 Members are encouraged to facilitate the establishment of databases of genetic resources, [their derivatives] and [associated traditional knowledge] [traditional knowledge associated with genetic resources] for the purposes of search and examination of patent applications, in consultation with relevant stakeholders and taking into account their national circumstances, as well as the following considerations:	9.2 鼓励成员国与利益有关方协商,考虑本国国情,以及下列考虑,为建立用于专利申请检索和审查的遗传资源、[其衍生物]和[相关传统知识][遗传资源相关传统知识]数据库提供便利:
(a) With a view towards interoperability, databases shall/should comply with minimum standards and structure of content.	(a)为互操作性起见,数据库应/应当符合最低限度的标准和内容结构。
(b) Appropriate safeguards shall/should be developed in accordance with national law.	(b)应/应当根据国内法发展适当的保障措施。
(c) These databases will be accessible to patent offices and other approved users.	(c)这些数据库应当允许供专利局和其他获准的用户访问。

续表

具体规定(英文)	具体规定(中文)
WIPO PORTAL SITE 9.3 Member States shall/should establish a database search system (the WIPO Portal) that links databases of WIPO members that contain information on genetic resources, [their derivatives] and non-secret [associated traditional knowledge] [traditional knowledge associated with genetic resources] within their territory. The WIPO portal site will enable an examiner to directly access and retrieve data from national databases. The WIPO Portal will also include appropriate safeguards.] [ARTICLE 10] RELATIONSHIP WITH INTERNATIONAL AGREEMENTS 10.1 This instrument shall/should establish a mutually supportive relationship [between [intellectual property] [patent] rights [directly based on] [involving] [the utilization of] genetic resources, [their derivatives] and [associated traditional knowledge] [traditional knowledge associated with genetic resources] and] [with] relevant [existing] international agreements and treaties. 10.2 [This instrument shall/should complement and is not intended to modify other agreements on related subject matter, and shall/should support in particular, Article 31 of the UN Declaration on the Rights of Indigenous Peoples.] [ARTICLE 11] INTERNATIONAL COOPERATION 11.1[[Relevant WIPO bodies shall/should encourage Patent Cooperation Treaty members to] [The PCT Reform Working Group shall/should] develop a set of guidelines for [the search and examination of applications related to genetic resources, [their derivatives] and [associated traditional knowledge]	WIPO门户网站 9.3成员国应/应当建立数据库检索系统(WIPO门户),将WIPO成员含有其境内遗传资源、[其衍生物]和非秘密[相关传统知识][遗传资源相关传统知识]的数据库联系起来。WIPO门户网站将允许审查员直接从国家数据库查询和检索数据。WIPO门户还将包括适当的保障措施。] [第10条] 与国际协定的关系 10.1本文书应/应当[在[直接基于][涉及][利用]遗传资源、[其衍生物]和[相关传统知识][遗传资源相关传统知识]的[知识产权][专利]权与相关[现有的]国际协定和条约之间]建立一种相互支持的关系。 10.2[本文书应/应当补充而不意图修改关于相关客体的其他协定,而且尤其应/应当支持《联合国土著人民权利宣言》第31条。] [第11条] 国际合作 11.1[[WIPO相关机构应/应当鼓励《专利合作条约》成员][PCT改革工作组应/应当]制定一套供《专利合作条约》国际检索和审查单位[对遗传资源、[其衍生物]和[相关传统知识][遗传资源相关传统知识]

续表

具体规定(英文)	具体规定(中文)
[traditional knowledge associated with genetic resources]] [administrative disclosure of origin or source] by the international search and examination authorities under the Patent Cooperation Treaty]. [ARTICLE 12] TRANSBOUNDARY COOPERATION 12.1[In instances where the same genetic resources, [their derivatives] and [associated traditional knowledge] [traditional knowledge associated with genetic resources] are found in in-situ conditions within the territory of more than one Party, those Parties shall/should endeavor to cooperate, as appropriate, with the involvement of indigenous [people[s]] and local communities concerned, where applicable, by taking measures that make use of customary laws and protocols, that are supportive of and do not run counter to the objectives of this instrument and national legislation.] [ARTICLE 13] TECHNICAL ASSISTANCE, COOPERATION AND CAPACITY BUILDING 13.1[Relevant WIPO bodies [shall/should]] [WIPO shall/should] develop modalities for the creation, funding and implementation of the provisions under this instrument. WIPO [shall/should] provide technical assistance, cooperation, capacity building and financial support, subject to budgetary resources, for developing countries in particular the least developed countries to implement the obligations under this instrument.	相关申请进行[检索和审查]][进行原产地或来源行政性公开]的指导方针。] [第12条] 跨境合作 12.1[在一个以上的缔约方领土以原生境条件存在相同的遗传资源、[其衍生物]和[相关传统知识][遗传资源相关传统知识]的,这些缔约方应/应当努力合作,酌情让有关土著[人民]和当地社区参与进来,在适当的时候采取利用习惯法和议定书、支持且不违反本文书的目标和国家立法的措施。] [第13条] 技术援助、合作与能力建设 13.1[WIPO相关机构[应/应当]][WIPO应/应当]为本文书各项规定的建立、筹资和落实制定办法。WIPO[应/应当]根据预算资源,为发展中国家,尤其是最不发达国家履行本文书规定的义务提供技术援助、合作、能力建设和财政支持。

[1]成员应注意,一些成员认为防御性措施是公开的替代方案,而另一些成员认为它们是公开补充方案。——协调人注